새로운 바보를 기다리며

새로운 바보를 기다리며

2012년, 그날이 오기 전에 우리가 꼭 알아야 할 대한민국 이야기

손석춘 지음

21세기북스

정신 이상이란 계속 같은 행동을 되풀이하면서
다른 결과를 기대하는 것이다.

_알베르트 아인슈타인

'빛 좋은 개살구'와 완전한 결별을 꿈꾸며

빛 좋은 개살구. 이명박 대통령에 꼭 맞는 속담이다. 국민성공시대를 만들겠다는 그의 호기는 빛바랜 흑백사진처럼 추억이 된 지 오래다. 보수든 진보든, 영남이든 호남이든 대다수 국민이 이명박 대통령의 임기가 어서 마치기를 기다리고 있다. 최고경영자(CEO) 출신의 대통령이 서민 경제 살리기에 얼마나 무능한가를 우리 국민은 말 그대로 '뼈저리게' 학습했다.

그런데 어떤가. 이명박 대통령의 임기가 끝난다고 새로운 시대가 저절로 열릴까? 전혀 아니다. 그의 자리를 이어갈 가장 유력한 정치인은 이 책에서 분석하고 있듯이 그와 경제노선이 가장 비슷한 박근혜다. 설마 하는 사람도 있겠지만, 언제 우리가 이명박이 실제로 대통령이 되리라고 예상했던가 짚어볼 일이다.

그렇다. 2012년 대선을 앞둔 지금, 우리 정치는 인물난을 심하게 겪고 있다. 새로운 시대를 열어갈 정치인이 눈에 들어오지 않는다. 이 책 《새로운 바보를 기다리며》는 대한민국 정치에 절망하고 있는 독자들을 위로하고 더불어 희망을 만들어가자는 뜻으로 엮은 시사평론집이다. 여는 글을 쓰고 있는 지금 이 순간에 안철수 바람이 뜨겁게 불고 있는 것은 기존 정치에 대한 대한민국 국민의 답답함과 갑갑함이 어느 정도인가를 생생하게 입증해준다. 하지만 그 바람이 진정 민중의 열망을 담고 실제 정치와 경제를 바꾸려면 국민 대다수가 현실을 바라보는 눈이 조금은 더 깊어져야 한다.

왜 그럴까? 희망을 만들어가려면 무엇보다 먼저 현실을 있는 그대로 바라보는 데서 출발해야 옳기 때문이다. 대한민국 정치를 정치인 이명박이나 박근혜가 좌우한다고 생각하는 사람이라면 더욱 그렇다. 만일 이명박과 박근혜만 문제라면 2012년은 지금처럼 절망스럽지 않을 터다.

이 책에서 낱낱이 비판하고 있듯이 주권자인 국민 위에 군림하고 있는 힘은 특정 정치인에게서 나오는 게 결코 아니다. 저 어두운 힘의 정체는 정치와 경제, 언론에서 몸집을 불릴 대로 불린 '골리앗'이다. 한나라당·재벌·언론의 3각동맹이 그것이다. 더러는 굳이 그들을 3각동맹으로 부를 이유가 있을까 의문을 가질 수 있다. 자본주의 사회에서 대기업과 언론의 지원을 받은 보수정당이 집권한 경험은 굳이 보기를 들 필요가 없을 만큼 보편적이기 때문이다.

한나라당과 재벌, 언론권력이 단지 보수적 성격만을 지니고 있다면 굳이 그들을 묶어 3각동맹이라고 개념화할 까닭이 전혀 없다. 하지만 이 책이 구체적 보기를 들어 생생하게 증언하고 있듯이 대한민국의 3각동맹은 헌법의 기본정신인 민주공화국에 어긋나는 행태를 무람없이 자행해왔다. 미국을 비롯한 이른바 '선진국'의 잣대로 보아도 한나라당·재벌·언론의 '한재언 동맹'은 보수가 아니다.

그래서다. 민주공화국 대한민국을 망치는 3각동맹에 맞서 민주대통합과 진보대통합의 움직임이 나타나는 현상은 자연스럽고 당연하다. 다만 민주당을 중심에 둔 대통합론에 진보대통합론이 회의적인 데는 김대중·노무현 정부 10년의 평가가 자리하고 있다. 김대중의 대중경제와 노무현의 참여사회가 두 사람을 대통령에 선출해준 유권자들의 열정적 기대와 달리 한·미 자유무역협정(FTA) 체결로 귀결되며 부익부빈익빈의 신자유주의체제가 오히려 뿌리내렸기 때문이다. 그 경험은 한재언 동맹이 김대중·노무현 정부까지 굴절시킬 만큼 강력하다는 사실, 결코 잊지 말아야 할 교훈을 뼈아프게 가르쳐준다.

이 책이 분석하고 있듯이 〈조선일보〉〈동아일보〉〈중앙일보〉는 한재언 동맹의 추축이다. 더구나 그들은 '소원'이던 방송까지 거머쥐었다. 공영방송인 〈한국방송(KBS)〉과 〈문화방송(MBC)〉도 이미 한나라당 정권의 자장에 들어갔다. 한국 민주주의 성숙을 가로막고 있는 강력한 힘, 한재언 동맹이 보유한 힘의 실체를 새삼 책으로 엮어 내놓는 까닭이다.

이 책은 그들과 달리 권력과 자본으로부터 상대적으로 독립해 있는 〈경향신문〉〈미디어오늘〉〈오마이뉴스〉〈한겨레〉에 최근 2년 동안 게재한 글들을 모았다. 책의 1부에서 3부까지 대한민국에서 일어난 구체적 사실을 소재로 정치, 경제, 언론을 지배하고 있는 3각동맹의 실체를 파헤치고 고발하는 글들을 편집했다. 4부는 3각동맹의 두터운 지층을 뚫고 나오는 희망의 싹들을 증언했다. 그 맹아들이 마침내 '아주 작은 대혁명'을 이루리라는 게 이 책에 담긴 모든 글에 흐르는 철학이다.

더러는 이 책이 상식으로 다가오겠지만 대한민국의 적잖은 국민, 아니 어쩌면 다수는 지금 이 순간도 〈조선일보〉 〈동아일보〉 〈중앙일보〉와 텔레비전 뉴스들로 세상을 읽어가고 있다. 바로 그분들에게 새로운 대통령을 선출하는 2012년 12월이 오기 전에 꼭 이 책을 들춰보고 최대한 나눠 보길 권하고 싶다. 이명박과 같은 무능한 정치인을 대통령으로 뽑는 어리석음을 더는 되풀이할 수 없지 않은가. 먹음직스럽지만 먹을 수 없는 살구, 빛 좋은 개살구를 우리 국민이 가려내는 데 이 책이 다만 조금이라도 기여할 수 있다면, 새로운 바보를 기다리는 저자로서 더 바랄 게 없다.

2011년 9월 1일
손석춘

이명박 대통령은 '보수'일까, '매국노'일까.
전작권 환수 연기를 공론화 과정 없이 일방적으로 결정하고,
전작권을 미국에 더 오래 넘겨주면서 오바마에게 되레 '사의'를 표명하는
저 한 나라의 대통령을 우리는 어떻게 불러야 옳은가.

PART 1 정치

이명박 씨에게 띄우는 편지

01
이명박 대통령은
'보수'인가, '매국노'인가

이명박 씨에게 띄우는 편지

당신의 참모 가운데 이 편지를 대통령 집무실 책상 위에 올려놓는 사람이 있다면 그나마 나라를 위해 다행입니다. 어쩌면 '이명박 씨'라는 호칭에서 당신이나 참모는 울뚝밸부터 치밀지 모르겠습니다. 하지만 나 또한 삭이며 씁니다. 지금 나는 대통령에게 쓰는 게 아닙니다. 자연인 이명박 씨에게 씁니다. 대통령 자리에 앉은 이명박은 미워하지만, 인간 이명박에겐 연민을 느낍니다. 그 점에서 '이명박 씨'라는 호칭은 호의를 담고 있습니다.

물론 그 호칭엔 분노가 더 짙게 깔려 있습니다. 최근 한 젊은이가 내게 편지를 보내왔습니다. 젊은 친구는 남북 사이에 군사적 충돌 가능성을 우려한 예언이 현실화되었다고 썼더군요. 북이 연평도를 포격했을 때입니다. 나는 그런 예언은 적중하지 말아야 했다고 답글을 썼지요. 그런데 답장을 보낸 직후입니다. 예측만 하고 방관했다는 자책감이 벼락처럼 저를 때렸습니다.

그래서입니다. 더는 같은 실수를 되풀이하지 않겠다는 결기로 당신에게 편지를 씁니다. 먼저 오해 없기 바랍니다. 북의 연평도 포격이나 그것을 뒷받침하고 있는 군사주의 노선을 두남둘 뜻은 전혀 없습니다. 연평도를 포격해 민간인까지 목숨을 잃게 한 사건은 어떤 '해명'으로도 정당화될 수 없습니다. 다만 서울의 서재에 앉아 평양의 군사적 모험주의를 비판하는 글을 아무리 써도 그 정책을 바꿀 수 없는 게 엄연한 현실입니다.

공리공론에 끝나지 않고 실제로 이 땅에서 평화와 통일을 이루려면 지금 여기서 우리가 할 일이 무엇인가를 터놓고 소통할 때입니다. 남과 북의 현재 상황을 온새미로 파악하기는 쉽습니다. 먼저 이명박 씨 당신이 정직하게 톺아보기 바랍니다. 만일 집권한 뒤 북에서 곰비임비 제안해온 대화를 당신이 짐짓 모르쇠하지 않았다면, 과연 연평도 포격이 일어났을까요?

무엇보다 당신 자신에게 솔직히 답하기 바랍니다. 당신도 잘 알고 있듯이 노무현·김정일 회담은 연평도·백령도를 아우른 '서해 평화지대' 개발에 합의했습니다. 그 약속만 충실하게 이행했다면 천안함 침몰도 일어나지 않았을 터입니다. 아니, 굳이 김정일·노무현 회담이 아니어도 좋습니다. 이명박 씨 당신도 후보자 시절에 서해로 가는 들머리에 '나들섬'을 만들겠다고 공약하지 않았던가요?

하지만 당신은 북이 핵무기를 폐기해야 대화가 가능하다고 고집해왔습니다. 참모 가운데 아무도 당신에게 진실을 말하지 못했을 터입니다. 듣그럽겠지만 명토박아 직언합니다. 그 고집은 신념이 아닙니다. 국제 정세에 대한 무지의 폭로에 지나지 않습니다. '북핵 문제'는 남과 북이 풀 수 있는 사안이 결코 아니기 때문입니다. 당사자로 미국이 맞물려 있는 '북·미 핵문제'입니다.

핵무기 개발이든 연평도 포격이든, 북의 전략적 목표는 명확합니다. 미국과의 국교 수립과 평화협정이지요. 그 전략적 목표를 이루려는 북의 전술이 너무 모험적이고 조급한 것도 사실입니다. 하지만 바로 그렇기에 우리는 더 사려 깊어야 합니다. 우리가 현 단계에서 핵 문제를 해결할 수 있는 가장 현실적인 방법은 무엇일까요? 북이 미국과 국교를 수립하고 수출입을 하며 인민경제를 발전시켜갈 수 있도록 돕는 데 있음을, 그것이 평화를 지키고 통일로 가는 길임을 단 한 번이라도 진지하게 성찰하기 바랍니다.

당신이 앞으로도 나라 안팎의 '매파'들과 으밀아밀 대북정책을 논의해간다면, 유감이지만 나는 더 음울한 '예언'을 할 수밖에 없습니다. 경고합니다. 북의 '군사적 도발'에 '단호한 대응' 따위를 부르댈 때가 아닙니다. 치기 넘치는 그런 말은 윤똑똑이들에게 맡겨도 이미 차고 넘칩니다. 대통령이 할 일은 '군사적 도발'을 사전에 막는 데 있습니다. 바로 당신이 지금 대통령 자리에 앉아 있습니다.

당신이 앞으로 대통령 자리에 머물 시간은 2년입니다. 길 수도 짧을 수도 있습니다. 더 늦기 전에 역사가 대통령 이명박을 어떻게 평가할까 냉철하게 짚을 때입니다. 희미한 추억처럼 떠오를 나들섬 공약에도 눈길을 돌리고, 조건 없이 남북 대화에 나서길 충정으로 권합니다.

만일 철부지들의 부추김에 당신이 솔깃하면 연평도 수준을 훨씬 뛰어넘는 핏빛 참사를 불러올 수밖에 없습니다. 자칫 아름다운 이 산하에 지옥의 불길이 활활 타오를 수도 있습니다. 과연 그때 누가 '장로 이명박'을 구원할 수 있을까요? 결코 과도한 예언이 아닙니다. 과학적 예측입니다. 당신에게 '은총'이 내리길 기원합니다. (2009. 12. 10)

누가 이명박의 진화를 말하는가

한때 지식인들 사이에 '이명박의 진화'가 유행처럼 퍼져갔다. 2009년 가을, 이명박의 지지율이 높아갈 때다. 적잖은 지식인들이 입을 모았다. "2MB가 2.0으로 진화"했는데도 진보는 그 진화를 보지 못하고 있다고. 그래서 대응에 실패하고 있다고.

물론 그런 진단은 권장할 만하다. 상대를 정확히 알아야 이길 수 있다면, 상대를 새롭게 보려는 시도는 미덕일 수도 있다. 실제로 이명박 대통령도 얼마든지 진화할 수 있다. 분명히 밝혀둔다. 그가 진화한다면 대한민국을 위해 참 다행스러운 일이다.

문제는 어느 때부터인가 이명박 정권과 싸우기보다는 이명박 정권과 싸우는 이들에게 '훈계'하는 사람들이 늘어나는 데 있다.

결론부터 말하자. 나는 이명박 정권이 진화했다는 근거를 도통 찾을 수 없었고 지금도 그렇다. 당장 우리 눈앞에 벌어지는 저 살풍경을 보라. 철도노동조합과 공무원노동조합을 탄압하는 정권을. 과연 저 정권을 민주정권이라 할 수 있는가. 저 정권을 두고 진화를 들먹일 수 있는가.

대통령 이명박은 법적 절차를 모두 밟은 철도노조 파업을 두고 살천스레 내뱉었다. "적당히 타협하고 가서는 안 된다." 대통령의 그 한마디에 "충성경쟁"이 불붙었다. 전직 경찰청장이 사장 자리에 앉아 있는 철도공사는 800여 명을 직위해제하고 180여 명의 간부를 고소고발했다. 집행부에 체포영장도 발부했다. 철도노동조합 사무실을 전격 압수 수색했다. 그뿐인가. 200여 명에 달하는 경찰이 전국공무원노동조합 사무실과 서울본부 사무실을 압수수색했다. 이미 전국공무원노동조합 양성윤 위원장의 '목'을 가차 없이 쳤다.

　"정권이 아닌 국민의 공무원이 되고 싶습니다"라는 공무원노조의 선전물이 불법이라는 저들의 주장은 기가 막히다. 그래서다. 지금은 훈수만 들 때가 아니다. 이명박의 진화를 운운할 때는 더더욱 아니다.

　민주 언론인은 파업을 마녀사냥하는 수구언론과 싸울 때다. 민주주의를 걱정하는 교수는 이명박 정권에 꼬리치는 윤똑똑이 교수들을 정면으로 논박해갈 때다. 국민은 서울 용산 참사 앞에 절망하고 있는 유족들을 위해 1인 시위에 줄이어 나설 때다. 아직도 진보진영에는 대안이 없다며 대안을 부르대는 사람들은 이미 제시된 대안들 먼저 겸손하게 학습하고 많은 사람들과 나누며 더 구체화해갈 때다. 노동운동에 비평만 할 게 아니라 노동운동을 엄호할 때다.

　그렇다. 명토박아둔다. 적당히 타협하고 가서는 안 된다는 이명박 대통령의 말, 바로 그 말을 대통령에게 돌려줄 때다. 아니, 그 말은 민주주의를 걱정하는 모든 사람이 가슴에 새길 말이다. 그래서다. 다시 꼭꼭 눌러 쓴다. 용산 철거민 참사에 모르쇠는 물론 노동자 탄압에 광분하는 이명박 정권과 적당히 타협하고 가서는 안 된다. (2009. 12. 02)

하나 되자는 대통령 호소 누가 막는가

"우리는 하나가 되어야 한다." 이명박 대통령의 결연한 호소다. 담화문을 '전쟁기념관'에서 발표한 모습은 이명박 정부가 천안함 침몰을 어떻게 보고 있는지, 또 앞으로 어떻게 대응해나갈 생각인지 상징적으로 드러내준다. 기실 천안함 침몰과 같은 비극이 다시는 일어나서는 안 된다는 데 반대할 사람은 아무도 없다. 대통령이 담화문에서 주장했듯이 "한반도를 더 이상 동북아의 위험지대로 내버려둬선 안 된다"는 데도 모두 공감할 터다. "남북이 이 문제를 주도적으로 풀어야 한다"는 데도, "한반도를 세계 평화의 새로운 터전으로 만들어나가야 한다"는 데도 나 또한 적극 찬성한다.

문제의 핵심은 그렇게 하기 위해 우리가 무엇을 할 것인가라는 이성적 논의다. 여기에는 감정을 절제하고 정교한 분석을 바탕으로 한 열린 토론이 필요하다. 한 지식 노동자로서는 물론 민간 싱크탱크 책임자로서 나는 앞으로도 "남북이 주도적으로" 이 땅을 "세계 평화의 새로운 터전으로 만들어나가"는 데 대다수 평화와 통일을 갈망하는 민중과 더불어 지며리 걸어갈 것임을 밝혀둔다. 그 연장선에서 담화문에 나타난 이명박 정권의 인식에 어떤 문제점이 있는가를 분명히 지적하고 싶다.

대통령은 "어떤 거센 태풍이 몰아친다 해도 우리는 잘사는 국민, 따뜻한 사회, 강한 나라를 향해 뚜벅뚜벅 우리의 길을 걸어갈 것"이라며 "우리 모두 함께 힘을 합쳐 앞으로 나아가자"고 거듭 호소했다. 좋은 말이다. 하지만 그 말에 진정성이 있다면, 진정 지금 국민 모두

와 함께 힘을 합쳐 앞으로 나아가겠다면, 대통령 자신부터 국민을 상대로 한 편향된 이념대결에서 벗어나야 한다. 단적인 보기가 전국교직원노동조합(이후 '전교조') 소속 교사들에 대한 대량해직이다.

교사들이 민주노동당에 후원금을 냈다는 게 이유다. 물론 대통령은 '법대로'를 내걸 수 있다. 하지만 이명박 대통령 스스로 언제나 강조하는 '선진국'에서는 공무원이 자신의 공무를 수행하는 데 국한해서 정치적 중립을 강제할 따름이다. 더구나 정부와 한나라당 쪽에 서서 내놓고 정치 활동을 펴는 교사나 공무원들에 대해서는 모르쇠한 채 전교조 소속 교사들에게만 파면과 해고의 칼을 휘두르는 살풍경은 누가 보더라도 공정하지 못하다.

이명박 대통령이 '중도 실용주의자'가 맞다면 스스로 냉철하게 성찰하기 바란다. 마치 파면과 해고가 당연하다는 듯이 텔레비전 카메라 앞에서 살천스레 '엄단'을 밝히는 교육과학기술부 담당 팀장의 차가운 표정과 이명박 대통령이 강조하는 '화합'은 일치하는가? 천안함 침몰 초기 '서해 비극 와중'에 MBC 노조가 파업을 했다고 개탄하던 신문(중앙일보 2010년 4월 6일자 사설)이 "전교조는 정치를 떠나 '참교육'으로 돌아가라"(5월 24일자 사설)며 대량 해직 사태를 언죽번죽 비호하고 나서는 모습은 과연 공정한가.

듣그럽겠지만 이명박 대통령에게 명토박아둔다. 진정 국민이 하나되길 원한다면, 국민이 힘을 모으기를 바란다면, 선거공약이자 대통령의 지론인 '실용주의'를 지켜라. 전교조 대량해직은 "우리는 하나가 되어야 한다"는 대통령의 진정성을 알아볼 수 있는 시금석이다.

(2010. 05. 24)

이명박의 자주, 김남주의 매국

애써 참으려 했다. 날을 세워 이명박 대통령을 비판한다고 과연 달라질 가능성이 있을까 회의감이 들었기 때문만은 아니다. 2010년 6월 27일 이 대통령이 버락 오바마 미국 대통령을 만나 한국군의 전시작전통제권(이후 '전작권')을 2015년 12월까지 미국이 보유하는 데 합의했을 때도, 차라리 오바마에게 편지("오바마 미 대통령에게 띄우는 편지")를 쓴 이유는 그가 얼마나 자주성이 없는가를 드러내고 싶어서였다.

하지만 보라. 이 대통령은 7월 12일 라디오방송 연설에서 "일각에서는 전작권 전환시기 조정에 대해 국방자주권을 들어 비판하지만 시기조정은 우리의 필요에 따른 실질적이고 자주적인 선택"이라고 언죽번죽 말했다. 아무리 톺아보아도 놀라운 발언이다. 그래서다. 이 대통령의 자주권 훼손을 이미 칼럼에서 지적한 내가 대통령의 '반론성 발언'에 침묵할 수는 없다고 판단했다.

내가 대통령의 발언을 놀랍다고 본 일차적 이유는 그의 명백한 사실 왜곡이다. 대통령은 "유럽에는 많은 강국이 있지만 미군 사령관이 지휘하는 나토가 지역안보의 기본 틀"이라며 "우리의 전작권 문제도 동아시아지역과 세계안보의 관점에서 이해해야 한다"고 부르댔다. 대통령의 발언만 보면 마치 유럽의 여러 나라가 대한민국처럼 전시작전통제권을 아예 미국에 넘겼다고 판단하기 십상이다. 하지만 과연 그러한가. 전혀 아니다. 만일 대통령이 그 사실을 알고도 그렇게 말했다면 국민 기만이고, 모르고 그렇게 말했다면 무능의 자기폭로다. 어느 쪽이든 놀라울 수밖에 없는 주장이다.

게다가 대통령은 한·미 FTA와 관련해 "뜻밖의 성과가 있었다"며 "오바마 미국 대통령이 추진시한까지 정하면서 조속한 타결 의지를 강하게 천명했다"고 덧붙였다. 하지만 오바마는 그냥 타결 의지를 천명한 게 아니다. '조정'을 이야기했다. 이 또한 일부러 그 사실을 은폐했다면 국민 기만이고, '조정'이라는 말에 둔감한 것이라면 무능의 폭로다.

더 놀라운 일은 그것을 '자주적 선택'으로 강변한 데 있다. 그가 자주적 선택이라고 강변하는 연설을 들으며 나는 문득 얼마 전 해남농민회 초청강연을 갈 때 다시 읽은 김남주 시집 《사랑의 무기》를 떠올렸다. 시인이 감옥에서 얻은 몹쓸 병으로 눈을 감은 지 어느새 16년이 흘렀다. 하지만 시인이 남긴 시는 여전히 시퍼렇게 살아 숨 쉬고 있음을 새삼 깨달았다.

가령 시 〈어머님께〉를 보라. "일자무식 한평생으로 / 자식 사랑밖에는 모르시는 어머니"께 시인은 절창한다. "지금 이 나라에는 / 보수와 진보가 있는 게 아니어요 / 우익과 좌익이 있는 게 아니어요." 곧이어 시인은 단언했다. "매국노와 애국자가 있을 뿐이어요 / 그 중간은 없는 거예요 없는 거예요. 어머니."

더러는 시인의 전투적 서정성을 1980년대식 논법이라고 넘기기도 한다. 하지만 어떤가. 전작권 환수 연기를 공론화 과정 없이 일방적으로 결정하고, 전작권을 미국에 더 오래 넘겨주면서 오바마에게 되레 '사의'를 표명하는 저 한 나라의 대통령을 우리는 어떻게 불러야 옳은가. 그를 비판하긴커녕 오히려 찬가를 읊어대고 FTA에 대해서도 필요성만 부르대는 저 부자신문의 살찐 언론인들을 어떻게 호명해야 옳은가.

해남에서 김남주 생가를 찾아 고인의 아우 배려로 시인의 집필실에 잠시 머물 수 있었다. 그 시인의 거처에서 냉정히 짚어보았다. 이명박 대통령은 '보수'일까, '매국노'일까를. 다시 이 대통령이 자주성을 운운한 연설을 비판하는 칼럼을 쓰면서, 지금 이 순간 하릴없이 참담해온다. 고(故) 김남주 시인의 전투성에 견주면, 오늘 내가 부르는 '노래'는 얼마나 비루한가. 나의 '무기'는 얼마나 날이 무딘가. (2010. 07. 13)

조용히 보내드릴 수 없는 까닭

김대중 전 대통령이 서거했다. 세브란스병원에서는 2009년 8월 18일
"오후 1시 43분 김대중 전 대통령이 다발성 장기부전으로 심장이 멈
춰 서거했다"고 공식 발표했다. 병원 측은 기자회견에서 고령이어서
심폐소생술은 큰 의미가 없었다며 "고인을 조용히 보내드렸다"고 밝
혔다. 7월 13일 폐렴 증상으로 입원한 뒤 고인의 치료를 주도해온 의
사도 임종 순간에 대해 "가장 편안한 모습으로 가셨다"고 술회했다.

그랬다. 여든다섯의 나이를 떠올리면 노무현 전 대통령의 비극적
서거와는 다르다. 고령에 폐렴 증상도, 다발성 장기부전도 사실이다.
하지만 나는 세브란스병원 측의 의견에 동의할 수 없다. 의료진의 의
학적 판단에 시비를 걸자는 게 아니다. 고인의 부음을 들으며 가슴이

먹먹해온 까닭은 다른 데 있다. 고인을 결코 조용히 보내드릴 수 없는 까닭이기도 하다.

서거 소식을 들었을 때 떠오른 고인의 마지막 모습은 노무현 전 대통령의 영결식장에서 울음을 터뜨리던 모습이다. 여든다섯 살의 전직 대통령이 국민장으로 치른 영결식장에서 보인 흐느낌과 오열은 고인이 얼마나 큰 충격을 받았는가를 입증해준다. 그렇다. '덕담'할 때가 아니다. 명토박아둔다. 고인의 마지막이 '편안'하지 못했던 직접적 원인은 이명박 정권에 있다.

기실 고인은 이명박 정권이 대결주의적 대북정책을 노골화할 때부터 분노를 표출했다. 2008년 12월 노벨평화상 수상 8주년 기념 강연에서 고인은 우리가 지금 "민주주의의 위기, 서민 경제의 위기, 남북 관계의 위기에 직면했다"고 간명하게 정리했다.

노 전 대통령의 서거 뒤인 2009년 6·15 남북정상회담 9주년 기념식에서는 분노가 더 커졌다. "우리가 균등하게 평화롭게 정의롭게 사는 나라를 만들려면 행동하는 양심이 돼야 한다. 행동하지 않고 방관하는 것도 악의 편이다. 독재자에게 고개를 숙이고 아부하고, 이런 것은 결코 바람직하지 않다."

고인의 말에 이명박 정권과 한나라당, 그들과 '동맹'을 맺고 있는 〈조선일보〉〈동아일보〉〈중앙일보〉는 어떻게 반응했던가. 대통령에 당선되기 전까지 줄곧 '전라도'와 '빨갱이'라는 굴레에서 살아온 노벨평화상 수상자 김대중의 마지막 가는 길 또한 '험악'했다.

그래서다. 이제 저들이 다시 고인의 영전을 찾아가 사뭇 진지하게 '추모'하더라도 나는 저들의 진정성을 믿을 수 없다. 이명박 대통령이 고인의 서거 앞에서 언죽번죽 '화해'를 들먹이는 풍경은 더욱 그렇다. 병원에 입원하기 전에 "억울하고 분하다"고 토로한 고인의 심경을 짚어보면 가슴이 미어진다.

노정치인의 마음을 억울하고 분하게 만든 이명박 정권과 수구언론이 아무런 성찰도 보이고 있지 않아 더 그렇다. 고인이 가장 편안한 모습으로 가셨다는 담당 의사의 '덕담'이나 조용히 보내드렸다는 세브란스병원 원장의 의학적 판단에 동의할 수 없는 까닭이다.

그렇다. 나는 고인의 서거가 억울하고 분하다. 고인이 이 땅의 정치·경제·통일에 남긴 '숙제'는 이제 살아 있는 우리의 몫이 되었다. 그 길은 '화해'가 아니다. '행동하는 양심'이다. (2009. 08. 19)

김영삼식 화해, 이명박식 화합

"지금 우리 안에 남아 있는 갈등과 대립을 조화롭게 극복하고, 모자라고 부족한 부분을 채우려는 노력이 시급한 때입니다. 서로 차이를 넘어 널리 화합을 이루라는 불교의 원융무애사상은 지금 우리에게 꼭 필요한 대승적 통합과 상생의 가르침이라 생각합니다."

개신교 장로인 이명박 대통령이 불교 조계종 자승 총무원장이 취임할 때 보낸 축하문의 일부다. 글만 보면 구구절절 옳은 이야기다. 하지만 현실은 어떤가. 이명박 정권이 화합에 앞장서고 있다고는 아무도 생각하지 않는다.

바로 그래서다. 우리는 갈등과 대립이 어디서 연유하는지, 그리고 참으로 화합을 이루려면 무엇이 필요한지 성찰할 필요가 있다. 원인을 외면한 채 갈등을 해소할 때 엉뚱한 결과가 빚어지기 때문이다. 대표적 보기가 '김영삼식 화해'다.

두루 알다시피 김영삼 전 대통령은 김대중 전 대통령(이하 존칭 생략)이 운명하기 8일 전에 세브란스병원을 방문했다. 방문 뒤 병원을 나오며 김영삼은 기자들 앞에서 이제 김대중과 화해할 때가 되었고 또 화해했다고 봐도 좋다고 언죽번죽 주장했다. 그의 발언을 신문과 방송은 크게 부각했다. 두 김 씨가 마침내 화해했다고 보도했다. 하지만 진실은 어떤가. 당시 김영삼은 김대중을 만나지도 못했다. 병세가 위독했기에 병실로 들어가지 못하고 이희호 씨만 만났다.

김영삼은 틈날 때마다 김대중을 살천스레 비난했다. 색깔공세도 서슴지 않았다. 김대중은 침묵으로 일관했다. 김영삼과 김대중 사이에 한쪽을 편들자는 뜻이 아니다. 다만, 김영삼이 김대중에게 사과하고 이를 김대중이 받아들일 때 화해가 성립한다는 진실을 적시하고 싶을 뿐이다. 만나지도 못하고 자신에 대한 아무런 성찰도 없이 화해했다고 주장하는 행태는 일방적 화해의 전형적 보기다.

문제는 김영삼식 화해가 갈등을 해소할 수 없다는 데 그치지 않는다. 김영삼식 화해가 우리 사회에 보편화해 있기 때문이다. 가령 서울 용산 참사는 더 극단적 형태다.

철거를 앞둔 세입자로서 제대로 된 보상금을 받아 살아보려고 망루에 올라간 철거민들이 새까맣게 숯 주검 되었다. 아비를 잃고 가까스로 살아남은 아들에게는 징역 6년을 선고했다. 이명박 대통령은 해결에 나서기는커녕 지금 이 순간까지 진솔한 사과 한마디 없다. 과연 이 상황에서 언죽번죽 통합을 부르대는 대통령을 우리는 어떻게 보아야 옳은가.

조계종의 자승 총무원장은 취임 법회에서 소통과 화합을 강조하면서 "소외된 이웃과 어려움을 나누며 희망을 꿈꾸는 도반이 될 것"이라고 다짐한 바 있다. 실제로 자승 총무원장은 취임 뒤 첫 대외활동으로 용산참사 현장을 방문했다. 참혹하게 숨진 철거민들의 영정에 분향하고 발원문을 봉독했다. "용산은 이 시대에 우리가 안고 있는 대립과 갈등의 상징"이라며 "하루 속히 이 대립과 갈등이 원만히 해결될 수 있기를 바란다"고 발원했다. 스님은 유족들에게 앞으로 불교계가 돕겠다고 약속했다. 기대할 일이다.

물론 조계종 총무원에 기대만 할 일은 아니다. 용산 참사로 숨진 원혼들이 해를 넘기도록 안식하지 못하고 있는 오늘, 김영삼·이명박의 일방적 화해·화합이 아닌 진정한 화합의 길을 더불어 찾아가는 일은 모든 민주시민의 숙제가 아닐까. (2009. 12. 14)

눈과 귀는
국민에게 열어두길

대학등록금 50퍼센트 줄이면 국가재앙?

민주당이 무상급식과 무상의료에 이어 무상보육과 반값 등록금을 당론으로 채택했다. 과거 민주당의 모습에 비추면 큰 변화다. 진보정치세력의 대통합 움직임이 본격화되면서 민주당이 위기의식을 느꼈을 법하다. 아무튼 좋은 일이다. 진보세력이 2000년 민주노동당을 창당한 뒤 애면글면 주장해온 정책들을 민주당까지 슬금슬금 받아들이고 있지 않은가.

문제는 지금부터다. 민주당이 과연 그 정책을 얼마나 꿋꿋하게 추진할 수 있을까에 회의적인 사람이 적지 않기 때문이다. 이미 민주당 내부에서도 '역풍'을 내세워 반대하는 목소리들이 곰비임비 나오고 있다.

예상했듯이 한나라당은 포퓰리즘이라 비난하고 나섰다. 심지어 안상수 대표는 당 최고위원회의에서 '위장복지 예산'이라며 결국 "미래 성장 동력을 좀먹어 국가적 재앙을 불러올 것"이라고 부르댔다. 한나라당이 그렇게 부르대는 모습은 자연스럽다. 그게 그 당의 정체성 아니던가.

하지만 일부 젊은 세대마저 그 주장에 동의하는 풍경은 아무리 생각해도 납득하기 어렵다. 차분히 짚어보자. 과연 그게 "국가적 재앙을 불러올" 정책인가?

민주당 정책위는 무상의료(8조 1000억 원), 무상보육(4조 1000억 원), 무상급식(1조 원), 반값등록금(3조 2000억 원)에 해마다 들어가는 돈을 16조 4000억 원으로 추산했다. 대학 등록금 절반 예산이 3조 2000억 원인 이유는 모든 학생에게 당장 절반으로 하겠다는 게 아니기 때문이다. 연소득 1238만 원 이하의 가계에 대해선 등록금 전액을 장학금으로 지원하고, 연소득 3270만 원까지는 반액, 3816만 원까지는 30퍼센트를 지원한다는 게 뼈대다.

그런데 민주당 내부에서도 "재원 마련 계획이 너무 거칠어서 좀 더 숙성될 때까지 보류하자는 의견이 의총에서 다수였다"는 말이 흘러나온다.

하지만 문제를 너무 좁혀서 볼 필요는 없다. 담대하게 현실을 바라보자. 이명박 대통령이 집권한 뒤 대대적 감세정책을 폈다. 본디 5년 동안 90조 원이 넘는 감세를 추진했지만 시민사회의 '부자 감세' 여론에 밀려 수정했다. 하지만 그럼에도 감세 규모는 5년 동안 60조 원이 넘는다.

참 쉬운 산수다. 5년 동안 60조 원이면 해마다 평균 12조 원이 줄어드는 셈이다. 그 셈은 이명박 정부의 감세정책을 원점으로 돌리는 것만으로, 300만 명에 이르는 전문대 이상의 모든 대학생 등록금을 절반으로 줄일 수 있다는 걸 뜻한다. 대학 등록금을 연간 800만 원으로 잡을 때, 그 절반인 400만 원을 학생들에게 지원하는 데 12조 원이 든다. 행정 절차는 더 간명하다. 등록 학생 수만큼 대학 당국에 보내면 된다.

물론 이 수치는 대학 등록금을 절반으로 할 때 드는 비용을 최대한으로 잡았을 때다. 더 꼼꼼하게 짚으면 소요 비용은 훨씬 줄어든다. 더구나 대학 등록금 아닌 부문에도 복지 예산을 써야 한다.

다만 대학 등록금 절반이 "국가적 재앙을 불러올" 사안이라며 흥분하는 행태야말로 전형적인 포퓰리즘임을 정확히 인식할 필요가 있다. 게다가 한나라당 스스로 야당 시절 '대학 등록금 절반'을 공약한 사실을 톺아보면, 이명박 정부와 한나라당이 '국가 재앙'을 들먹이는 행태는 참으로 가관이다. 그야말로 국민 우롱 아닌가? (2011. 01. 14)

이명박 대통령의 참 쓸데없는 걱정

"등록금이 싸면 좋겠지만 너무 싸면 대학교육 질이 떨어지지 않겠냐." 이명박 대통령의 말이다. 처음 그 말을 들었을 때 새삼 궁금했다. 그 자리에 함께 있었던 대학총장들은 어떤 생각이 들었을까. 대학총장들이 조금이라도 양심이 있다면 남세스럽지 않았을까. 뒤집어 짚어보

자. 과연 한국의 대학교육 질이 낮은 게 등록금 탓인가? 총장들만이 아니라 대학교수들 스스로 가슴에 손을 얹고 자문해볼 일이다.

나는 〈조선일보〉〈동아일보〉〈중앙일보〉에 말살에 쇠살인 칼럼을 기고하는 교수들을 볼 때마다 과연 저 사람이 학생들을 가르쳐도 좋을까 라는 의문에 젖어든다. 그런 교수들이 서울대학교에 가장 많다는 사실도 의아하다. 신문에 칼럼을 쓰기 전에 학자로서 공부를 한 자라도 더 하길 권하고 싶을 정도다. 최소한의 상식이나 균형감각도 없는 윤똑똑이들이 자신의 전공도 아닌 영역에서 사뭇 자신이 시대를 가장 정확하게 꿰뚫고 있다는 듯이 써대는 글을 보면 역겨움을 넘어 민망스럽다.

대통령에게 한 대학생이 "등록금이 비싸다. 대통령께서 선거 나오기 전에 한나라당이 정책적으로 등록금 반값 부담 얘기했는데 어떻게 생각하냐"고 물었을 때도 그렇다. 학생은 대통령 말을 듣고 싶은데 숙명여자대학교 총장을 지낸 이경숙이 나선다. 대통령직인수위원장을 지냈기 때문일까. 그는 "등록금 반이 아니고 가계 부담을 반으로 줄이는 거였다. 등록금 액수로 생각하는데 그것은 아니다"란다.

과연 그러한가. 백번 양보해서 그렇다고 치자. 그렇다면 가계 부담은 반으로 줄어들었는가. '눈 가리고 아옹'하는 행태를 대학총장을 지낸 교수가 아무런 부끄러움 없이 저지른다.

하지만 문제는 일부 대학교수들보다 다시 이명박 대통령이다. 그의 사고는 생게망게하다. "등록금 싸면 좋겠지만 너무 싸면 대학교육 질이 떨어지지 않겠냐"고 말했다. 명토박아 말한다. "등록금 싸면 좋겠지"라고 생각한다면 등록금을 내리는 데 앞장서라. 자신이 이 나라 교육정책의 최고 의사결정권자 아닌가. 이경숙처럼 가계 부담을 생각한다면 더욱 그렇다. 얼마든지 예산도 가능하지 않은가.

"너무 싸면"도 말이 되지 않는다. 너무 싸지 않다. 대학교육 질이 떨어진다면 그것은 전혀 다른 데서 원인을 찾아야 옳다. 언제부터인가 대학은 보수 또는 수구세력의 아성으로 변해왔다. 요즘 어지간한 대학에서 진보적 사고를 하는 교수를 찾아보기 어렵다. 한 사립대학교 교수는 개탄하듯이 "교수 80퍼센트가 체제 친화적"이라고 사석에서 토로했다.

그나마 손꼽아볼 수 있는 진보적 대학교수들도 힘을 모으려 하지 않는다. 덧셈보다 뺄셈에 능숙하다. 결국 그 뺄셈이 자신의 '무덤'을 파는 짓이라고 생각하지 않는다. 수구적 교수들이 서로 끌어당기며 곱셈하는 모습과 대조적이다.

그래서다. 대학 강단에서 겸임교수로 6년을 강의했던 내게 가장 가슴 아픈 것은 진실에 목말라하던 젊은이들이다. 사실상 세계에서 가장 비싼 등록금에 견주어 오늘의 대학에서 학생들의 발언권은 전혀 없다. 그 앞에서 대통령은 언죽번죽 말한다.

"등록금이 싸면 좋겠지만 너무 싸면 대학교육 질이 떨어지지 않겠냐." (2010. 02. 03)

4대강 토목사업은 암세포다

4대강, 그 생명의 강에 암세포가 번져가고 있다. 이명박 정부가 반대 여론을 묵살하고 끊임없이 강행하는 토목사업이 그것이다. 2010년 8조

원에 이어 2011년에도 9조 원 넘게 국민이 낸 세금을 쏟아붓겠단다.

두루 알다시피 암세포는 정상세포의 돌연변이다. 몸과 소통하며 유기적으로 존재하는 정상세포와 암세포는 확연히 다르다. 암세포는 몸 전체의 건강을 전혀 의식하지 않는다. 철저한 이기주의 세포다. 모든 것을 자신의 증식만을 위해 이용한다. 다른 세포로 가는 영양을 뺏는 일을 서슴지 않는다. 무람없이 그런 짓을 하고도 만족을 모른다. 다른 곳으로 옮겨가 그곳에서도 이기주의적 행태를 되풀이한다. 전이가 그것이다. 암세포의 특성을 한마디로 간추리면, 다른 세포와의 '소통 거부'다.

찬찬히 톺아볼 일이다. 암세포의 그 특성은 이명박 정부가 밀어붙이는 4대강 토목사업과 닮은꼴 아닌가. 언죽번죽 '4대강 살리기'로 포장된 토목사업은 지금 4대강 곳곳으로 번져가고 있다. 토목사업이 강 전체의 생태계를 파괴한다는 전문가의 분석, 시민단체의 비판에도 아랑곳없다. 강행이다. 국민 여론도 모르쇠다. 오직 토목사업의 확장만이 목표다. 다른 곳으로 가야 마땅한 국민 혈세까지 4대강으로 몰린다. 한마디로 간추려 '소통 거부'다.

소통을 거부하는 맨 앞에는 이명박 대통령이 서 있다. 그는 4대강 토목사업이 강을 살리기는커녕 되레 강을 죽인다는 비판에 냉소적으로 반응한다. 뜬금없이 경부고속도로를 들먹이며 부르댄다. "경부고속도로를 건설할 때도 반대가 많았다!"

언뜻 설득력 있어 보인다. 하지만 어떤가. 경부고속도로를 만들 때와 견주면 이미 40여 년이 흘렀다. 인터넷의 발달로 4대강과 관련한 모든 정보가 폭넓게 퍼져 있다. '집합 지성'이라는 말이 나돌 정도다.

이명박 정부가 '4대강 살리기'를 대대적으로 홍보하고 나섰는데도 찬성 여론이 높지 않은 이유가 여기 있다.

암세포가 그렇듯이 4대강 토목사업은 진전될수록 문제가 커진다. 이명박 정부의 구상대로 4대강 토목사업이 완료될 때, 4대강의 생태는 파괴된다. 낙동강 제1지류 내성천이 흐르는 두터운 모래층도, 영산강 상류에 있는 대나무 숲이 울창한 담양습지도 사라진다. 대나무 군락지에 살고 있는 황로, 황조롱이, 쇠백로, 해오라기, 매, 삵, 맹꽁이들의 생존이 위협받는다. 녹색연합은 금강 하구에 펼쳐진 신성리 갈대밭도, 영화 〈공동경비구역 JSA〉와 〈화려한 휴가〉를 촬영한 갈대밭 사이의 흙길도 사라진다고 고발한다. 4대강 곳곳에 숨 쉬는 습지들이 모두 시멘트 토목사업으로 죽어가고 있는 게 엄연한 현실이다. 우리 국토의 젖줄인 4대강 생태가 파괴될 때, 우리 국민의 건강 또한 시나브로 악화될 수밖에 없다.

이명박 대통령으로선 '청계천 복원'처럼 자신의 업적을 전시하고 싶은 욕망이 강할 터다. 언젠가 한강과 낙동강을 잇는 대운하가 개통되면 자신이 그 초석을 놓은 '선구자'라고 과시하고 싶을 수도 있다. 토목사업으로 겉만 번지르르 포장하고, 자전거 길을 만들어놓으면 당장은 사람들을 유혹할지도 모른다. 생태계 파괴로 인한 문제점이 곰비임비 불거지면 그때 '복원'하는 토목사업을 추진하면 된다고 판단할 수도 있다. 결국 대형건설업자들은 4대강 토목사업 때 그랬듯이 복원사업에서도 떼돈을 벌 수 있다. 물론 그 돈의 출처는 우리 국민의 혈세다.

아직은 늦지 않았다. 4대강 토목사업이 빨아들이는 혈세를 다른 데로 돌리면 우리 국민 전체에게 유익한 일이 수두룩하다. 가령 4대강 토목사업 예산 22조 원을 국민 건강권을 보장하는 데 투입한다면 어떻게 될까? 국민 개개인의 병원 치료비 부담을 대부분 줄일 수 있다.

퇴원을 할 때 병원 원무과에서 치료비 명세서를 받아들고 한숨쉬는 국민은 하나둘이 아니다. 의료보험 적용을 받지 못하는 항목이 더 많지 않던가.

텔레비전에 출연한 의사들은 한결같이 암은 조기진단이 중요하다고 입을 모은다. 옳은 말이다. 그 의사들이 국민 모두가 부담 없이 조기진단을 받을 수 있는 의료체계를 만드는 데 나선다면 더 좋지 않을까. 암 수술비 부담을 덜어줄 수 있고, 의료보험이 적용되는 항목을 대폭 늘리는 데 나선다면 더 바람직하지 않을까.

명토박아둔다. 이명박 정부가 엉뚱한 '삽질'에 해마다 쏟는 천문학적 예산, 그 국민의 혈세를 국민 건강권 확보나 서민 경제를 활성화하는 데 돌려야 마땅하다. 4대강 토목사업은 강 전체의 생태를 파괴함으로써 국민 모두의 건강과 삶의 질을 장기적으로 악화시키는 데 그치지 않고, 우리 국민의 건강권과 생존권을 보장할 수 있는 예산을 삽질로 뺏어간다는 사실에서도 암세포를 빼닮았다.

2010년 11월 현재, 대한민국의 암세포인 4대강 토목사업은 아직 초기 단계다. 더구나 발견되었다. 그렇다면 어떻게 해야 할까? 자명하다. 초기에 암세포를 수술로 도려내야 마땅하다. 드러난 초기 암은 얼마든지 완치 가능하다. 내년에도 9조 원이 넘는 국민 혈세를 쏟아부을 만큼 국민경제는 한가하지 않다. (2010. 11. 02)

국민희롱이야말로
국가모독 아닌가

촛불은 '공산혁명'의 파충류?

공산혁명, 계급혁명의 파충류. 섬뜩한 말들이다. 누가 누구를 겨냥해 던진 말인가를 짚어보면 차가운 분노가 치민다. 그 말을 한 자칭 '공직자'는 대한민국 형법을 들먹인다. "자유민주주의를 공산혁명세력으로부터 보호하기 위해 제87조와 제91조에서 내란죄를 규정하고 있다"고 부르댄다. 그는 이어 무람없이 단정한다. "그 내용을 보면 바로 촛불폭동에 딱 떨어진다."

어떤가. 용기가 넘친다. 패기가 치솟는다. 촛불을 든 민주시민을 무람없이 공산혁명세력의 폭동으로 규정하고 있잖은가? '내란'이라고 명토박는다. 감정이 격해서 나온 말실수가 결코 아니다. 숱한 퇴고를 거쳐 출간한 책에서 그렇게 주장했다. 심지어 그는 MBC의 〈피디수첩〉을 겨냥해 막말을 쏟아냈다. 피디수첩 뒤에 "자유민주주의를 먹어치우려는 '계급혁명'이라는 파충류의 꼬리가" 보인단다.

그의 이름은 민동석. 2008년 4월에 있었던 한·미 쇠고기협상의 한국쪽 수석대표였다. 미국 쇠고기를 전면 개방해놓고 비판 여론이 빗발칠 때, 쇠고기 개방은 "미국이 우리에게 준 선물"이라고 밝혀 국민을 아연케 한 '공직자'다.

바로 그가 갑자기 외교통상부 차관으로 화려하게 등장했다. 부자신문들은 이명박 대통령의 확고한 '의지'가 실렸다고 용춤 추고 있다. 민동석은 정의가 살아 있다고 기염을 토했다. 청와대 대변인도 굳이 속내를 감추지 않았다. 민동석을 두고 "쇠고기 협상 이후 온갖 어려움과 개인적 불이익 속에서도 소신을 지킨 사람"이라고 추어올렸다. "자기 소신을 지키는 공직자에 대한 배려"라며 그를 발탁한 것이 "이런 공직자들에게 기회를 주려고 한 것"이라고 사뭇 당당하게 밝혔다.

그랬다. 이명박 정권은 공무원들에게 '권력 앞에 줄서기'를 노골적으로 권장하면서도 전혀 문제의식이 없는 상황까지 이르렀다.

오해를 피하기 위해 미리 밝혀둔다. 민동석은 부자신문과의 인터뷰에서 "2년이 지난 이 시점에서 미국 쇠고기 먹고 세계 어디에서도 광우병 걸려 죽은 사람이 없지 않느냐"고 울뚝밸을 토로했다.

얼핏 그럴듯한 논리다. 하지만 광우병을 경고한 촛불시민 누구도 2~3년 안에 발병된다고 주장하지 않았다. 발병 가능성도 적다고 당시에 이미 밝혔다. 다만 조금이라도 가능성이 있다면, 치명적이기에 막아야 한다는 상식을 강조했을 뿐이다. 보라. 일본 정부는 지금 이 순간도 20개월 이하의 미국 쇠고기만 수입한다. 민동석에게 묻고 싶다.

일본 정부가 어리석기 때문일까? 그걸 고집해서 일본은 무역 보복을 당하고 있는가?

다시 이명박 대통령에게 정색을 하고 묻는다. 미국산 쇠고기를 전면 개방해놓고 "미국이 우리에게 준 선물" 운운한 자를 대한민국 통상정책의 책임자로 앉히는 게 과연 당신의 '소신'인가? 촛불을 든 민주시민을 '공산혁명세력'으로 판단하는가? 거기에서 '파충류의 꼬리'가 보이는가?

언구럭부리며 넘길 일이 아니다. 대통령 스스로 민동석의 '소신'을 존중해 발탁했다면 그 물음들에 답할 의무가 있다. 그게 아니라면, 또는 그런 말까지 했다는 걸 몰랐다면, 해법은 명쾌하다. 민동석의 차관 발탁을 당장 철회하라. (2010. 10. 27)

청문회의 김/신/조 '국민희롱'

'김신조'가 나타났다. 국회 인사청문회 안팎에서 나도는 말이다. 김태호·신재민·조현오를 두고 하는 말이다. 자연인 김신조로선 울뚝밸이 치밀겠지만, 청문회를 통과해선 안 될 인물이 누구인지 간명하게 정리해주는 말이다.

이명박 대통령이 40대 국무총리를 임명했을 때는 신선했다. 개인적으로는 연하인 총리 내정자를 처음 보며 세월을 실감했다. 하지만 어떤가. 김태호는 나이만 젊었을 따름이다. 청문회서 드러난 진실은 그가 얼마나 젊음과 무관한가를 입증했다. 무엇보다 용서할 수 없는 것은 '국민희롱죄'다.

경남도청 직원이 "2년 6개월 동안 김 후보자 사택에서 빨래, 청소, 밥 짓기 등 가사도우미로 일했다"는 민주노동당 강기갑 의원의 추궁은 사실로 드러났다. 기실 의혹이 처음 제기되었을 때 보도자료를 내어 "한 달에 한두 번 우편물을 정리하고 쓰레기를 버리는 정도의 도움을 받은 적은 있으나, 가사를 전반적으로 도왔다는 것은 사실이 아니다"라는 김태호의 해명도 이해할 수 없었다. '한 달에 한두 번'은 괜찮다는 말인가. 진실은 더 심각하다. 결국 김태호는 청문회에서 앞선 해명이 "잘못된 것 같다"고 인정했다.

도청 관용차 운전기사 문제도 마찬가지다. 끝까지 발뺌하던 김태호는 결국 아내의 사적인 용도로 관용차를 이용한 게 밝혀지자 뒤늦게 시인했다. 사적으로 이용한 "운행거리가 3만 킬로미터에 유류비만도 500만 원이 넘는데 환급할 용의가 있느냐"는 이어진 질문에 "그렇게라도 하겠다"고 답했다.

하지만 이것은 유류비 환급이라는 돈의 문제가 아니다. 거짓말에 더해 공공기관에서 일하는 국민의 노동력을 말 그대로 '착취'했다는 데 문제의 핵심이 있다.

서민 희롱은 김태호에 머물지 않는다. 문화체육관광부 장관을 하겠다는 신재민을 보라. 신재민은 자신의 중학교 동창 회사에 아내가 '위장 취업'해 수천만 원의 월급을 챙긴 것으로 드러나고 있다. 요컨대 일하지 않고 돈을 받았다는 뜻이다. 〈조선일보〉 간부였던 신재민이 그렇게 돈이 궁했던가? 전혀 아니다. 노동하지 않고 '임금'을 받은 사실은, 그 중소기업에서 저임금으로 허덕이는 노동자들에 대한 착취가 분명하다.

국민희롱의 또 다른 압권은 '민중의 지팡이'를 자처하는 경찰의 '총수' 조현오다. 조현오는 "우리나라 사람은 주인이 보면 열을 시키면 스무 개를 한다. 그런데 주인이 없으면 한두 개만 한다. 이게 우리나라 국민들의 일반적인 성향"이라고 강연에서 떠들었다. 문학진 의원의 추궁에 조현오는 아무 반성도 없이 곧장 "그 발언 바로 뒤에 보면 우리 국민들의 창의성에 대해서 굉장히 칭찬했다"고 언죽번죽 말했다. 과연 그러한가. 조현오가 '우리나라 국민'을 어떻게 보고 있는지는 이미 극명하게 드러났다.

바로 그래서가 아닐까? 그가 촛불을 든 민주시민은 물론 생존권을 요구한 노동자들을 살천스레 '진압'한 까닭은.

옷깃을 여미며 묻는다. 저 국민을 희롱한 자들이 대한민국의 국무총리, 문화체육관광부장관, 경찰청장 자리에 앉아도 과연 좋은가? 민주시민에게 묻는 게 아니다. 8월 15일, 그 '신성한 날'에 내놓고 '공정사회'를 부르댄 이명박 대통령에게 묻는다. (2010. 08. 25)

이명박-김황식, '삼고초려' 모독

삼고초려란다. 이명박 대통령이 김황식 총리를 그렇게 했단다. 다름아닌 김황식 총리 후보자가 국회 인사청문회에서 언죽번죽 꺼냈다.

삼고초려. 두루 알다시피 《삼국지》〈촉지 제갈량 전(蜀志 諸葛亮傳)〉에 나오는 말이다. 당시 유비는 미더운 참모가 없어 쓸쓸했다. 의형제를 맺은 관우, 장비는 장군일 뿐이다. 제갈량은 어지러운 세상에서 벗어나 초가를 짓고 손수 농사를 지으며 살고 있었다. 유비는 초가를 세 차례나 찾아갔다. 유비의 정성에 마음이 움직인 제갈량이 참모로 들어왔을 때, 유비는 '수어지교(水魚之交)'라고 기뻐했다. 물고기가 물을 만난 사이를 뜻한다. 아름답고 부럽기도 한 풍경이다.

그래서다. 곧장 묻는다. 과연 이명박-김황식을 유비-제갈량에 비유할 수 있는가? 그것도 당사자인 김황식의 입으로? 오해 없기 바란다. 중국의 유비-제갈량 관계를 신비화할 생각은 전혀 없다. 하지만 적어도 제갈량은 출세주의자들이 활개치는 썩고 구린 정치판을 벗어나 초가집에 은둔하고 있었다. 대법관 자리에서 선뜻 감사원장으로 옮겨 수시로 대통령에게 보고하던 김황식과 차원이 다르다. 더구나 손수 농사를 짓던 제갈량에 견주면 김황식은 재산 관계에서 구린 곳이 적지 않다.

무엇보다 압권은 김황식이 이명박 대통령의 제안을 선뜻 받아들이지 않은 이유다. 김황식은 "(총리직은) 청와대에서 삼고초려한 게 맞다"면서 "군대 문제가 있는데도 왜 저를 그렇게 쓰시려 하는지 지금도 궁금하다. 대통령을 뵈면 한번 물어봐야겠다"고 주장했다.

어떤가. 대한민국의 민주시민들은 전혀 궁금하지 않다. 다만 울뚝밸이 치밀 뿐이다. 자신도 군 면제자인 대통령에게 김황식의 군 면제 정도는 얼마나 가벼웠을까. 한마디로 말하자. 서로 구리기 때문 아닌가.

유비와 제갈량의 관계가 과연 그러했던가? 자신을 제갈량에 비유하는 삼고초려라는 말을 무람없이 꺼낸 김황식은 국회 청문회에서 팔자타령까지 했다. "뜻밖의 감사원장, 총리 제의가 오는데 결코 맡고 싶지 않은 자리였다. 속된 말로 무슨 팔자가 이렇나 하는 생각도 했다."

명토박아둔다. 그따위 팔자타령을 하고 싶거든 총리 후보자에서 자진사퇴는 물론 감사원장에서도 물러나라. 국민은 어리보기가 아니다. 정색을 하며 묻고 싶다. 구린내가 모락모락 나는 인사가 삼고초려로 앉을 만큼, 대한민국 국무총리 자리, 감사원장 자리가 '똥값'인가?

김황식은 2007년 4월 20일 딸이 아파트 소유권을 등기한 날에 자신의 통장에서 거금 1억 2400만 원이 출금됐는데도 "기억이 나지 않는다"고 답했다. 과연 그게 상식으로 이해할 수 있는 답변인가? 더 주목할 것은 청문회장에서 정범구 의원이 밝혔듯이 총리 후보자를 검증할 민주당의 "수뇌부가 청문회를 16시간 남겨놓지 않은 시점에 대통령과 술과 밥이 곁들인 자리를 갖는" 작태다. 이에 앞서 청와대 대통령실장은 김황식에게 "민주당 박지원 원내대표도 상당한 호감을 표하고 있다"고 말했단다.

복지국가와진보대통합을위한시민회의(이후 '시민회의')가 청문회 전날에 '썩고 구린 정치인'의 공직취임 금지법 마련을 위해 열고 〈오마이뉴스〉가 생중계한 토론회에선, 국민의 4대 의무를 공직후보 기준으로 삼자는 제안이 방청석에서 나와 박수를 받았다. 그 소박한 기준에 따르면, 이명박 대통령과 안상수 한나라당대표, 김황식 총리 내정자는 모두 공직에 앉을 자격이 없다. 하물며 그들이 삼고초려를 들먹이는 오늘은 얼마나 역겨운가. 얼마나 구린가. (2010. 09. 30)

민주당,
희망은 살아 있는가

민주당, 기득권 버려야 연대 가능하다

민주당. 두 전직 대통령의 서거로 많은 사람의 눈길이 쏠렸다. 한나라당의 지지율을 훌쩍 넘어서기도 했다. 하지만 어떤가. 추모 열기로 올라간 지지율은 시간에 빛바랠 수밖에 없다. 민주당 지지율이 높아가던 시점에 나는 '민주-개혁세력'이 추모열기에 자만해 과거에 대한 성찰이 없을 때, 2012년에 다시 한나라당 정권이 들어설 가능성이 높다고 경고했다.

물론 민주당 내부에서 연대나 연합을 주장하는 목소리가 높아가는 이유도 같은 맥락일 터다. 더구나 김대중 전 대통령의 서거 뒤 고인의 '유지'로 민주대연합 이야기가 정가의 화두가 되고 있다. 좋은 일이다.

그런데 선뜻 이해할 수 없는 대목이 있다. 대통령 시절 핵심측근이던 박지원 의원이 전한 김 전 대통령의 '마지막 말'이 그렇다. 현재 민주당 정책위의장인 박 의원은 김 전 대통령이 세브란스병원에 입원해 있던 7월 22일 자신에게 다음과 같이 말했다고 주장했다.

"민주당은 정세균 대표를 중심으로 단결하고 야4당과 단합하라. 모든 민주 시민사회와 연합해서 반드시 민주주의와 서민 경제, 남·북 문제 3대 위기를 극복하기 위해서 승리하라."

어떤가. 충분히 김대중 전 대통령다운 말이라고 할 수 있다. 하지만 무엇인가 빠져 있다는 생각은 나만의 과민일까.

아니다. 박 의원이 전하는 '마지막 말'에는 입원 직전까지 행동하는 양심을 강조했던 '비장함'이 보이지 않는다. 김 전 대통령은 민주 대연합 이야기를 입원하기 전에 이미 여러 사람 앞에서 공언했다. 하지만 거기에는 박지원 의원이 전한 이야기와 다른 대목이 있다.

아직 건강했던 6월, 김 전 대통령은 민주당 지도부와 오찬을 하는 자리에서 "민주개혁진영이 힘을 합쳐야 한다"고 강조한 뒤 민주당이 "자기를 버리고 연대하지 않으면 안 된다"고 못 박았다. 민주당이 기득권을 버려야 한다는 말, 그게 핵심이다.

왜 김 전 대통령이 민주당에게 "자기를 버리고 연대하지 않으면 안 된다"고 했을까. 한국 정치를 조금이라도 들여다본 사람이라면 누구나 쉽게 그 이유를 알 수 있다. 민주당의 그런 자세 없이는 결코 연대가 불가능하기 때문이다.

민주당 정세균 대표도 김 전 대통령의 뜻을 실행할 자세를 보였다. "2012년 정권 교체를 위해 제2창당에 버금가는 수준의 민주개혁진영 통합을 추진하겠다"며 "통합을 위해 기득권을 포기하고 문호개방을 위해 노력하겠다"고 다짐했다.

하지만 김 전 대통령이 서거한 뒤 박지원 의원의 '전언'과 민주당 지도부의 최근 모습을 보면 정작 고갱이가 실종되고 있음을 발견할 수 있다. 바로 기득권을 포기하겠다는 자세다. 자기를 버리고 연대하겠다는 의지다.

그게 오해라면 지금부터라도 말을 분명히 해야 옳다. 정세균 대표나 박지원 의원만이 아니다. 지금 제1야당인 민주당의 모든 의원들이 스스로 물어야 한다. 우리는 기득권을 버릴 자세가 되어 있는가를. 그 앞에서 양심을 속이는 사람은 김 전 대통령을 추모할 자격이 없다. (2009. 08. 26)

민주당 걱정, 수구신문의 여유?

• 민주당 정치인 중 과연 누가 국민의 관심 속에 기대주로 성장하고 있는지 알기 어렵다. 민주당은 노무현·김대중 전 대통령 서거 이후 국민의 관심을 받는 것이 아니라 거꾸로 조금씩 잊혀져가는 존재가 돼가고 있다.

• 민주당이 다음 총선과 대선에서 승리할 수 있는 가능성을 보여주지 못하면 정당 정치는 일방 독주로 흐르게 된다. 민주당엔 암담한 길이고, 한나라당엔 위험한 길이며, 국민에겐 해로운 길이다.

앞에 든 두 예문은 누가 쓴 걸까? 기막힌 일이지만 줄기차게 한나라당을 대변해온 신문 〈조선일보〉다. 〈조선일보〉 사설 "민주당은 지금 어디에 있나"(2009년 9월 10일자)에 나오는 대목이다. 여유일까? 그럴 수도 있다. 하지만 단순한 여유나 노리개 삼기는 아니다. 그렇게 '걱정'하는 의도가 명확하게 드러나고 있기 때문이다.

가령 사설은 민주당의 내분을 교묘히 도모한다. "여당 탓, 언론 탓만 하는 낡은 투쟁 방식을 버리자"는 목소리들이 당 내부에서 나오고 있단다. 특히 "중산층의 신뢰를 받으려면 좌파 이미지를 벗어야 한다"면서 "미디어법에만 매몰될 게 아니라"는 한 민주당 의원의 말이 "핵심을 짚고 있다"고 주장했다.

비단 〈조선일보〉만이 아니다. 한나라당을 대변해온 신문들은 두 전직 대통령의 서거국면에서 틈날 때마다 민주당의 '변화'를 '충고'했다.

정말 민주당이 걱정인 까닭은 저들의 언구력이 시나브로 먹혀들어가는 데 있다. 이미 무조건 등원한 민주당에게 또다시 "좌파"의 색깔을 덧칠하며 꼬드기는 저들 앞에 오늘 민주당의 모습은 무엇일까. 고통받고 있는 국민 대다수가 과연 믿어도 좋은 당일까? 기득권을 버린 연대를 기대해도 좋을까? (2009. 09. 10)

민주당의 축배와 독배

민주당은 축배를 들었다. 10월 재보선에서 민심은 서릿발이었다. 이명박 정권의 오만을 심판했다. 축배를 든 정세균 대표의 어깨도 힘이 넘친다. 이명박-한나라당 정권과 결판내겠다는 결기를 세웠다.

정 대표는 '민주정부 10년' 동안 추구했던 가치라고 해서 무조건 얽매이지 않겠다며 '정책 전환'을 시사했다. 그의 의중이 또렷하진 않지만 전환의 필요성엔 공감한다. 의도했든 아니든 김대중·노무현 집권 10년 동안 신자유주의 정책으로 상위 10퍼센트의 경제력이 무장 커진 게 엄연한 사실이기 때문이다. 그 물적 토대를 밑절미로 기득권 세력의 힘은 사회 모든 부문에서 곰비임비 불어났다. 언론만이 아니다. 전국경제인연합회(이후 '전경련'), 한국경영자총회는 물론 대학과 연구기관을 통해 시장과 경쟁 만능의 신자유주의 이데올로기가 퍼져갔다. 게다가 노동운동이 '민주 정부'의 경직된 법 집행으로 힘을 잃어가면서 저들의 사회적 권력은 곱으로 커졌다. 그 논리적 귀결이 바로 이명박 정권이다. 이 정권에게 민주당이 배울 게 있다면, 자신을 지지해준 세력을 대변하는 데 '최선'을 다하는 실행력이다.

그럼에도 2008년 총선 패배 뒤 지금까지 민주당은 진지한 성찰이 없었다. 뼈를 깎아야 마땅할 때 촛불항쟁이 일어났다. 그 결과 '뉴민주당 플랜' 따위가 무람없이 선포되었다. 우경화에 대한 비판 여론은 '노무현 추모 열기'에 다시 묻혔다. 김대중 전 대통령이 민주당에 기득권을 버리면서 민주세력 단결에 나서라고 간곡히 촉구했지만, 안산 재선거에서 드러난 민주당의 모습은 그 뜻에 확연히 어긋났다. 일찌감치 임종인 전 의원이 두 진보정당의 지지를 받으며 야권 연대를 호소했는데도 기어이 당 후보를 공천했다. 정세균 대표가 직접 유세 현장을 누볐다. 민주당은 결국 '뜻'을 이뤘다. 하지만 전투에선 이기고 전쟁에선 진 꼴 아닐까.

민주당에 희망이 전혀 없지는 않다. 천정배·최문순·장세환 의원은 '언론악법'에 항의하기 위해 국민 앞에 약속한 의원직 사퇴를 결행하며 민주당 살리기에 나섰다. 충북 보궐선거에서 당선된 정범구 의원이 몇 해 전 정계에 복귀할 때, 한국 정치가 신자유주의 세력과 반신자유주의 세력으로 재편되어야 한다며 건네던 열정 어린 눈빛도 잊지 않고 있다. 우상호 대변인은 재보선 직후 "민주당이 모든 걸 잘하고 있어서 주신 사랑이 아님을 잘 깨닫고 있다"고 논평했다. 묻고 싶다. 과연 민주당 의원들은 그 '깨달음'을 얼마나 절실하게 공유하고 있는가.

문제는 정 대표가 다짐한 '정책 전환' 논리가 뉴민주당 플랜과 어금버금한 데 있다. 좌와 우, 진보와 보수의 이념 논쟁을 초월하겠다거나 '보수진영' 정책도 채택할 건 채택하겠다는 대목이 특히 그렇다. 참여정부가 왼쪽 깜빡이 켜고 오른쪽으로 간 사실을 톺아보면 우려는 더 커진다. 중심 없는 좌우 초월은 우왕좌왕으로 귀착될 수밖에 없다.

민주당은 앞으로도 호남의 단체장과 의석들을 독점하리라고 믿을 수 있다. 수도권의 호남 인구에 기댈 수도 있다. 다만 2010년 서울시장 선거나 2012년 대통령선거는 재보선과 차원이 다르다. 무엇보다 정치 의식 높은 호남 유권자들이 언제나 지지하리라 여긴다면 착각이다.

해방 이후 민주당이 배출한 정치인 가운데 가장 걸출한 이는 김대중이다. 정치에서 누구보다 현실을 중시한 고인이 민주당에 남긴 유지를 벅벅이 새길 때다. 그 충고를 무시한 재보선 결과에 축배만 든다면, 만일 뉴민주당 플랜에 근거해 더 오른쪽으로 걷겠다면, 앞으로도 진보세력과의 연대에 '현실'을 내세워 언구럭부린다면, 명토박아둔다. 민주당은 독배를 마셨다. (2009. 11. 03)

06

용산 참사,
여전히 참회는 없는가

정운찬의 눈물, 참인가 쇼인가

정운찬 국무총리가 용산 참사 현장을 찾았다. 눈물을 흘렸단다. 그의
눈물을 사설까지 써가며 높이 평가하는 신문도 있다. 〈중앙일보〉가
그렇다. 하지만 나는 그렇게 볼 수 없다. "공직자로서 막중한 책임감
을 통감한다"며 눈시울을 붉힌 그가 정작 내놓은 해법은 참으로 무책
임하기 때문이다.

　정 총리는 "사안의 성격상 중앙정부가 사태 해결의 주체로 직접 나
서기는 어렵다"고 선을 그었다. 이명박 정권이 지금까지 해온 언구력
과 전혀 차이가 없다. 정 총리는 "지방정부를 비롯한 당사자들 간에
원만한 대화가 이뤄질 수 있도록 최선을 다하겠다"고 말했다. 어떤
가. 명백한 '빠지기'다. 용산 참사 해결을 서울시와 재개발조합에 슬

그머니 떠넘기는 행태다.

찬찬히 짚어볼 일이다. 과연 그러한가? 전혀 아니다. 애먼 국민 다섯 명이 무모한 공권력 집행과정에서 숨졌는데 '중앙정부'가 할 일이 없다? 소가 웃을 일이다. 물론 서울시장 오세훈이 할 일도 분명 있다. 오세훈 시장이 할 일을 덜어주고 싶은 생각은 전혀 없다. 이명박 정부가 할 일이 엄연히 있다는 사실을 적시하고 싶을 뿐이다.

만일 정 총리가 서울시에 책임을 넘기고 자신은 빠지는 국면 전환용으로 용산 참사 현장을 찾았다면 그것은 이명박 대통령이 최근 벌이고 있는 '이미지 정치'의 재판이라고 판단할 수밖에 없다. 새삼 궁금하다. 정말 이명박 대통령과 정운찬 총리는 차이가 전혀 없는 걸까?

정 총리에게 전혀 기대가 없지는 않다. 그가 유가족과 정부 사이에 '대화의 통로'를 약속했기 때문이다. 물론 그 대화의 통로마저 노골적으로 불편한 심기를 드러내는 매몰찬 수구세력도 있다.

가령 그들을 충실하게 대변하고 있는 〈동아일보〉를 보자. 이 신문은 "용산 해결, 법과 원칙 지켜야 한다" 제하의 사설(2009년 10월 5일자)에서 "정부가 '애통함' 때문에 범대위 요구를 그대로 수용한다면 '떼법'에 두 손을 들어 국기를 어지럽히는 결과가 될 수 있다. 특히 국무총리가 불법을 용인하면 법치주의는 무너지고 만다. 범대위처럼 정치적 목적을 위해 서민과 약자를 이용하고 자유민주주의와 법치를 상습적으로 교란하는 세력들에게 휘둘려서는 안 된다. 정부가 강조하는 중도실용이 그런 세력까지 끌어안는 것이라면 우리는 단호히 반대한다"고 부르댔다.

정운찬 총리로선 사뭇 부담을 느낄 수도 있다. 그러나 역사가 정운찬을 어떻게 평가할지 스스로 냉철하게 짚을 때다.

나는 정운찬 총리가 용산 참사 현장을 방문한 게 이명박 대통령이 '재미'들린 정치적 쇼라고 생각하지는 않는다. 서울대학교 총장을 역임한 그에게 최소한 그런 기대는 있다. 그러나 책임을 떠넘기기로 끝낸다면, 이른바 대화 통로를 마련해놓고 힘을 실어주지 않는다면, 명토박아 경고한다. '정운찬 눈물'도 역사는 벅벅이 쇼라고 평가할 터다. (2009. 10. 05)

대한민국 국민이라는 게 원망스럽다

2009년 10월 28일. 서울중앙지법 형사합의 27부(재판장 한양석)는 서울 용산 참사와 관련한 재판에서 이충연 용산철거민대책위원장에게 징역 6년을 선고했다. 이충연. 그는 용산 참사에서 새까맣게 숯 주검 된 고(故) 이상림 씨의 아들이다.

일흔두 살의 이상림 씨는 망루로 올라가기 전에 '철거용역'들에게 평생 씻을 수 없는 모욕을 당했다. 며느리가 보는 앞에서 멱살을 잡히고 뺨을 맞았다. 그 억울함을 호소하러 망루로 올라갔고 하루 만에 참혹하게 숨졌다. 오늘 이 순간까지 장례도 치르지 못하고 처참한 시신 그대로 냉동실에 꽁꽁 얼어 있다.

남편을 졸지에 잃고 특수공무방해 치사 공동공모라는 무시무시한 혐의로 법정에 세워진 아들이 징역 6년을 선고받았을 때, 전재숙 씨는 눈물을 쏟으며 절규했다.

"대한민국 국민이라는 게 원망스럽다."

전재숙 씨는 지난 아홉 달 동안 남편의 억울한 죽음을 호소하다가 경찰에 온갖 수모를 당했다. 때로는 들고 있던 남편의 영정이 산산조각 나기도 했다. "억울해서 어떻게 하냐"고 절규하는 전재숙 씨 앞에 나는 한없는 무력감에 빠져든다.

같은 시대를 살아가는 사람들과 더불어 '새로운 사회'를 일궈가려고 연구원을 창립한 내가 지금 이렇게 글을 쓴다는 게 어떤 의미가 있을까. 이상림 씨의 참혹한 죽음 앞에서, 징역 6년을 선고받은 고인의 아들 앞에서, 억울해서 어떻게 사느냐고 오열하는 저 어머니 앞에서, 나는 과연 누구인가.

우리와 더불어 지금 이 순간 대한민국을 살아가고 있는 그는 정녕 억울해서 어떻게 살아갈 수 있을까, 참으로 그분을 통해 대한민국은 무엇일까를 참담하게 성찰하고 있다. (2009. 10. 29)

참회하는 가슴으로 청와대 앞에 선다

청와대로 간다. 참회하는 가슴으로 간다. 더없이 참담해서다. 앙가슴에 맴도는 원혼들을 잊을 수 없어서다. 한 여인의 참극 앞에 한없이 초라해서다.

2009년이 밝아올 때만 하더라도 그 여인은 행복했다. 자신은 물론 가족의 삶을 뿌리째 뽑아버리는 참극이 오리라고는 꿈에도 상상할 수 없었다. 설날을 앞두고 그는 오랜 세월 해로해온 지아비를 참혹하게 잃었다. 일흔이 넘은 지아비는 며느리 앞에서 젊은이에게 멱살 잡히고 뺨 맞는 수모를 당했다. 그 수모를 씻기 위한 지아비의 몸부림치던 삶은 불지옥의 새까만 숯 주검이 되었다.

슬픔은 거기서 끝나지 않았다. 처참하게 불타 죽은 지아비와 함께 있던 아들은 부상당한 채 감옥에 갇혔다. 불지옥에서 가까스로 살아남은 아들을 이명박 정권은 살천스레 기소했다. 저 사법부의 윤똑똑이 판사는 징역 6년을 선고했다. 남편은 300일 가깝도록 참혹한 시신 그대로 원귀가 되어 차디찬 냉동실에 얼어 있다.

그래서다. 용산철거민참사범국민대책위원회(http://mbout.jinbo.net)가 선포한 '300일 투쟁'에 기꺼이 동참한다. 오늘부터 시작하는 청와대 앞 1인 시위에 참회하는 가슴으로 선다. 나와 같은 시대를 살아가는 사람들의 고통을 조금도 덜어주지 못한 참회다.

짚어보니 비극이 일어난 뒤 '용산 참사'를 언급한 칼럼을 37편 썼다. 하지만 저들의 무도함 앞에 무력감만 무장 느꼈다. 가장 최근에 쓴 칼럼에서 고백했듯이 "같은 시대를 살아가는 사람들과 더불어 '새로운 사회'를 일궈가려고 연구원을 창립한 내가 지금 이렇게 글을 쓴다는 게 어떤 의미가 있을까" 묻지 않을 수 없었다. 오후 2시, 청와대 앞에서 그 물음을 다시 물으련다.

물론, 내가 1인 시위를 벌인다고 저 무도한 이명박 정권이 곧장 달라지리라는 착각은 없다. 1인 시위 동참으로 참혹하게 죽은 원혼들을 위로할 수 없다는 진실도 잘 알고 있다. 얼어붙은 서울 시민들 가슴을 단숨에 녹일 수 있다는 환상도 없다.

다만 지난 300일 동안 피눈물 흘리며 싸워온 유족과 대책위의 줄기찬 투쟁에 조금이나마 힘을 보태고 싶다. 나 자신의 무력함에 참회하고 싶다. 300일 내내 나처럼 무력감을 느껴온 모든 이 땅의 민주시민들과 손에 손 잡고 싶다.

언죽번죽 '친서민 정부'를 자임하는 대통령 이명박 앞에서 "대한민국 국민이라는 게 원망스럽다"는 그분의 한탄을 되새김질하며, 대한민국은 진정 어떤 나라인가를 시린 가슴으로 성찰하련다. 청와대로 가는 까닭이다. (2009. 11. 09)

대한민국은 민주공화국이 아니다

청와대로 가는 길 내내 물었다, 혹 내 안에 편견은 없을까를. 있는 그대로 현실을 읽자고 거듭 다짐했다. 1인 시위를 하러 청와대로 걸어가는데 손전화가 울렸다. 용산철거민참사범국민대책위원회 홍석만 대변인이다. 청와대 앞 분수대로 가는 길을 경찰이 가로막고 있단다. 청와대 들어가는 길목인 청운효자동 사무소 앞에서 만나잔다. 거기까지도 갈 수 있을지 모르겠다고 우려했다.

기막힌 일 아닌가. 결국 1인 시위는 청운동 사거리, 청와대 들머리에서 진행했다. "이명박 대통령은 용산참사 즉각 해결하라"고 쓴 큰 손팻말을 들었다. 청와대로 들어가는 길을 봉쇄한 경찰과 경찰버스 바로 앞이었다. 무전기를 손에 들고 다가온 사복경찰에게 분노를 삭이며 조용히 물었다. 분수대 앞 1인 시위를 막는 법적 근거가 무엇인가를. 그는 질문을 피했다. 당연하다. 법적 근거가 없기 때문이다.

대책위 홍 대변인과 함께 다시 경찰 봉쇄망을 뚫으려고 다가갔다. 경찰이 에워쌌다. 법적 근거를 묻자 사복경찰이 나타나 "불법행진을 하고 있다"며 이유를 밝혔다. 대변인과 나 두 사람이 손팻말을 들고 있다는 뜻이다. 실소가 나왔으나 참았다. 그 경찰에게 그렇다면 나 혼자 가겠다고 나섰다. 홍 대변인과 떨어져 혼자 가는 길을 힘으로 막으며 그 경찰은 말을 바꿨다. 1인 시위를 계속 이어 하기 때문이라며 사법처리하겠다고 협박했다. 그 순간 다른 사복들이 사진을 찍어댔다. 사법처리하려면 해보라고 목소리를 높였다. 그는 슬며시 경찰 대오 뒤로 빠져나갔다. 대책위 대변인은 그가 종로경찰서 경비과장이라고 알려주었다.

그랬다. 저들은 명백한 불법행위를 대낮에 자행했다. 비단 오늘만이 아니란다. 철거민 참사 직후부터 지금까지 경찰은 청와대 분수대 앞으로 접근을 가로막았다. 내가 가로막고 있는 경찰 앞에서 1인 시위를 하는 바로 그 순간에도 중국 정부에 항의하는 이른바 '파룬궁'의 1인 시위는 청와대 분수대 앞에서 벌어지고 있었다.

물론 모든 경찰이 언죽번죽 협박하진 않았다. 내 앞으로 다가와 손팻말을 점검하는 사복경찰에게 철거민 유족들은 어떻게 살아가라는 말이냐고 찬찬히 물었을 때 그의 눈빛은 흔들렸다.

나를 이어 1인 시위를 할 이해동 원로목사는 청와대 분수대로 가다가 경찰에 가로막혔다. 경찰과 다투다 탈진한 이해동 목사는 결국 집으로 돌아갔다. 원로목사의 통행을 가로막은 행위 또한 명백한 불법이다. 경찰이 청와대 분수대로 가는 길을 가로막은 바로 그 순간, 한국언론재단 앞에서 미디어악법 재논의를 촉구하며 단식농성하던 최

상재 전국언론노동조합(이후 '언론노조') 위원장은 강제로 연행됐다.

그래서다. 1인 시위 내내 '대한민국은 과연 어떤 나라인가'를 성찰했다. 있는 그대로 보자고 다짐하며 몇 차례나 다시 짚었다. 마침내 이른 결론이다. '대한민국은 민주공화국이 아니다.'

생때같은 국민의 목숨을 다섯이나 뺏어놓고도 살천스레 되술래잡는 저 청와대와 내각, 사법부를 보라. 어디 용산뿐인가. 쌍용자동차에서 벌어진 전쟁을 돌아보라. 재벌과 수구언론에 방송을 넘겨주는 저 입법부와 헌법재판소를 보라.

떡볶이 먹으며 언죽번죽 '친서민 정부'를 참칭하는 저들의 모습은 가증스럽다. 저들에게 있는 그대로의 진실을 명토박아 들려준다. 당신들은 대한민국이 민주공화국이라는 헌법 제1조 1항을 준수하지 않고 있음을, 가장 큰 불법을 저지르고 있음을, 언젠가 이 나라 주권자들이 당신들을 역사의 법정에 벅벅이 세울 것임을. (2009. 11. 10)

07

'민중의 지팡이'와
'권력의 몽둥이'

신부고 뭐고 다 패버려? 법치 현주소

"신부고 뭐고 다 패버려!"

서울 용산의 철거민 참사 현장에서 나온 험악한 협박이다. 천주교 인권위에 따르면 9월 15일 철거용역들이 갑자기 참사 현장에 들이닥 쳤다.

유가족을 비롯해 농성중인 민주시민들이 전국순회 촛불문화제 참 여로 사람이 적은 틈을 노렸단다. 심지어 철거용역들은 민중미술가들 의 작품마저 가져갔다. 현장에 남아 있던 사람들이 예술작품에 대해 선 "우리가 치우겠다. 가져가지 말라"고 '타협'했지만 막무가내였다.

경찰은 무엇을 했을까? 철거용역들이 강제철거에 나선 그 시간 내 내 정복을 입은 경찰들은 길을 방패로 가리튼 채 용역들을 비호했다.

긴급히 연락을 받고 돌아오던 문규현 신부도 저지당했다. 자유로운 통행을 방해하는 데 항의하는 문 신부를 겨냥해 '용역 간부'는 살천스레 내뱉었단다.

"신부고 뭐고 다 패버려!"

대한민국 법치의 현주소를 통렬히 고발하는 '사건'은 더 있다. 이명박 정권이 임명한 고위공직자들 대부분이 위장 전입한 사실이 드러나고 있다. 적잖은 사람들이 부자신문의 두남두기로 큰 문제의식 없이 받아들이지만, 그럴 일이 아니다. 명백한 현행법 위반이다. 법은 위장전입에 대해 3년 이하의 징역, 1000만 원 이하의 벌금이라는 구체적 처벌 규정까지 명문화하고 있다. 김대중·노무현 정부 때 숱한 사람들이 그 때문에 공직에 취임하지 못했다.

하지만 보라. 언죽번죽 불법에 '관대'한 저들을. 구렁이 담 넘듯 넘어가는 저들을. 이미 대통령과 검찰총장이 모두 불법을 저질렀다. 그러고도 전혀 문제가 없다. 법무장관 후보자도 그렇다.

기막힌 공화국이다. 바로 그래서가 아닐까. 저 참사 현장에 등장한 '철거용역 간부'가 무람없이 협박할 수 있는 까닭은. (2009. 09. 16)

〈님을 위한 행진곡〉 부르면 처벌한다?

옹근 30년 전이다. 1979년 10월 26일, 독재자 박정희는 중앙정보부장 김재규의 총을 맞았다. 그 자신이 수많은 사람을 죽였다. 특히 대구·경북지역의 민주주의 운동가들을 줄줄이 잡아 고문하고 처형시킨 죄는 그 무엇으로도 씻을 수 없는 범죄다.

표독스럽던 그가 비명에 간 지 30년, 전두환-노태우-김영삼-김대중-노무현-이명박으로 대통령이 바뀌어왔지만 박정희 시대는 아직 청산되지 못했다. 비단 그의 딸 박근혜가 유력한 차기 대통령 후보로 떠오르고 있어서만은 아니다. 그가 추구하던 독재적 사고가 이명박 정권과 한나라당에 뼛속 깊이 박혀 있어서다.

보라. 이명박 정권은 통합공무원노동조합(이후 '공무원노조')이 토론회를 열기 전에 민중의례를 했다는 이유로 징계하겠다고 나섰다. 이에 앞서 저들은 공무원노조가 행사 때 민중의례를 하는 행위를 금지토록 하는 공문을 각급 기관에 보냈다.

행정안전부(이후 '행안부')는 공무원이 민중의례에서 "민중가요(〈님을 위한 행진곡〉)를 부르고 대정부 투쟁의식을 고취하는 행위는 국민에 대한 봉사자 신분인 공무원의 품위를 손상해 국가공무원법 제63조와 지방공무원법 제55조의 '공무원 품위유지 의무' 위반"이라고 부르댔다.

저 이명박 정권의 행안부에 묻는다. 민중가요 〈님을 위한 행진곡〉을 공무원이 부르는 게 품위유지 의무를 저버렸다는 판단의 근거가 무엇인가. 〈님을 위한 행진곡〉 노래를 제대로 알고나 하는 말인가. 〈님을 위한 행진곡〉은 국립묘지에 안장되어 있는 오월항쟁의 민주시민을 추모하며 부르기 시작한 노래다. 법과 제도로 이미 확립된 오월항쟁의 역사적 의미조차 행안부는 파기할 셈인가?

앞으로 공무원노조가 자신들의 행사 때 민중의례에서 〈님을 위한 행진곡〉을 부른다고 처벌하겠다면, 명토박아 말한다. 처벌해야 할 공무원은 바로 그런 발상을 한 행안부의 장관이다.

게다가 민중의례가 대정부 투쟁의식을 고취한단다. 심지어 〈조선일보〉는 2009년 10월 26일자 사설에서 민중의례 공무원을 내쫓아야 한다고 흥분한다. 정녕 민중의례에서 이 땅의 민주주의를 위해 싸운 선구자들을 기리는 묵념이 대정부 투쟁의식을 고취한다고 판단한다면, 다시 묻고 싶다. 이명박 정권과 〈조선일보〉는 군부독재 정권에 맞서 민주주의를 위해 싸우다 숨진 민주시민을 대체 무엇으로 판단하고 있는가. 혹시 아직도 '폭도'와 '총을 든 난동자'로 생각하는가?

민주시민이 싸운 정부는 민주정부가 아니라 헌법을 유린한 군부독재다. 그렇다. 비판받아야 할 공무원은 독재정권에 아부하며 치부했던 고위 관료들과 그 '전통'에 충실한 직계들이지, 국민 위에 군림하던 저들의 과거를 성찰하며 국민의 진정한 일꾼이 되겠다고 나선 공무원노조가 아니다.

비단 박정희 시대의 금지곡이 떠오르는 민중의례 소동만이 아니다. 이명박 정권이 공무원노조를 겨냥해 벌이고 있는 전방위 탄압은 과연 이 정권이 민주정부인가를 거듭 회의하게 만든다. 착각하지 말기 바란다. 선거로 뽑혔다는 사실만으로 민주정부가 담보되는 게 결코 아니다. 헌법이 보장한 노동조합의 자율성을 침해하는 정권, 그 정부는 반민주정권이다.

그래서다. 경고한다. 오월항쟁을 더는 폄훼하지 말라. '님을 위한 행진곡'을 부르는 민중의례를 처벌하겠다고 나선 바로 그 '영혼 없는 공무원'을 당장 처벌하라. (2009. 10. 26)

용산 '참사 경찰'을 위한 촛불

촛불을 밝힌다. 서울 용산 철거민 참사 현장에서 숨진 경찰을 애도하고 싶어서다. 책상 위에 향을 피운다. '참사 철거민'과 함께 '참사 경찰'의 원혼을 위로하고 싶어서다. 공연한 치기가 아니다. 기실 철거민 참사가 일어났을 때부터 가슴이 아팠다. 숨진 철거민들 쪽에 서서 46편의 칼럼을 쓰면서 늘 마음 한켠에 '참사 경찰'이 맴돌았다.

하지만 애써 떨쳐버렸다. 적어도 철거민 참사문제가 해결되기 전까지 그 젊은 경찰을 애도하는 칼럼을 쓰지 않겠다고 다짐했다.

마침내 2010년 1월 9일 참사 철거민을 애도하는 국민장이 치러졌다. 참으로 긴 싸움이었다. 흰 수염 휘날리며 애면글면 싸운 문정현 신부를 비롯한 성직자들과 헌신적인 인권운동가 박래군, 수많은 민주 시민들이 아니었다면 여기까지 오지 못했을 게 틀림없다.

물론 모든 게 해결된 것은 아니다. 진상 규명을 비롯해 풀어야 할 문제가 남아 있다. 섣불리 용산 참사에 마침표를 찍을 뜻도 없다. 다만 참혹한 주검이 안식하게 된 오늘, 이제는 '참사 경찰'의 원혼도 우리가 함께 위로할 때가 아닐까. 고백하거니와 숨진 경찰이 가장 가슴 아팠을 때는 그가 무허가주택에서 택시기사로 생계를 꾸려가는 민중의 아들이라는 사실을 알았을 때다.

새삼스럽지만 명토박아둔다. 대다수 일선 경찰, 특히 박봉에 지금 이 순간도 범죄현장에서 잠복하며 밤을 지새우는 경찰, 칼바람 부는 겨울 거리에서 교통정리를 하는 경찰에 시민의 한 사람으로서 깊은 고마움을 표한다.

문제는 경찰 가운데 다른 경찰이 있다는 엄연한 사실이다. 용산 참사를 모르쇠하는 이명박 정권에 항의하는 '1인 시위'를 청와대 앞에서 벌였을 때도 확인할 수 있었다. 1인 시위 현장에 아주 거드름 피우며 다가오는 사복경찰이 있었다. 그는 나를 가리키며 주변의 젊은 경찰들에게 '불법 시위' 벌이고 있으니 사진 찍어두라고 소리를 질렀다. 법으로 처리하겠다고 으름장도 놓았다. 그래? 어디 법으로 처리해보라는 내 말에는 들은 척도 하지 않고 살천스레 눈을 번득였다.

하지만 바로 그 현장에서도 그와는 전혀 다른 경찰을 만났다. 1인 시위 현장을 맴돌던 40대 중반의 사복경찰이 다가왔을 때 조용히 말했다. "생각해보세요. 유가족들은 대체 어떻게 살라는 겁니까?" 그 순간 사복경찰의 눈과 마주쳤다. 뭔가를 말하려고 하던 그의 입술이 일그러졌다. 눈빛은 흔들렸다. 그 경찰은 먹먹한 눈빛으로 나를 바라보다가 아무 말도 없이 스크럼을 짠 전경들 뒤로 사라져갔다.

그랬다. 왜 경찰이라고 모르겠는가. 거칠지만 나는 대한민국 경찰을 두 부류로 나누고 싶다. '민중의 지팡이'와 '권력의 몽둥이'가 그것이다. 서울 용산 참사에서 숨진 경찰은 누구였을까. 분명한 게 있다. 고인에게 아무런 대책도 없이 서둘러 위험한 현장으로 들어가라고 명령 내린 당시 경찰 총수는 '권력의 몽둥이'다.

자신의 출세를 위해서라면 권력에 잘 보이기 위해 '부하'들을 사지로 몰아넣는 일도 서슴지 않는 경찰이 있다. 하지만 권력의 앞잡이가 되길 거부하는 경찰도 있다. 바로 그렇기에 비록 경찰 조직에서 '출세'는 못하지만 '민생 현장'에서 정년까지 최선을 다하는 경찰들이 있다. 바로 그런 분들이 대한민국 경찰을 살려가고 있는 게 아닐까.

그래서다. 용산의 '참사 경찰'을 애도하며 그의 원혼을 진정으로 위로하는 길은 무엇일까. 곰곰 성찰해본다.

　민중의 자식들을 서로 '치명적 갈등' 속에 몰아넣는 나라를 넘어, 갈라진 세상 하나로 이어가는 새로운 사회를 이 땅에 구현하는 게 아닐까. 숨진 참사 경찰 고 김남훈 경사의 원혼을, 자랑스런 아들을 잃은 아버지의 슬픔을 진심으로 위로한다. 경건하게 촛불을 밝히고 향을 피우는 까닭이다. (2010. 01. 12)

대구 사람 꾸중한
'이명박의 오지랖'

이명박의 전화에 담긴 '신호'

이명박 대통령이 전화를 했다. 한나라당 국회의원 김성회에게다. 그
것도 인도네시아·말레이시아를 방문하기 위해 비행기에 오르기 전
이란다. 김성회가 〈헤럴드경제〉와의 인터뷰에서 자랑스럽게 밝힌 바
에 따르면 "국회에서 예산이 처리되는 데 애써줘서 고맙다. 수고했
다"고 격려했단다. 기자가 덧붙였듯이 대통령이 당 지도부 인사가 아
닌 한 의원에게 직접 전화를 걸어 '치하'에 나서기란 드문 일이다. 김
성회는 "대통령께서 그날 있었던 일을 어떻게 아셨는지 모르겠지만,
아마 보고를 받으시고 전화를 주셨던 모양"이라고 설명했다.

어떤가. 한낱 '짜증나는 삽화'로 넘길 수도 있다. 하지만 아니다.
그 전화에는 우리가 지나쳐서는 안 될 중요한 '신호'가 담겨 있다.

무엇보다 먼저 대통령의 전화 발언을 있는 그대로 분석해보자. 김성회에게 "국회에서 예산이 처리되는 데 애써줘서 고맙다. 수고했다"고 했단다. 과연 그런가. 아니다. 알다시피 무명의 국회의원 김성회가 예산처리를 '지휘'한 게 아니다. 국회의장석에서 사회를 본 것도 아니다. 그가 그날 한 일은 단순하다. 국회 몸싸움 과정에서 민주당 국회의원 강기정에게 성큼성큼 달려가 방심하여 무방비 상태로 서 있는 상대 얼굴을 정면으로 가격한 일이다. 이미 언론에 부각되었듯이 그는 육군사관학교 럭비부 출신이다. 전혀 예상하지 못한 상태에서 주먹을 맞은 강기정 의원은 입안을 여덟 바늘이나 꿰맸다. 턱관절과 치아까지 흔들려 치료를 받고 있다. 일부 언론은 김성회도 "전치 2주의 상해"를 입었다며 주먹질 다툼이라고 썼지만 왜곡이다.

물론 강기정과 김성회 사이에 국회 몸싸움 과정에서 주먹이 오갈 수도 있다. 하지만 상황이 끝났을 때 찾아가 얼굴 정면에 주먹을 날리는 짓은 온당하지 않다. 깡패의 윤리도 아니다. 육군사관학교 럭비부 출신다운 행동도, 사내다운 행태도 전혀 아니다. 울뚝밸을 도저히 삭일 수 없었다면, 강기정에게 찾아가 조용히 국회 밖으로 나가 일대일로 한판 붙자고 해야 그나마 납득할 수 있을 터다.

하지만 그는 그러지 않았다. 무방비 상태에 있는 사람에게 국회 안에서 주먹을 날렸다. 그런데 그 김성회에게 대통령이 외국으로 나가는 비행기를 타기 전에 전화를 했단다. 격려를 했단다. 대통령 이명박 또한 강기정 의원이 청와대와 관련한 의혹을 제기한 발언 때문에 흠씬 두들겨 패고 싶었던 걸까. 뒷골목 깡패보다 못한 비겁한 주먹질에 대통령까지 격려 전화를 해대는 풍경은 남우세스럽다.

대통령 전화에 "국회의원으로서 해야 할 일을 한 것 뿐"이라고 답한 김성회는 일단 접어두자. 문제는 이명박 대통령만이 아니라는 데 있다. 한나라당 안상수 대표와 임태희 청와대 비서실장, 이재오 특임장관을 비롯해 여권 수뇌부들이 줄줄이 격려하거나 전화를 했단다. 한나라당의 수준이 극명하게 드러난다.

그래서일까. 김성회는 전혀 성찰의 모습을 보이지 않는다. 야당 의원들이 예산 처리를 막는 것을 보면서 "무엇이 정의인가"를 생각했다고 언죽번죽 밝힌다. "누군가는 나서야 한다는 생각이 들었다"고 덧붙인다. 그는 과거 박근혜 의원과 식사자리에서 "박 전 대표가 그 자리에서 나에게 '몰랐는데 알부남(알고보면 부드러운 남자)이시네요'라고 하셨다"는 말까지 과시하듯 전했다. 구토가 밀려온다.

딴은 깡패의 도덕보다 못한 작태를 저질러놓고 '정의'를 들먹이는 김성회만 탓할 일은 아니다. 결식아동 급식까지 전액 삭감하며, 대통령의 고향이자 대통령 형의 지역구에 국민의 혈세를 쏟아붓는 저들도 입만 열면 '공정사회'를 부르대고 있지 않은가. 그래놓고도 무람없이 폭력의원을 격려하는 전화에 담긴 '신호'는 무엇일까. '야만'이라는 말조차 너무 곱지 않은가. (2010. 12. 15)

이명박의 '지혜' 사회통합위원회

사회통합위원회. 대통령 직속 자문기구로 2009년 12월 23일 출범한단다. 단순한 위원회가 아니다. 계층분과, 이념분과, 지역분과, 세대

분과로 나누어 각 분과에 민간전문가와 고위공무원 30명씩 120명이 참여한다. 정부 중앙청사 별관에 30여 명으로 구성된 지원단을 둔다. 책정된 예산은 2010년에만 27억 원이다.

지원단에 주어진 중점 과제 가운데 하나가 눈길을 모은다. "사회통합 저해요소 모니터링"이 그것이다. 사회적 합의나 정책 조정과 함께 3대 과제 가운데 하나다. 앞의 두 과제가 추상적인 데 비해 '사회통합 저해요소 모니터링'은 사뭇 구체적이다.

그래서다. 얼마든지 좋은 일이라고 평가할 수도 있다. 사회통합위원회(이후 '사통위')에 위원으로 발표된 인사들도 나름대로 좋은 뜻으로 참여했다고 믿고 싶기도 하다. 가령 소설가 황석영이나 문정현 교수가 그렇다.

기실 대통령이 나서서 사통위를 수십억 원대의 세금으로 운영하겠다고 나선 것은 그만큼 사회통합이 이뤄지지 않았기 때문일 터다. 앞서 이명박 대통령은 8·15 경축사에서 "분열과 갈등을 극복하고 따뜻한 자유주의, 성숙한 민주주의를 실현하기 위해 대통령 직속으로" 사통위를 구성하겠다고 밝힌 바 있다. 따뜻한 자유주의. 정치인 이명박이 좋아하는 수사다. 그는 후보 시절에도 따뜻한 사회를 강조했다. 빨강 목도리를 즐겨 이용하는 이유도 거기에 있을 성싶다.

그래서다. 혹이라도 좋은 의도로 참여했을 수도 있는 사회통합위원들에게 묻고 싶지는 않다. 곧장 이명박 대통령에게 묻고 싶다. 정녕 자신이 '따뜻한 사회'를 일궈가는 대통령이라고 생각하는가? 사통위가 사회통합 저해요소를 모니터링하겠다고 밝혔기에 다시 명토박아 묻는다. 정녕 누가 사회통합을 저해하고 있는지 모르는가. 꼭 수십억 세금을 들여 위원회를 만들어야 알 수 있는 일인가.

보수와 진보를 떠나 진실의 미덕으로, 아니 상식으로 짚어보기 바란다. 2009년 12월 현재 누가 분열을 부추기고 있는가. 서울 용산 철거민 참사를 1년이 다가오도록 모르쇠하는 자 대체 누구인가. 날치기와 대리 투표로 대자본과 수구신문에 방송을 넘기려는 자 대체 누구인가. 전교조, 공무원노조, 철도노조를 비롯해 노동자 탄압을 살천스레 일삼는 자 대체 누구인가. 기어이 경부대운하 첫 단계 사업을 언죽번죽 '4대강 살리기' 이름으로 강행하는 자 대체 누구인가.

그래서다. 나는 이명박 대통령의 '지혜'가 새삼 놀랍다. 사회통합을 스스로 저해해가면서 국민이 낸 세금 수십억 원을 쏟아부어 사통위를 구성한다고 사회통합이 이뤄지리라는 생각을 정말 대통령이 하는 걸까 몹시 궁금해서다.

나는 이명박 대통령이 국민을 기만하기 위한 이데올로기 기구로 사통위를 만들었다고 판단하고 싶지는 않다. 하지만 대통령의 깜냥을 순수하게 받아들일 때, 어쩔 수 없이 의문이 든다. 그게 정녕 사회통합을 이루겠다는 대통령의 순수한 의도라면, 과연 이 나라 대통령의 판단력이 건강한 걸까 묻지 않을 수 없기 때문이다. 사통위 출범 앞에서 새삼 이명박 대통령의 '지혜'를 짚어보는 까닭이다.

들을 귀 있을지 모르겠지만 쓴다. 사회통합을 진정 바란다면, 대통령 자리에 있는 자연인 이명박이 지금 가장 먼저 할 일이 있다. 그가 믿는 하느님 앞에 경건하게 서는 일이다. 그 앞에서 대통령으로서 자신이 걸어온 길을 찬찬히 톺아보길 진심으로 권한다. (2009. 12. 22)

대구 사람 꾸중한 대통령의 웃음

대구 시민들이 된통 꾸중을 받았다. 사람들이 '분지적 사고'를 한단다. 다름 아닌 이명박 대통령의 꾸지람이다.

이명박 대통령은 2010년 3월 5일 대구시청에서 대구·경북 업무보고를 받았다. 그 자리에서 대통령은 모두발언에 나섰다. 작심한 듯 강조했다.

"대구가 분지 생각에 제한돼 있고 그 안에서 네 편 내 편 가르면 어떻게 발전하겠느냐."

미리 밝혀두거니와 나는 흔히 말하는 '대구의 정서'를 모른다. 짐작만 하고 있을 따름이다. 다만 한나라당이 어떤 일을 벌이든 대구·경북지역에서 지지해온 사실만은 잘 알고 있다. 어쩌면 이명박 대통령의 훈계도 고분고분 받아들이는 게 '대구 정서'일지도 모른다.

그럼에도 쓴다. 대구 사람이 아님에도 대구에 대한 대통령의 발언을 참을 수 없기 때문이다. 이유는 단순하다. 과연 대구 사람들이 모두 '분지적 사고'를 한단 말인가. 더구나 대통령은 "대구·경북이 어떤 지역인데 만날 피해의식 갖고 손해 본다고 생각하는지 모르겠다"고 말했다.

일부는 동의할 터다. 대통령이 시원하게 잘 말했다고 박수 치는 사람도 있을 성싶다. 대통령도 사뭇 정직한 듯 말했다. "모처럼 왔기 때문에 아주 솔직한 이야기를 하고 있다. 오해 없이 받아"달라고 자신의 '진정성'을 강조했다.

좋다. 오해 없이 그의 솔직한 생각을 받아들이자. 동의할 수도 있다.

대구·경북이 "만날 피해의식 갖고 손해 본다고 생각"한다는 나무람에 대구·경북 밖에 있는 많은 사람이 공감할 수도 있기 때문이다.

하지만 명토박아 말한다. 나는 그렇게 생각하지 않는다. 대구에서 잘 사는 사람들에게 그 말은 맞다. 대구·경북 지역에서 상위 20퍼센트에 들어가는 사람들이 김대중·노무현 정부 내내 '피해의식 갖고 손해 본다는 생각'만 한 게 사실이기 때문이다. 하지만 그것은 진실과 다르다. 김대중·노무현 정부 내내 대구·경북만이 아니라 서울을 비롯한 모든 지역에서 상위 20퍼센트는 무장 많은 부를 축적해갔다. 반면에 국민의 80퍼센트는 어떤가. 경제적 어려움을 겪을 수밖에 없었다.

대구·경북도 마찬가지다. 대구·경북의 80퍼센트 주민들은 김대중·노무현 정부 내내 부익부빈익빈에 한숨을 토했다. 문제는 80퍼센트 주민들이 그 이유를 호남정권 탓으로 착각한 데 있다. 그래서다. 대선은 물론, 총선과 지자체선거 때마다 한나라당을 밀어주었다. 마침내 지자체는 물론 국회에 이어 청와대까지 한나라당이 장악했다.

그런데 결과는 무엇인가. 대구·경북 80퍼센트 주민들의 삶은 과연 나아졌는가? 아니다. 되레 더 힘들어지고 있지 않은가? 바로 그 주민들에게 대통령은 살천스레 꾸짖는다. "분지적 사고를 버려라."

과연 그래도 좋은가. 이제 대구 시민들이 진실을 직시할 때다. 상위 20퍼센트는 대통령의 발언을 비호할지도 모르겠다. 하지만 대구·경북의 80퍼센트 주민들은 자신들의 '묻지마 지지'가 무엇으로 돌아오고 있는가를 냉철하게 짚어볼 때 아닐까.

이명박 대통령은 경제위기에 대해 "작년 한해는 국민이 걱정할까봐 웃으면서 다녔지만 가짜 웃음이었고 반은 제정신이 아니었다"면서 "그러나 요즘 웃음은 진짜 웃음"이라고 언죽번죽 말했다. 이명박 대통령의 '진짜 웃음'을 우리는 어떻게 보아야 옳은가. 대구·경북 시민에게 묻는다. 과연 경제가 나아졌는가? (2010. 03. 05)

독도에 당당하라

'독도발언' 이명박 대통령을 믿는다

독도를 둘러싼 논란이 무장 커져가고 있다. 공판을 하루 앞두고 있어 더욱 그렇다. 일본 신문 〈요미우리〉에 따르면, 2008년 7월 당시 일본 후쿠다 총리가 독도영유권을 사실상 주장했을 때 이명박 대통령이 "지금은 곤란하다. 기다려달라"고 했단다. 상상할 수도 없는 일이다. 이명박 대통령을 믿는 이유다.

청와대 대변인은 "이미 〈요미우리〉 보도 다음 날 일본 정부가 공식 부인한 일을 왜 우리 쪽에서 계속 문제제기를 하는지 모르겠다"고 말했다. 청와대는 또 "(〈요미우리〉의 서면자료는) 재판 과정에서 일방적으로 본인들에게 유리한 진술을 하는 것에 불과하다"고 주장했다. 그 말도 옳다. 재판을 앞두고 자신에게 유리한 진술을 하는 것은 당연한 권리다.

하지만 〈요미우리〉는 일본에서 발행부수가 가장 많은 대표적 '우파 신문'이다. 〈요미우리〉는 대단히 민감할 수밖에 없는 이명박 대통령의 '독도 발언'을 지금도 '사실 보도'라고 주장한다. 게다가 〈요미우리〉가 첨부자료로 제출한 〈아사히〉 지면도 이명박 대통령이 "지금은 시기가 나쁘다"고 발언한 것으로 나타났다. 〈아사히〉는 일본 최고의 권위지다.

그래서다. 청와대에 촉구한다. 상황이 여기까지 왔다면 더는 외면할 일이 아니다. 청와대와 한나라당은 그동안 야당들이 〈요미우리〉에 정정보도를 청구하라는 요구에 대해 '정략적 의도'라고 거세게 비난했다. 한나라당 대변인은 〈경향신문〉과의 통화에서 "야당이 진실규명을 요구하는 자체가 선거판에서 이용하려는 의도"라며 "특히 재판 당사자인 〈요미우리〉의 입장을 가지고 논평을 내는 것은 적절치 않다"고 부르댔다.

하지만 안이하게 넘어갈 사안이 아니다. 이미 네티즌 여론이 들끓고 있다. 물론 청와대와 한나라당은 그 여론까지 '정략의 눈'으로 볼 수 있다. 실제 그런 네티즌도 있을 터다. 문제는 모든 네티즌이 정략적 의도로 이 문제에 접근하지는 않는다는 데 있다.

따라서 "야당이 진실규명을 요구하는 자체가 선거판에서 이용하려는 의도"라는 한나라당 대변인의 주장은 네티즌을 설득할 수 없다. 〈요미우리〉에 정정보도를 요구하라는 야당의 주장을 '정략적'이라고 비난하는 청와대도 마찬가지다. 청와대는 야당만 상대하는 곳이 아니다. 꺼내기도 민망한 말이지만 스스로 '국민을 섬기는 정부'를 자처하지 않았던가.

청와대에 묻는다. 〈요미우리〉의 '오만'에 대해 청와대의 통쾌한 대응을 보고 싶은 국민이 과연 '정략적'일까? 아니다. 일개 신문사를 상대로 국가 기관이 나서기란 쑥스럽다고 생각할 일도 결코 아니다.

더구나 국민들 마음속에 이명박 대통령이 실제로 그런 말을 하지 않았을까라는 의구심이 무장 커져가고 있다. 방송 3사와 수구신문들이 독도 논란을 모르쇠하고 있어 되레 의심을 키우고 있다. 정략이라고 오해할 일이 아니다.

나는 이명박 대통령이 일본 총리에게 그런 말을 할 만큼 '이완용스럽다'고 생각하지 않는다. 그래서다. 청와대와 한나라당에 권한다. '정략' 또는 '선거용' 타령은 그만 접어라. 당당하라. (2010. 03. 16)

독도와 한국 '우익'의 이중성

독도. 일본이 야금야금 다가오고 있다. 일본 문부과학성은 3월 30일 독도가 '일본 땅'이라는 서술에 지도까지 삽입한 초등학교 사회 교과서 5종을 검정에서 통과시켰다.

일본 언론도 가세했다. 일본 문부성이 단순히 통과시킨 게 아니라는 보도가 그것이다. 일본 언론에 따르면 문부성은 독도가 일본 영토임을 분명히 교육하기 위해 "지도를 넣으라"고 검정 의견을 제시했다.

그런데 참 생계망계한 일이다. 일본의 우익세력들이 저지르는 독도 소동에 대해 자칭 한국의 '우익'들 대응은 서툴기 이를 데 없다. 당장 〈조선일보〉가 그 보기다. 이 신문은 3월 31일자 사설 "초등생 머리에

'독도는 일본 땅' 불씨 심는 일 정부"를 통해 일본을 비판했다. 옳은 논평이다. 그런데 어쩔 수 없이 의문이 든다. 〈조선일보〉 사설은 다음과 같이 쓴다.

"독도 문제가 불거질 때마다 우리 정부의 대응도 지적돼왔다. 이번에도 마찬가지다. 지금까지 독도 관련 중요 내용은 하나같이 정부가 아니라 민간(民間)의 의식 있는 개인들이 발견했다. '일본 땅이 아니다'라는 1951년 일본 법령도, 미국 CIA 등 해외 사이트의 명칭 오류도, 2008년 미국 지명위원회(BGN)가 독도를 '주권 미지정 지역'으로 바꿔 입력한 사실을 찾아낸 것도 정부가 아닌 개인들이다."

맞는 말이다. 사설은 이어 "정부 차원의 눈에 보이는 대응과 함께 보이지 않는 곳에서 독도가 의심의 여지없는 한국의 영토라는 사실을 세계 곳곳에 심는 꾸준한 노력이 필요"하다고 강조한다. 일본 정부와 비교도 한다. "일본은 오랜 기간 물밑 로비를 동원해 지난 1977년 미국 지도의 독도 명칭을 '리앙쿠르 암석'으로 바꿨다. 독도 문제 대응을 위해 만들어진 정부 동북아역사재단의 독도연구소가 지금 국제사회의 중요한 단체 및 개인을 접촉하며 그런 노력을 얼마나 하고 있는지를 즉각 철저하게 점검해봐야 한다"고 부르댄다.

옳은 소리인데도 납득하기 어려운 이유는 진정성이 전혀 와 닿지 않아서다. 그런 논리라면 왜 〈요미우리〉 보도가 논란을 빚었을 때 〈조선일보〉는 외면했을까.

2008년 7월 한일 정상회담 직후 〈요미우리〉는 "정상회담에서 후쿠다 총리가 교과서에 '다케시마'를 표기하지 않을 수 없다고 통보하자 이명박 대통령이 '지금은 곤란하다. 기다려달라'고 요청했다"

고 보도했다. 〈요미우리〉는 2년이 다가오는 지금까지도 정정 보도를 하지 않고 있다. 아니, 되레 사실 보도라고 주장하고 나섰다.

그럼에도 보라. 이명박 정권은 이미 일본 외무성이 부인했다며 대응하지 않겠단다. 일본 외무성이 부인했다면 당연히 정정 보도를 요구하는 게 상식 아닌가. 신문보도는 훗날 사료가 되기에 더 그렇다. 한나라당은 정정 보도를 요구하라는 시민사회를 일러 '선거를 앞둔 정략적 공세'라고 몰아세웠다.

기막힌 일이다. 이명박 정권은 물론, 저마다 이 나라를 '대표'한다고 자부하는 신문들은 〈요미우리〉 보도에 항의하는 국민을 '적'으로 받아들였다. 그래놓고 막상 일본 정부가 독도 영유권을 초등학교 교과서에까지 삽입하자 "즉각 철저하게 점검해봐야 한다"고 부르댄다. 묻고 싶다. 과연 누가 어디를 철저하게 점검해야 할까. (2010. 03. 31)

민주주의는
오늘을 살고 싶다

21세기 첫 10년대가 준 민주주의 교훈

2009년. 21세기의 첫 10년대가 저물고 있다. 새로운 세기가 열리던 2000년 1월의 싱그럽던 기대에 견주면, 10년이 흐른 2009년의 풍경은 몹시 을씨년스럽다. 올해 초에 빚어진 서울 용산의 철거민 참사는 세밑까지 내내 '진행형'이었다. 12월 30일 가까스로 보상에 합의를 이뤘다는 보도가 흘러나오고 있지만, 철거민들을 겨냥한 저들의 살천스런 '사냥'마저 잊을 수는 없다.

용산 참사는 2009년 한국사회에서 자행된 '마녀사냥'의 슬픈 서곡이었다. 노동운동에 노골적 탄압이 내내 이어졌다. 손전화 문자로 해고통지를 받은 동료들의 억울함을 하소연하던 노동운동가는 스스로 목숨을 끊어 항의했다. 일방적 '구조조정'에 맞선 쌍용자동차 노동자들에게 '공권력'은 전쟁을 방불케 하는 탄압을 저질렀다. 전교조와 공무원노조를 옥죄는 무더기 해고와 징계, 파업을 푼 철도노조 위원장의 구속은 대한민국 민주주의의 수준을 적나라하게 보여주고 있다.

반면에 자본의 힘은 무장 커졌다. 날치기와 대리투표로 통과한 미디어법은 신문대자본인 〈조선일보〉〈동아일보〉〈중앙일보〉는 물론 대기업이 방송에 들어오는 길을 활짝 열었다. 금산분리 완화 또한 대자본의 이익을 관철한 대표적 보기다.

문제는 노골적으로 자본의 이익을 대변하며 민중을 억압하는 이명박 정부가 언죽번죽 '친서민'을 자처하는 데 있다. 신문과 방송이 그의 '서민 행보'를 대서특필하거나 반복해서 보여주었기 때문이다. 재래시장에 들러 떡볶이를 먹거나 목도리를 둘러주는 이명박 대통령의 모습에서 그의 정책이 얼마나 기득권을 대변하고 있는가를 잊어버리기 십상이다.

문제는 이명박 정권을 견제해야 할 야권이 지리멸렬한 데 있다. 올해 두 차례 재보선에서 민주당이 성과를 거둔 것은 사실이지만, 그것이 2012년 총선과 대선까지 이어질 가능성은 현재로선 높지 않다. 이명박 정권이 아무리 마녀사냥을 하고 기득권을 옹호하더라도 그를 대체할 만한 정치적 대안이 또렷하게 드러나지 않고 있다.

게다가 김대중·노무현 두 전직 대통령의 서거로 민주당의 정치력은 더 약화한 게 현실이다. 노무현의 비극적 자살은 언론과 검찰 개혁이 왜 우리 시대의 절실한 과제인가를 새삼 확인시켜주었다. 언론과 검찰의 개혁을 강조했던 전직 대통령이 바로 그 언론과 검찰로부터 인격적 살인을 당하면서 끝내 스스로 목숨을 던지는 참극으로 이어졌기 때문이다. 정치판에서 아직 미약한 진보정당이 그나마 갈라져 있는 현실은 무장 안타깝다.

무엇보다 기득권을 철저히 대변하면서도 '친서민 정부'를 언죽번죽 내세우는 정치권력을 감시해야 마땅한 언론이 기득권세력의 한 축으로 견고하게 자리잡고 있기에 국민 대다수가 진실을 알 권리를 온전히 충족하지 못하고 있다.

그 결과다. 미국에서 불거진 금융위기로 미국과 영국에서도 신자유주의의 실패를 선언하고, 일본도 자민당 장기집권에 마침표를 찍으며 신자유주의를 벗어나려는 움직임 속에 대한민국의 정치경제는 여전히 신자유주의로 치닫고 있다. 한국 경제지표가 나아진다고 정부가 우쭐대며 발표하지만 민중의 고통이 되레 커져가는 이유도 바로 여기 있다.

그렇다고 2010년이 어둡기만 한 것은 아니다. 역설이지만 부자 정권이 대한민국 풍경을 살천스레 물들여가면서 정치가 왜 중요한가를 우리에게 생생한 교훈으로 가르쳐주고 있기 때문이다. 바로 그 진실을 밑절미로 2010년 새해의 희망을 벅벅이 키워가야 옳지 않을까.
(2009. 12. 30)

이명박 대통령에게 '오월'은 무엇일까?

오월항쟁 30돌을 맞은 2010년 5월 18일, 유족들의 가슴엔 추적추적 찬비가 내렸다. 을씨년스럽게 내리는 비 때문이 아니다. 〈임을 위한 행진곡〉을 부르지 못하게 살천스레 막은 공권력 때문이다.

이명박 대통령에게 곧장 묻는다. 감히 누가 유족들이 '오월의 노래'를 부르지 못하게 막았는가? 그런 '지시'를 한 자를 찾아내 책임을 물어야 옳다. 〈임을 위한 행진곡〉은 막고 30돌 기념 행사장에서 〈방아타령〉을 연주하려고 했던 자는 일벌백계로 다스려야 한다. 논란을 빚자 연주를 취소했다고 넘어갈 일이 아니다. 대체 어떤 발상이었는지 조사해서 정부 차원의 해명이 있어야 마땅하다.

바로 그래서다. 나는 정운찬 국무총리가 대신 읽은 이명박 대통령의 기념사를 대통령 스스로 되새겨보길 간곡히 촉구한다. '성숙한 민주주의' 운운한 대목을 두고 하는 말이 아니다.

기념사에서 대통령은 주장했다. "올해로 30년을 맞은 5·18민주화운동의 정신은 이제 '세월이 흐르면 흐를수록 더욱 젊어지는' 큰 강물이 되어, 한국 민주주의의 새 물결로 거듭나야 하겠다." 좋은 말이다. 하지만 그 대목을 읽을 때 걸렸다. "거듭나야" 한다는데 그 '거듭'이라는 말로 그가 무엇을 말하려는 걸까 의문이 들어서다.

예상은 전혀 빗나가지 않았다. 그는 "5·18민주화운동의 정신은 오늘날 우리에게 '화해와 관용'에 기초한 성숙한 민주주의의 실현을 요구하고 있다"고 강조했다. 이어 "권위주의 정치가 종식되고 자유가 넘치는 나라가 되었지만, 우리는 아직 민주사회의 자유에 걸맞은 성숙한 민주주의를 이루었다고 말하기 어렵다"고 부르댔다. 그뿐인가. "많은 분열과 대립이 한국 민주주의의 성숙을 가로막고 있다"며 "남북 분단으로 인해 숱한 비극을 겪었으면서도 지역과 계층, 이념 등에 따라 또다시 완고한 분단의 벽을 세우고 있다"고 개탄했다.

어떤가. 왜 대통령 스스로 다시 읽어보길 권하는지 아마도 적잖은 독자들이 단숨에 꿰뚫었을 터다.

선입견 없이 찬찬히 짚어보자. 유족들에게 〈임을 위한 행진곡〉을 부르지 못하게 하는 정권에, 〈방아타령〉을 연주하려 했던 정권에, 어떻게 대응해야 '화해와 관용'인가? 보라. 누가 지금 '권위주의 정치'를 되살리고 있는가? 누가 지금 곳곳에서 '분열과 대립'을 부추기고 있는가? "남북 분단으로 인해 숱한 비극을 겪었으면서도" 누가 지금 '완고한 분단의 벽'을 세우고 있는가?

바로 이명박 정권 아닌가? 대통령 자신 아닌가? 생게망게한 일은 여기서 그치지 않는다. 대통령은 "민주주의의 출발점인 생산적인 대화와 토론이 뿌리내리지 못했다. 법을 무시한 거리의 정치와 무책임한 포퓰리즘에 기대는 일이 적지 않다"고 언죽번죽 주장한다.

거듭 묻는다. 대체 생산적인 대화와 토론을 거부하고 누가 '4대강 사업'을 강행하고 있는가? 미디어법은 누가 날치기 처리했는가? 법을 무시한 조전혁을 비롯한 한나라당 의원들에게 대통령은 어떤 말을 했던가? 대통령 이명박은 결국 기념사의 마지막을 다음과 같이 맺는다. "신록이 우거져가는 5월에, 이 땅에 화해와 관용이 넘치는 민주주의를 활짝 꽃피우고, 온 국민이 다 함께 잘사는 선진일류국가를 향해 힘차게 나아가자."

과연 오늘이 '신록이 우거져가는 5월'인가. 권력의 잘못에 결코 눈감지 않는 게 바로 오월의 정신이다. 저 빛나는 오월의 투사들이 가르쳐준 생생한 교훈이다. 억압 위의 화해는 화해도 관용도 아니다. 기만이다. 새삼 이명박 대통령에게 오월이 무엇인가를 준엄하게 묻는 까닭이다. (2010. 05. 24)

김주열 50주기 누가 팔아먹는가

"4·19혁명이 올해로 50주년을 맞습니다. 이 4·19혁명의 도화선이 됐던 고(故) 김주열 열사의 장례식이, 그가 희생된 지 반세기가 지난 오늘에서야 치러졌습니다." KBS 저녁 9시 뉴스(4월 11일)에서 진행자(앵커)가 한 말이다. 이어 취재기자가 보도한다.

- 기자 : 이승만 정권의 부정선거에 맞선 우리나라 첫 민주화 운동, 마산 3·15의거. 당시 거리 항쟁에 나섰다 최루탄이 박힌 채 마산 앞바다에 떠오른 고 김주열 열사의 주검은 4·19혁명의 도화선이 됐습니다. 그가 참혹한 모습으로 발견된 현장에 50년 만에 천여 명의 조문객이 모였습니다. 3·15의거가 올해 국가기념일로 지정되면서, 당시 장례식도 없이 강제로 묻혔던 김 열사의 숭고한 넋을 오늘에야 애도하기 위해서입니다.
- 김경자(김주열 열사의 누나) : 역사의 한 페이지로 남게 해 주셔서 정말 감사할 뿐이에요.
- 기자 : 전북 남원 출신으로 마산상고 진학을 위해 마산을 찾았다 닷새 만에 숨진 김 열사에게 마산 시민들도 빚을 갚은 기분입니다.
- 엄두영(마산시민 대표) : 마산 시민의 한 사람으로 김주열 군한테 미안하다. 진작 나은 대접을 해줬어야…….

길게 방송보도를 인용한 이유가 있다. KBS 뉴스만 본 사람은 김주열 열사의 장례식이 이명박 정부의 결단으로 비로소 가능해졌다고, 열사의 누나가 "역사의 한 페이지로 남게 해주셔서 정말 감사할 뿐이에요"라고 말한 대목에선 대통령(또는 이명박 정부)에게 감사 인사를 했다고 이해하기 십상이다.

더구나 마산 시민 대표는 "마산 시민의 한 사람으로 김주열 군한테 미안하다. 진작 나은 대접을 해줬어야⋯⋯"라고 말했다. 그 또한 묘한 여운을 남기도록 편집되어 있다.

진실은 어떤가. 물론 김주열 열사의 장례식이 뒤늦게 치러진 데는 정부가 마산 3·15의거를 '국가기념일'로 지정한 사실이 배경으로 깔려 있다. 시민사회의 줄기찬 요구로 50돌을 맞은 마산의거를 국가기념일로 한 결정은 평가할 일이다. 하지만 김주열 열사의 장례식은 이명박 정부나 경남도청, 마산시 누구도 지원하지 않았다. 김주열 열사의 누나도 마산 시민에게 감사 인사를 했다.

김영만 행사준비위원장이 〈오마이뉴스〉와 한 인터뷰에 따르면 3·15의거를 자랑해온 경남도와 마산시가 '적극적으로 돕겠다'고 했다가 최근 갑자기 태도를 바꿨다. 재정 지원은 물론, 경남도지사와 마산시장 모두 장례식 추모사까지 외면했다. 행사준비위 쪽은 "무슨 연유인지 대충 짐작이 가지만 말하지 않겠다"고 밝혔다. 그 사실을 〈조선일보〉〈동아일보〉〈중앙일보〉는 당연히 외면했다.

결국 김주열열사추모사업회와 4·11민주항쟁50주년행사준비위원회는 장례비용 5000여만 원을 마련하려 일일주점도 열고 애면글면 성금을 모았다. 50년 만의 장례식은 시민들의 성금으로 치러졌다. 명토박아 말한다. 차라리 시민들의 성금으로 치른 게 더 훌륭하다고 나는 생각한다. 하지만 벅벅이 규명해야 할 문제는 남는다. 두 가지다.

첫째, 왜 경남도와 마산시는 갑자기 태도를 바꾸었는가, 그 바꾸는 과정에 누가 개입했는가이다. 과연 그 '개입'의 논리는 무엇이었을까. "무슨 연유인지 대충 짐작이 가지만" 명쾌하게 짚고 넘어갈 문제 아닐까?

둘째, KBS의 왜곡보도다. 물론 KBS는 그럴 의도가 없었다고 주장할 수 있다. 하지만 선입견을 버리고 그 방송을 다시 보라. 누가 왜 그렇게 편집했는가를 '해명'해야 한다.

사월혁명 50돌을 앞두고 새로운사회를여는연구원(이후 '새사연') 회원들은 수유리 국립묘지를 함께 찾아 김주열 열사의 비석 앞에서 이 땅의 민주주의가 후퇴하고 있는 현실을 새삼 되새겼다. 열사의 50주기 장례식마저 외면하는 정권, 그 사실을 교묘히 왜곡하는 '국가기간 방송'을 고발하는 이유도 그날의 함성과 맞닿아 있다. 혁명은 아직 끝나지 않았다. (2010. 04. 12)

2010년의 대구가 슬픈 까닭

2010년 대구의 오늘은 슬프다. 옹근 50년 전 대구와 견줄 때면 하릴없이 비애가 몰려온다.

1960년 2월 28일. 꼭 반세기 전이다. 대구의 경북고등학교, 대구고등학교, 대구사대부속고등학교, 경북여자고등학교 학생 2000명이 당찬 걸음으로 대구 시내로 나섰다. 시청 앞으로 행진했다. 고등학생들은 외쳤다. "학원의 자유를 달라." "일요등교 웬 말이냐."

당시 이승만 독재정권은 대구에서 열린 야당 후보의 선거유세에 사람이 모이는 걸 막기 위해 고등학생들에게 일요일인데도 학교에 나오라고 지시했다. 이승만 정권의 서슬이 시퍼렇던 그 시절 10대들은 정면으로 저항하고 나섰다.

물론 경찰은 보고만 있지 않았다. 시위에 나선 고등학생 250여 명을 줄줄이 연행했다. 부상당한 학생도 속출했다. '경북고등학교 학생일동' 이름으로 이날 발표된 결의문은 들머리에서 곧장 "인류 역사에 이런 강압적이고 횡포한 처사가 있었던가?"라고 물었다. 이어 "오늘은 바야흐로 주위의 공장연기를 날리지 않고, 6일 동안 갖가지 삶에 허덕이다 쌓이고 쌓인 피로를 풀 날이요, 내일의 삶을 위해, 투쟁을 위해 그 정리를 하는 신성한 휴일이다. 그러나 우리는 이 하루의 휴일마저 빼앗길 운명에 처해 있다"고 선언했다. 대구 고등학생들의 거리행진은 전국의 10대 학생들은 물론 민주 시민들이 독재 권력에 저항하고 나서는 신호탄이었다.

무릇 역사는 단순한 과거가 아니다. 흔히 말하듯이 '과거와 현재의 대화'다. 새롭게 전개되는 역사적 현재에서 미처 몰랐던 과거의 '씨앗'을 발견할 수 있을 때, 그 말을 실감할 수 있다.

1960년 사월혁명을 10대 학생들이 불 지폈다는 사실은 2008년 촛불항쟁과 견줄 대목이다. 더구나 그 계기가 학생들에게 일요일을 뺏은 이승만 정권의 억압이었다는 사실도 2008년 촛불항쟁과 닮았다. 촛불항쟁의 주된 계기는 광우병 위험이 있는 미국산 쇠고기를 전면 수입하는 굴욕적 협상이었지만, 그것을 촉발한 지점은 다른 데 있었다. 2008년 4월에 이명박 정부는 중·고등학교에 경쟁과 규율을 더 강화하겠다고 나섰다. 촛불을 들고 나선 고등학생들이 '미친 교육'에 항의한 사실도 사월혁명 출발점 때 외친 "일요등교 웬 말이냐"와 어금지금하다.

그래서다. 1960년 경북고등학교 학생들의 결의문이 촛불을 언급하는 대목은 흥미롭다. 결의문은 "우리 백만 학도는 지금 이 시각에도 타고르의 시를 잊지 않고 있다"고 밝힌 뒤 시 한 구절을 인용해 다음과 같이 썼다. "그 촛불 다시 한 번 켜지는 날, 너는 동방의 밝은 빛이 되리라." 사월혁명은 그렇게 여울여울 타오르기 시작했다. 대구 10대 청소년들의 불길을 이어받은 곳은 마산이었다.

새삼 옹근 50년 전을 떠올리는 까닭은, 사월혁명의 출발점이던 그 자랑스러운 역사 앞에 슬픈 까닭은, 오늘의 대구와 너무 대비되어서다. 시민들의 비판의식이 강해 '야도'라고 불렸던 대구가 50년이 지난 오늘 민주주의와 가장 거리가 먼 정치세력의 아성이 되어 있기 때문이다.

마침 경북대학교 노동일 총장도 2월 28일 50돌 기념강연에서 "민주주의의 출발점"이라고 강조했다. 옳은 말이다. 다만 대구 시민들에게 옷깃을 여미며 정중하게 묻고 싶다. 왜 민주주의의 '출발점'이 지금은 민주주의의 '역행점'이 되어 있는가를. 그 역설을 어떻게 '이해'해야 옳은가를. (2010. 03. 02)

11
비굴한 거짓놀음은
이제 그만

'공권력의 성추행' 진실과 거짓말

"거짓말. 그것만큼 비열하고 가련하고 경멸스러운 것은 없다. 한 번 거짓말하면 두 번 세 번 하게 되고 결국은 버릇이 되고 만다."

토머스 제퍼슨의 말이다. 굳이 인용할 필요가 없는 말을 따온 이유가 있다. 한국의 자칭 '보수' 언론인들이 칼럼에서 즐겨 인용하는 미국 대통령의 말이기 때문이다. 제퍼슨의 말은 200년이 지난 21세기 대한민국에서 여전히 정곡을 찌른다. 한나라당 원내대표 안상수가 봉은사 명진 스님이 누구인지도 모른다고 한 주장, '좌파 주지' 운운하지 않았다는 주장, 그 모든 게 거짓말이라는 증언이 나왔는데도 대한민국 정가는 조용하다. 집권당 원내대표의 '명예'는 물론 도덕성이 걸린 문제인데도 모르쇠다.

그래서일까. 마침내 경찰이 여성을 성추행했다는 증언이 나오고 있는데도 우리 사회는 둔감하다. 〈조선일보〉〈동아일보〉〈중앙일보〉는 안상수의 거짓말 여부를 추궁하지 않듯이 경찰 성추행 사건도 다루지 않는다.

과연 저들을 신문이라 할 수 있을까? 생각해보라. 경찰이 경찰서에서 여성을 성추행했다는 게 과연 가당한 일인가. 기륭전자비정규노동자투쟁승리를위한공동대책위원회에 따르면 피해자는 서울 동작경찰서에서 조사를 받던 여성 조합원이다. 경찰서 형사계 안에 설치되어 있고 문을 잠글 수 없는 화장실에 들어가 있는데 남자 형사가 화장실 문을 열었다고 한다. 있을 수 없는 일이다.

동작경찰서는 해명자료를 내 사실을 부인했다. "담당 형사가 피의자를 찾던 중 열린 화장실 틈으로 피의자가 휴대전화로 통화하는 것을 발견해 화장실 문 앞에서 손짓과 함께 '얼른 나오라'고 말했을 뿐"이란다. 어떤가. 경찰의 해명자료를 그대로 믿어도 문제는 남는다. 여성이 들어간 화장실 문틈을 엿보았고 그 틈으로 손짓을 해도 과연 좋은가.

더 큰 문제는 피해 여성의 주장이 확연히 다르다는 데 있다. 당사자인 여성 조합원은 기자들 앞에서 눈물을 흘리며 정황을 설명했다. 〈참세상〉 보도에 따르면, 조사를 받을 때 "스트레스를 굉장히 받아 화장실을 자주 가는 등 안 좋은 상태에서 밥을 먹고 급하게 또 화장실을 갔다"고 밝힌 여성 조합원은 "화장실 변기가 더러워 변기에 완전히 앉지도 못한 채 옷을 내리고, 엉덩이를 들고" 있었는데 경찰이 문을 열었고, "그 형사님 얼굴 전체가 다 보였고 그분도 나를 봤다"고 증언했다. 여성 조합원이 화장실에서 나와 "지금 뭐하는 것이냐"고

따졌더니 "어디로 갔는지 몰라서 문을 열었다"고 했단다. "왜 문을 열었냐. 노크를 해야 하지 않느냐?"는 항의엔 "보호 차원"이라고 응수했다. '보호'를 그렇게 하느냐는 추궁에는 "그러면 사람이 어디로 갔는지 없는지 모르는데 문을 안 여냐"라고 했단다.

사실이 그러함에도 동작경찰서가 문을 열지 않았다고 언죽번죽 '해명자료'를 냈다면 이는 명백한 거짓말이다. 만일 그것이 사실이 아니라면 여성 노동자가 없는 이야기를 꾸며서 거짓말을 한 셈이다.

묻고 싶다. 누가 거짓말을 하고 있을까? 경찰일까, 여성 노동자일까? 피해 여성은 "화장실에 앉아 있는데 평소 얼굴도 모르는 형사님이 문을 열고 제 몸 전체를 봤다. 그것도 옷을 벗은 상태를 봤는데 안 봤다고 한다"면서 "경찰이 CCTV를 돌려보면 될 텐데 그건 또 인권침해라고 한다"고 비판했다.

그렇다. 사소한 일로 넘길 문제가 아니다. 인권을 중시한다는 저들에게 인권이 정말 무엇인가를 가르쳐줄 때가 되었다. 경찰의 성추행 여부는 물론 거짓말 여부까지 남김없이 진실을 밝혀야 옳다. 거짓말이 이명박 정권의 꼭대기부터 맨 아래까지 '버릇'이 되어가고 있기에 더 그렇다. (2010. 04. 12)

종종 성희롱, 내내 거짓말

한나라당의 '젊은 세대'를 상징하는 국회의원 강용석은 과연 달랐다. 자신의 주선으로 청와대 행사에 참석했던 연세대학교 여학생에게

"그때 대통령이 너만 쳐다보더라"고 말했단다. 여대생에게 건넬 소리가 결코 아니다. 강용석은 더 나갔다. "옆에 사모님(대통령 부인 김윤옥 씨)만 없었으면 네 번호도 따갔을 것"이라고 언죽번죽 덧붙였단다. 궁금하다. 강용석의 눈에 이명박 대통령의 사람됨은 어떻게 보였을까.

아나운서를 지망하는 여학생에게 한 말은 더 놀랍다. "다 줄 생각을 해야 하는데 그래도 아나운서 할 수 있겠느냐?"고 물었단다. 여성 아나운서들로선 참을 수 없는 모욕이다. 그 자리에 있던 한 여학생이 "특정 직업인이 성 접대를 하고 있다는 식으로 들렸다. 수치심과 모욕감을 느꼈다"고 밝힌 대목은 상황의 심각성을 증언해준다.

더구나 강용석은 특정 사립대학을 지칭해 "○○여대 이상은 자존심 때문에 그렇게 못한다"고 말했다. 여성 아나운서에 대한 도발만이 아니다. 학벌에 찌들 대로 찌든 내면의 폭로만도 아니다. '○○여대 이하'에 대한 한나라당 '엘리트'의 사고가 물씬 묻어난다.

주성영 한나라당 윤리위원장은 "당의 위신을 훼손한 것으로 판단"한다며 강용석을 제명했다고 밝혔다. 재보선을 앞둔 탓일까. 한나라당 여성 의원들도 한목소리다. "강 의원의 여성 비하적이고 성차별적인 발언은 개혁과 쇄신을 위해 총력을 기울이는 당에 대한 해당 행위이며, 국회의원으로서의 자질을 의심케 하는 중차대한 행위"라고 못박았다.

옳은 이야기다. 다만 한나라당에 묻고 싶다. 과연 강용석만인가. 왜 한나라당에 성희롱이 꼬리를 물고 이어지는가. 오죽하면 〈조선일보〉조차 "한나라당, 왜 '성희롱 발언 논란'이 끊이질 않나" 제하의 사설(2010년 7월 21일자)을 썼겠는가. 사설은 "한나라당은 과거에도 성추행 논란 또는 부적절한 성관련 발언으로 곤욕을 치렀지만, 일이 터졌을 때만 엄벌하겠다고 했다가 시간이 지나면 슬그머니 덮어버리곤 했다"고 꼬집었다.

하지만 지금 이 순간 무엇보다 더 놀라운 것은 당사자인 강용석이 사실관계를 정면으로 부인한다는 데 있다. 그는 첫 보도한 〈중앙일보〉를 겨냥해 "정정보도청구와 함께 민형사상 모든 법적 조치를 취할 것"이라고 언구럭부렸다.

그래서다. 나는 미국 하버드 대학교에서 법학을 공부하고 한나라당의 '엘리트 국회의원'이 된 강용석이 제발 '민형사상 모든 법적 조치'에 나서기를 기대한다. 그가 사실관계를 부인한 순간, 돌아올 수 없는 다리를 건넜기 때문이다. 만일 거짓말까지 했다는 게 드러난다면, 그는 단순히 한나라당에서 제명만 당할 게 아니다. 국회의원직에서 쫓아내야 마땅한 사안이다.

과연 한나라당이 할 수 있을까. 딴은 강용석도 믿는 구석이 있지 않겠는가. 자신을 겨냥해 "개혁과 쇄신을 위해 총력을 기울이는 당에 대한 해당 행위이며, 국회의원으로서의 자질을 의심케 하는 중차대한 행위"라고 돌 던지는 동료 의원들을 강용석은 내심 어떻게 바라볼까.

더구나 숨기고 싶은 일이 탄로날 때마다 내내 거짓말로 넘겨온 한나라당의 주요 인사들 면면을 보라. 그래서다. 한나라당 안상수 대표에게 촉구한다. '해당 행위'를 한 강용석의 거짓말 여부를 '국회의원 자질' 면에서 반드시 짚어주기를. 한나라당의 '명예'를 걸기를. (2010. 07. 21)

강남 봉은사 흔드는 '검은 그림자'

봉은사. 서울 강남에 자리한 절이다. 한국종합무역센터와 마주하고 있는 봉은사는 한국 불교의 '얼굴'이다. 하지만 봉은사는 그 얼굴에 값하지 못해왔다. 주지 임명을 둘러싸고 불거진 폭력 사태를 기억하는 사람이 아직도 많다. 그러다보니 절의 외관도 을씨년스러웠다. 온전히 관리하지 못한 탓이다.

하지만 봉은사는 최근 3년 사이에 확연하게 달라졌다. 시민 대다수가 일상에 쫓기겠지만, 가능하면 봉은사를 다시 찾아보길 권한다. 봉은사의 낡은 외관은 들머리부터 경내 깊숙한 곳까지 '일신 우일신'했다. 수행하는 절에 전혀 어울리지 않던 가로수들이 경내 여기저기 뻗어났던 흉한 몰골은 시나브로 사라졌다. 살풍경이던 봉은사는 도심 속 휴식 공간으로 탈바꿈했다. 빼어난 소나무가 즐비하다. 호젓한 산책길도 났다.

비단 외관만이 아니다. 봉은사는 한국 불교계의 오랜 숙원인 '사찰 재정 공개'를 전격 단행했다. 통상 주지스님과 측근들이 으밀아밀 운영하던 사찰 재정의 견고한 '성채'를 앞장서서 허물었다. 그곳에 스님만의 절이 아닌, 사부대중이 모두 주인으로 참여하는 새로운 절을 세워갔다.

그랬다. 그 모든 게 옹근 3년 전 명진 스님이 주지로 부임하면서 시작됐다. 스님은 취임 직후 봉은사 중창불사를 내걸고 천일기도에 들어갔다. 1000일 내내 1000배를 했다. 봉은사 신도들은 무장 늘어났다. 명진 스님의 법문은 고리타분하지 않았다. 시원했다. 중년 남성과 젊은이들이 법회에 참석하는 빈도가 지며리 늘어났다.

그런데 참으로 생게망게한 일이다. 조계종 총무원이 봉은사를 '접수'하고 나섰다. 직영사찰로 전환하겠다고 총무원장이 직접 의지를 보였다. 결국 전격적으로 종회에 상정해 통과시켰다.

왜 그랬을까? 봉은사 신도들의 의견은 물론 종단 내부에 공론화 과정도 없이 왜 총무원은 속전속결로 봉은사를 접수했을까? 종단 안팎에서 여러 분석이 나오고 있다.

이미 몇몇 일간지에서도 분석했듯이 총무원의 봉은사 접수에는 '검은 그림자'가 어른거린다. 두루 알다시피 명진 스님은 종단 개혁에 앞장서왔다. 봉은사에 취임한 뒤 1000일 동안 기도하면서 봉은사 문을 나선 게 단 한 번이다. 노무현 전 대통령 서거 때다. 본디 봉은사 신도인 권양숙 씨의 부탁으로 스님은 고인의 마지막 길에 불교계 대표로서 명복을 빌었다.

1000일 기도가 끝난 뒤 곧장 찾은 곳은 서울 용산의 철거민 참사 현장이다. 스님은 여러 법회에서도 4대강 사업을 비롯한 이명박 정부의 실정을 날카롭게 비판했다. 올바른 방향으로 가지 못하는 정부를 비판하는 게 자비라는 법문도 남겼다.

바로 그래서다. 명진 스님을 '눈엣가시'로 여긴 사람들이 누구일까는 명확하다. 문제는 그들이 개입했다는 '증거'가 드러나지 않는 데 있다. 기실 그게 '검은 그림자'의 속성 아니던가.

봉은사를 흔드는 검은 그림자는 종단 외부에 있을 수도 있고 종단 안팎에 걸쳐 있을 수도 있다. 명진 스님은 '부덕의 소치'라고 말했다. 과연 그럴까.

일단 명백한 사실만 짚어두자. 서울 강남 한복판에서 시원하게 울렸던 죽비소리가 질식당하고 있다. 절다운 절을 만들어온 봉은사가 흔들리고 있다. (2010. 03. 12)

'봉은사 사태'의 본질 누가 흐리나?

참 생게망게한 일이다. 집권당의 '실세'가 불교 최대종단인 조계종 자승 총무원장을 만난 자리에서 언죽번죽 '좌파 주지'를 들먹인 사실이 드러났는데도 아무도 책임지지 않는다. 한나라당 실세 안상수는 여전히 사실관계마저 부정하고 있다. 오죽하면 봉은사 앞에 "거짓말을 하지 맙시다"라는 펼침막이 걸렸겠는가. 더구나 그 사실을 밝히려는 재가불자 김영국 씨의 기자회견을 권력이 '개입'해 막으려 했다는 '증언'도 이어졌다. 마땅히 이명박 정권과 한나라당에 진상을 밝히라고 나서야 옳은 상황이다.

그런데 아무리 생각해도 납득하기 어려운 일은 불교 내부의 흐름이다. '침묵'만 지키는 총무원장만이 아니다. 조계종의 여론이 한 곳으로 모아지지 않고 있다. 더러는 사태의 본질을 흐리는 모습까지 나타난다.

가령 지난 주말 봉은사의 역대 신도회 회장들이 명진 스님 퇴진을 요구하는 성명을 또 발표했다. 대다수 교계 언론(불교전문 언론)은 그 성명을 대대적으로 부각하고 나섰다. 물론 역대 신도회장이 한 목소리를 냈으니 그럴 가치가 있다고 판단할 수 있다.

하지만 짚을 게 있다. 그들이 최근 3년 동안 봉은사에 발걸음도 하지 않은 사람들이라는 현 신도회의 날카로운 지적 때문만은 아니다. 그들의 논리가 말살에 쇠살이기 때문이다. 가령 그 가운데 '대표'격인 6~8대 신도회 회장 안승기 씨 인터뷰를 보자. 그는 한 교계신문 기자가 "이번 사태의 가장 큰 원인은 어디에 있다고 보는가"라고 묻자 다음과 같이 주장했다.

봉은사는 특정한 사회 운동을 목적으로 하는 사회단체가 아니다. 기도와 수행, 신행이 목적인 종교기관이고 성소다. 그런 봉은사가 왜 정치 다툼에 휘말려야 하는가. 주지 스님이 왜 정치 문제에 관여하고 정당, 정부, 청와대를 상대로 싸움을 벌여야 하는지 이해가 가질 않는다. 봉은사에 정치 외압이 들어왔다면 외압이 들어올 수 있도록 빌미를 제공한 측에도 책임이 있는 법이다.

어떤가. 그들이 본디 강남 절을 다니던 '보수적 신도'라고 넘길 일이 아니다. 보수와 진보의 문제가 아니기 때문이다. 이들은 "봉은사가 왜 정치 다툼에 휘말려야 하는가"라며 그 책임을 엉뚱하게 명진 주지에게 추궁한다.

보수와 진보를 넘어 사실 호도다. 대체 누가 봉은사를 "정치 다툼에 휘말"리게 했는가. 더 큰 문제는 "정치 외압이 들어왔다면 빌미를 제공"했으리라는 발언이다. 과연 그게 지금 참된 불자가 할 소리인가? 날마다 1000배씩 1000일 기도를 한 스님이 그 기도가 끝난 날, 서울 용산의 철거민 참사 현장으로 간 게 '정치'인가? 그렇다면 지금

종교계의 4대강 죽이기 비판도 '정치 다툼'이라 할 셈인가? 왜 권력의 실세가 특정 스님을 겨냥해 색깔몰이를 하는 정치놀음엔 전혀 항의하지 않는가? 다름 아닌 자신들이야말로 '정치적'이어서가 아닌가?

비단 전직 신도회장들만이 아니다. 종단 내부에도 명진 주지가 불교 내부 문제를 외부로 가져가 종단의 명예를 실추시켰다고 비난하는 스님들이 있다. 이해하기 어렵다. 불교 내부 문제에 외부, 그것도 정치권력이 노골적으로 개입한 사실이 사태의 본질 아닌가.

더러는 그 문제와 봉은사 직영전환은 별개라고 주장한다. 나는 그런 논리를 펴는 이들에게 솔직하게 묻고 싶다. 정말 그렇게 생각하는가? 왜 총무원이 돌연 봉은사를 접수하겠다고 나섰고 종단 내부 의견수렴도 없이 '기습 처리'했는지 사람들을 설득할 논리가 있는가.

물론 스님들 사이에 명진 스님 개인에 대한 호오는 얼마든지 있을 터다. 총무원장에 대한 직설적 공격에 '아쉬움'을 느끼는 이들도 있을 성싶다. 하지만 그 호오와 아쉬움이 현재 봉은사 사태의 본질을 흐리는 데까지 가선 안 된다. 큰 틀로 보자. 지금은 양비론을 펼 때가 아니다. 양비론을 펴며 의도했든 아니든 권력의 '명진 죽이기'에 동참하고 있지 않은지 톺아볼 일이다.

조계종단의 종회는 총무원의 갑작스런 제안을 받고 권력개입에 대한 어떤 정보도 듣지 못한 상황에서 직영을 결정했다. 판단에 영향을 줄 새로운 사실이 드러났다면 마땅히 진상규명에 나서고 재논의해야 옳지 않은가. 종단의 잘잘못을 명확하게 짚고 가지 않으면 조계종의 '명예'를 지키기는커녕 종단의 위기가 무장 커질 수밖에 없다. (2010. 05. 10)

안상수, 지금은 위기가 아니라 기회다

한나라당 원내대표 안상수의 거짓말이 드러났다. 조계종 총무원장 자승 스님과 안상수가 만났을 때 함께 자리했던 김영국 씨가 기자회견을 통해 진실을 밝혔다.

결국 안상수는 집권당의 원내대표로서 해서는 안 될 일을 두 번이나 했다. 권력이 종교에 외압을 행사하는 일은 독재정권 아래서나 가능한 일이다. 강압은 아니라고 주장할지 모르지만 조계종이 "숙원사업을 상의"하기 위해 만난 자리에서 봉은사 주지 자리를 들먹였다는 사실은 명백한 압력이다. 두 번째는 그 사실을 명진 스님이 밝혔음에도 전혀 사실무근이라고 몇 차례나 되풀이해 부정했다. 심지어 사태의 본질이 '종단 내부갈등'이라고 언죽번죽 부르댔다.

그래서다. 한때는 '인권변호사'였던 안상수에게 성찰을 권한다. 지금도 그가 스스로 '인권변호사'였음을 자랑스럽게 밝히고 있어 더 그렇다. 두루 알다시피 안상수는 박종철 고문치사 사건 당시 담당검사였다. 그는 검사에서 물러난 뒤 자신의 삶을 다음과 같이 간추렸다.

"검사직에서 물러난 후 본격적으로 인권문제에 관심을 갖게 되었다. 다시는 박 군처럼 반인륜적 고문으로 희생되는 비극이 없도록 하는 일 그리고 사회적 약자와 소외된 사람들이 인간으로서의 존엄과 가치를 누리고 살 수 있도록 법적으로 도와주는 일, 그런 일들을 하려고 했다."

변호사 안상수는 외국인 노동자들 인권에도 눈길을 돌렸단다. 그는 "1994년 초에 외국인 노동자 법률상담소 소장으로 위촉되어 다섯 명의 젊은 변호사와 함께 우리나라에서 고생하는 외국인 노동자의 인권 문제를 연구하기 시작"했다고 자부했다. 그가 밝힌 신념도 분명하다. 인권은 인류 보편적 가치로서 우리 국민의 인권 못지않게 다른 나라 국민의 인권도 보호해야 한다. 옳은 말이다. 그 안상수가 왜 이렇게 망가졌을까. 그는 1996년 국회의원으로 들어가던 순간을 다음과 같이 회고했다.

"1996년 4·11총선에서 경기도 과천·의왕시에 신한국당 후보로 출마하여 당선됨으로써 중앙 정치무대에 본격 진출하게 되었다. 변호사에서 국회의원으로 신분만 바뀌었을 뿐 내가 해야 할 일에는 아무런 변화가 있을 수 없었다. 인권을 위해 헌신하는 것만이 나를 선택한 지역 유권자들의 기대에 부응하는 것이기 때문이다."

어떤가. 한나라당이 그를 타락시킨 걸까? 아니면 스스로 권력 욕망에 눈이 먼 걸까? 인권변호사였던 기독교인 안상수가 차분히 자신을 톺아볼 때다. 미디어법을 날치기 처리한 주역, '좌파 교육' 때문에 성폭행범이 늘었다는 망발, 사부대중의 청정도량으로 거듭나는 봉은사를 겨눈 '좌파 주지' 마녀사냥, 그 모든 게 평범한 민주시민조차 황당할 수밖에 없는 야만이다.

그래서다. 나는 안상수가 정계를 은퇴하길 진심으로 권한다. 바로 그 점에서 지금은 안상수에게 위기가 아니라 기회다. 한나라당 원내대표나 썩은 국회의 의장 꿈 따위보다 더 중요한 게 있다.

바로 인간 안상수다. 아깝지 않은가. "사회적 약자와 소외된 사람들이 인간으로서의 존엄과 가치를 누리고 살 수 있도록 법적으로 도와주는 일"을 하려고 '결심'했던 자신이. 지금은 내 이야기가 몹시 듣그럽겠지만 충정으로 고언한다. 정계에서 은퇴하길, 그가 믿는 하느님 앞에 조용히 참회하길. (2010. 03. 24)

한나라당 원내대표의 참 이상한 선진화론

안상수. 한나라당 원내대표로서 4월 5일 국회교섭단체 연설을 했다. 한국 정치인들의 연설이 국민에게 감동을 주지 못하는 모습은 어제오늘의 일이 아니다. 안상수의 연설에 주목한 이유는 다른 데 있지 않다. 그에게 정계은퇴를 권하며 '인간 안상수'를 되찾을 기회라고 촉구한 바 있어서다.

하지만 그는 아무런 성찰도 없어 보인다. 불교 조계종 총무원장과 만났을 때 봉은사 명진 스님을 겨냥해 '좌파 주지' 운운했다는 배석자의 증언에 대해 그는 아무런 언급도 하지 않았다. 명진 스님이 누구인지도 모른다는 자신의 해명이 '거짓말'이라는 게 여러 정황으로 확실하게 드러나는 상황인데도 모르쇠다.

그렇다고 그가 대표연설에서 '불교 외압'과 관련해 침묵만 했다고 볼 수는 없다. "사회의 '기본'을 바로 세워야 한다"면서 우리 주변에 "상대 인격에 상처를 주는 언어폭력이 최소한의 금도도 없이 난무하고 있다"고 부르댔기 때문이다.

물론, 그 '언어폭력'이 자신에 대한 네티즌의 비판이라고 단언하지는 않았다. 다만 사회의 기본을 바로 세워야 한다며 "상대 인격에 상처를 주는 언어폭력"을 부각한 대목은 그것이 봉은사 외압과 무관할 때

뜬금없다. 결국 언어폭력 당사자가 언어폭력을 한탄하는 꼴이다.

그래서다. 집권당의 원내대표가 정녕 "사회의 기본을 바로 세우"려면 무엇보다 먼저 할 일이 있다. 민주주의를 좀먹는 색깔공세, 기독교인 정치인이 불교 내부 인사에 '외압'을 행사하려는 따위의 오만부터 반성해야 옳다.

그 성찰은 '선진 국회, 선진 사법'을 강조한 연설 대목에서도 절실하다. 국회 과반의석을 가진 집권당 원내대표의 선진화 주장이 물구나무 서 있기 때문이다. 그는 '국가 정체성'이 크게 훼손되고 있다면서 "공무원이 법의 경계를 넘어 정치활동을 하고 일부 판사들은 자신의 정치적 이념에 따라 판결을 내리고 있다"고 개탄한다. 이어 "이렇듯 법치의 근간이 흔들리는 것은 바로 사회 기본이 허물어지는 것을 의미한다"고 주장한다. 마침내 단호하게 말한다. "절대 묵과할 수 없다."

그렇다. 절대 묵과할 일이 아니다. 그가 주장하는 '국회 선진화'는 '법안 자동상정제'처럼 다수당의 국회 독재를 보장하는 길이다. '다수결 정치문화'를 강조하는 데서 의도가 노골적으로 드러난다. 그 법을 "4월 국회에서 통과되도록 모든 노력을 다하겠다"는 결기에선 '미디어법 날치기'가 떠오른다.

안상수는 또 "최근 국민들은 사법부에 대해 큰 우려를 나타내고 있다"면서 "일부 법관들의 편향된 판결과 법원 내 사조직이 그 이념적 행태로 말미암아 걱정의 대상이 되고 있다"고 주장한다. 색깔공세에 아무런 반성도 없다는 사실을 입증한다. "광우병 판결이나 시국선언 전교조 교사에 대한 판결, 국회에서 폭력을 행사한 의원에 대한 판결은 판사들 사이에서조차 공감을 얻지 못하였다"는 주장도 지나치게

자의적이다. 그가 사법개혁을 들먹이며 그 '진정한 목적'으로 '사법의 독립'을 언죽번죽 부르대는 모습은 명백한 언구력 아닌가.

그래서다. 연설 끝자락에서 "오늘날 우리의 자화상은 부끄러운 점이 적지 않다"고 개탄한 한나라당 원내대표 안상수에게 다시 권한다. 선진화를 진실로 원한다면 자신의 자화상부터 들여다보기를. 부끄러움을 읽기를. (2010. 04. 06)

손학규와 민주당,
손학규의 민주당

손학규의 '뼈저린 반성'과 한·미 FTA

손학규. 제1야당 대표로 취임 한 달을 맞았다. 민주당의 변화를 이야기하는 사람들도 곰비임비 나온다. 좋은 일이다. 하지만 취임 직후 올라가던 지지율이 제자리라는 보도 또한 줄을 잇는다. 왜 그럴까. 대표 취임 뒤 여느 정치인보다 민생 현장을 다니며 적극 발언해오지 않았던가.

더구나 그는 2년 동안 칩거했던 춘천을 떠나며 "함께 잘사는 나라"를 만들겠다고 다시 '출사표'를 던진 바도 있다. 그 출사표를 읽었을 때, 나는 내심 그의 변화를 주목했다. 2007년 그가 대선 정국에 예비후보로 나섰을 때 그를 비판적으로 분석한 이유와 맞물려 있었기 때문이다. 당시 그는 한·미 FTA를 적극 찬성하고 있었다. 그런데 2년 동안의 칩거에서 그는 '뼈저린 반성'을 했다고 밝혔다. 그의 말을 직접 들어보자.

정치에 대한 저의 성찰은 국민들의 고단한 삶에서부터 시작합니다. 가장 마음 아팠던 것은, 어느덧 우리 사회를 지배하고 있는 승자독식의 경제, 그리고 그것과 함께 나타난 양극화 현상이었습니다. …… 외환위기 이후 우리 사회에서 심화되어온 이 양극화가 국민의 삶을 파괴하고, 대한민국 공동체를 분열시켜왔음에도 불구하고 우리는 이에 제대로 대처하지 못했습니다. 우리는 국민총생산과 수출, 외환보유고, 국가신용등급과 같은 경제 지표의 외피에 함몰되어, 내수 불황, 중소기업과 자영업자의 위기, 비정규직 확산, 청년실업, 부동산 거품 속에서 허물어져가는 서민과 중산층의 삶의 기반, 더 심하게는 전방위적 파괴상황을 무책임하게 간과해왔습니다. 민주세력이 이와 같은 전방위적 파괴상황에 안일하게 대응하면서 방심하고 분열하는 동안 국민의 삶은 더욱 피폐해졌습니다. 저 자신 역시 외환위기 이후 신자유주의적 세계흐름 속에서 선진화 담론에만 도취되어 양극화가 우리 사회 전체를 분열시키고 있다는 것을 제대로 보지 못했습니다. 민주주의 정치세력이 끝까지 지켰어야 할 서민과 중산층의 삶 그 자체를 깊게 인식하지 못한 것입니다.

저는 민주세력의 일원으로서, 국민을 위해 일하는 정치인으로서, 대다수의 행복과 멀어져가고만 있는 역사의 흐름을 막아내지 못한 것입니다. 그것이 저의 첫 번째 뼈저린 반성입니다.

인용이 길었다. 하지만 나는 정치인 손학규가 칩거 2년을 결산하며 던진 그 성찰은 비단 손 대표만이 아니라 김대중 정부와 노무현 정부에 참여했던 모든 정치인들의 반성문이어야 옳다고 생각한다. 손 대표 취임과 더불어 민주당은 당헌에서 '중도개혁주의'를 삭제하고 보편적 복지를 담았다. 그 사실을 근거로 민주당의 변화에 주목해야 한다는 일각의 진단에도 굳이 반대하고 싶지 않다.

그런데 이해할 수 없는 일이 있다. 2010년 11월 3일 야당과 시민사회 인사들 688명이 국회에서 발표한 '한·미 FTA 전면 재검토 시국선언'을 보라. 민주노동당과 진보신당은 정당 차원에서 모두 동참했다. 그런데 민주당은 아니다. 국회의원 개개인 차원에서 참여했다. 물론 당직자 전원이 불참한 국민참여당과 견주면 낫다고 볼 수도 있다. 하지만 손 대표에게 진심으로 묻고 싶다. 왜 우물쭈물하는가? 나는 손 대표가 스스로 자신이 쓴 '뼈저린 반성'문을 정독해보길 권한다. 신자유주의 양극화를 불러온 한·미 FTA는 지금 특위를 구성해 갑론을박 주고받을 단계가 전혀 아니다. 이명박 정권은 더 양보를 해서라도 발효시키려고 '밀실 협상'을 으밀아밀 진행 중이다. 게다가 미국 의회는 공화당의 압승으로 의회 비준 가능성이 더 높아졌다.

모두 그런 것은 아니겠지만 민주당의 정치인들은 자신들의 외연을 넓힐 줄 도통 모른다. 자신들보다 조금만 진보적이면 아예 배제한다. 단언하거니와 그 결과는 과거에도 그랬듯이 민주당은 물론 정치인으로서 개개인의 몰락이다.

듣그럽겠지만 손학규 대표가 경청하길 권한다. 올라가다 그 자신의 지지율과 한·미 FTA 앞에서의 망설임은 무관하지 않다. 춘천 칩거에서 나온 '뼈저린 반성'이 현실로 구현되길 촉구한다. (2010. 11. 05)

손학규의 길, 민주당의 길

"태조 왕건이 군사훈련을 했던 이곳에서 군사를 일으켜 총선과 대선에서 승리, 국민 모두 함께 잘사는 나라를 시작하자."

민주당 손학규 대표가 11월 14일 충남도당 산행대회에서 태조산에 올라 한 말이다. 사뭇 패기가 넘친다. 그는 그 자리에서 11월 13일 서울 강남에 사는 전형적인 중산층 시민을 만난 이야기를 소개했다. 강남 시민은 손 대표에게 말했단다. "G20정상회의, 우리는 관심 없다. 저 사람들 모여 호화판 잔치나 벌이고 있지, 그게 우리 서민 생활과 무슨 상관이 있는가."

손 대표는 그 순간 "정신이 번쩍 들었다". 자신은 야당대표로 대한민국에서 G20정상회의가 꼭 성공하기를 기원해 대여투쟁도 어느 정도 자제했단다. '대한민국의 품위'를 우려해서다. 그런데 정작 일반 국민, 시민이 느끼는 것이 정치인이자 야당대표인 제가 느끼는 것보다 훨씬 날카로웠다고 털어놓았다. 그는 이어 이명박 정권에 물었다.

"과연 G20정상회의가, 저 호화로운 잔치가 우리 국민, 서민의 삶에 무슨 도움을 주었는가. 저는 G20정상회의도 끝난 마당에 이명박 정부에 엄중히 묻는다. 이번 G20정상회의를 통해 이명박 정부가 이 나라 국익을 위해 챙긴 것은 무엇이고, 국민을 위해서 무엇을 했고, 서민의 어려운 삶을 해결하기 위해 무엇을 했는지 엄중하게 묻고자 한다."

어떤가. 제1야당 대표의 생각이 시나브로 바뀌어간다면 좋은 일이다. 실제로 야권의 5개 정당이 '한·미 FTA 비준 불가'에 합의하고 나섬으로써 이명박 정권은 재협상 타결을 유보했다. 야권이 연대하고 촛불시민이 가세할 때 어떤 상황이 올지 불안했던 게 청와대가 타결을 미룬 결정적 이유였다.

우리는 여기서 2008년 촛불항쟁이 결코 패배한 게 아니라는 진실을 새삼 확인할 수 있다. 그해 여름을 뜨겁게 달궜던 민중의 힘이 여전히 이명박 대통령을 '압박'하고 있지 않은가.

다만, 마음을 놓을 단계는 전혀 아니다. 우리 쪽 협상 대표인 김종훈 통상교섭본부장은 "다음에 미국에서 만나면 끝내야 한다"고 언죽번죽 밝혔다. 11월 말이나 12월 초에 워싱턴으로 건너가겠단다. 버락 오바마 미국 대통령도 협상 타결을 몇 달 후에 할 것이 아니라 '몇 주 내'에 하자고 못 박았다. 심지어 노무현 정부의 '마지막 국무총리'로 지금은 주미대사 자리에 앉아 있는 한덕수는 "한·미 동맹에 심각한 악영향"까지 들먹이며 타결해야 한다고 언구럭부리고 있다.

그래서다. "정신이 번쩍 든" 손학규 대표와 민주당의 결연한 자세가 어느 때보다 필요하다. 기실 한·미 FTA 재협상 타결이 유보되는 데는 민주노동당 이정희 대표를 비롯한 국회의원들의 결기 서린 '시국 농성' 돌입이 큰 구실을 했다. 시민사회의 움직임도 심상치 않았다. 바로 그렇기에 민주당도, 손학규 대표도 "결코 받아들일 수 없다"며 '전면적 재검토'를 주장했을 터다.

앞서 손 대표가 한·미 FTA에 우물쭈물할 일이 아니라고 권고한 나로서는 그의 변화가 반가울 수밖에 없다. 최근 시민사회에선 민주당이 과연 신자유주의 체제로 고통받는 국민 대다수에게 희망이 될 수 있을까를 놓고 곰비임비 논쟁이 벌어지고 있다.

공은 민주당과 손학규 대표에게 넘어가 있다. 손 대표와 민주당이 앞으로 한·미 FTA를 대처해나가는 모습이 논쟁의 결말을 좌우할 가능성이 크다. 그 시험대는 민주당이 기득권을 포기해야 한다는 김대중 전 대통령의 '마지막 충고'와 이어져 있다. 궁금하다. 과연 손학규 체제가 민주당의 기득권을 넘어설 수 있을까? (2010. 11. 16)

민주당 비판하면 이적행위일까?

언론개혁시민연대. 줄임말 언론연대다. 언론연대가 고심하고 있다. 민주당 때문이다. 언론연대가 곰비임비 내고 있는 성명서를 보면 언론연대의 고민이 뚝뚝 묻어나온다. 안쓰러울 정도다. 이유는 분명하다. 민주당의 잇따른 '헛발질' 때문이다.

두루 알다시피 민주당은 방송통신심의위원회 위원으로 '방송노조 탄압'에 앞장선 김택곤 전 JTV 전주방송 사장을 내정했다. 언론연대가 지적했듯이 김택곤은 전주방송 사장으로 노조간부를 해고하고 파업 노동자들을 징계했던 인물이다. 방송사 가운데 노조와의 단체협약을 최초로 해지한 '기록'도 보유하고 있다.

언론연대는 물론 전국언론노조와 시민사회 단체들은 그가 방송통신심의위원이 될 수 없는 이유를 줄줄이 내놓고 있다. 문제는 민주당의 헛발질이 여기서 그치지 않는 데 있다. 이미 방송통신위원 임명 때도 시민사회에서 우려의 목소리가 나왔다.

그뿐이 아니다. 민주당은 KBS '김인규 특보체제'가 주동하고 있는 수신료 인상안에 대해서도 줏대 없는 모습을 보여 언론연대의 거센 반발을 샀다. 언론연대는 민주당이 '조중동 종편'을 위한 수신료 인상에 반대한다고 공언했으면서도 지난 2월 임시국회에 한나라당과 함께 수신료 인상안을 상정시킨 사실, 지난 4월 8일에는 공청회를 비롯해 수신료 인상의 구체적 논의 일정을 한나라당에 먼저 제시한 사실을 들어 강하게 압박했다.

문제는 현 상황이 4월 재보선 정국이라는 데 있다. 언론연대와 시민사회가 민주당을 비판하면서도 자칫 '이적행위'가 아닐까 '자기 검열'하는 이유도 여기 있다. 하지만 보라. 시민사회에서 민주당 낙선운동까지 거론되자 민주당은 수신료 인상의 4월 말 국회 처리설에 대해 강하게 부인하고 나섰다. 교훈은 무엇일까? 민주당은 압박 없이 변할 수 없다는 새삼스런 진실의 확인이다. 더러는 선거가 끝나면 수신료 인상에 대한 민주당의 태도가 어떻게 바뀔지 모른다는 냉소도 서슴지 않는다.

오해 없기 바란다. 민주당과의 선거연합을 원천적으로 배제할 뜻은 없다. 다만 선거연합으로 민주당이라는 '블랙홀'에 진보진영 사람들이 빨려들어간다면, 민주당의 변화는 물론 현실의 변화도 이룰 수 없다는 상식을 새삼 확인하고 싶을 뿐이다. 민주당과의 선거연합의 전제조건으로 진보세력의 대통합이 절실한 이유도 기실 여기 있다.

민주당과의 선거연합에 올곧은 비판을 벅벅이 병행해야 할 이유, 선거국면에서 민주당 비판은 '이적행위'가 아님을 '수신료 소동'은 생생하게 입증해주었다. 그렇다면 어떨까. 방송노조를 탄압한 사장을 방송통신심의위원에 내정한 '황당 사건'은, 민주당이 '권력'인 전북지역의 버스노동자들이 애면글면 벌이고 있는 생존권 투쟁은. (2011. 04. 20)

13

후퇴하는 대화,
깊어가는 고통

6·15선언 10돌, 잃어버린 10년

10년. 결코 짧지 않은 시간이다. 사회변화가 몹시 더딘 전근대사회에서도 "10년이면 강산도 변한다"고 했다. 2000년 6월 13일, 평양 순안 공항에서 남북 두 정상의 포옹은 우리를 감동의 물결에 젖게 했다. 이틀 뒤 남북공동선언이 발표되었을 때, 분단체제를 살아가는 우리 겨레에게 21세기는 새로운 지평으로 다가왔다.

하지만 어떤가. 옹근 10년을 맞은 오늘 우리는 '불바다 위기'에 직면해 있다. 왜 그럴까? 왜 10년 동안 애면글면 열어온 '남북 화해'가 파탄을 맞고 있는가. 그 이유는 간명하다. 누군가 남북 화해 정책을 뒤엎었기 때문이다.

남북공동선언 10돌을 맞는 오늘도 마찬가지다. 보라. 대한민국 '보수'를 집요하게 대변해온 〈조선일보〉의 김대중 고문은 "MB의 對北바뀔 것인가" 제하의 칼럼(2010년 6월 14일자)에서 무람없이 이명박 대통령에게 '칼'을 들이댄다. "보수세력이 그에게 아직 희망을 버리지 않는 것은 그의 대북정책 때문이라고 해도 과언이 아니다. 이 대통령이 여기서 대북완화론에 굴복하는 길로 간다면 그의 정치일생의 결말은 참담할 수밖에 없다."

강도 높은 '협박'이다. 기실 〈조선일보〉를 비롯한 수구신문들과 김대중을 비롯한 수구논객들은 처음이 아니다. 이명박 정권이 들어선 뒤 조금이라도 '유화'적 모습을 보일 때마다 도끼눈을 부라리며 글을 써댔다. 그 결과다. 본디 박근혜와 견주어 상대적으로 유연하리라고 기대했던 이명박 정권은 남북 관계를 파탄으로 몰아왔다. 꼭 1년 전 공동선언의 남쪽 당사자였던 김대중 전 대통령은 그의 마지막 연설이었던 남북공동선언 9돌 기념사에서 다음과 같이 권고했다.

"이명박 대통령은 지금 우리 국민이 얼마나 불안하게 살고 있는지 알아야 합니다. 개성공단에서 철수하겠다는 얘기가 나왔습니다. 북한에서는 매일같이 남한이 하는 일을 선전포고로 간주하겠다, 무력 대항하겠다고 말하고 있습니다. 세계에서 이렇게 60년 동안이나 이러고 있는 나라가 어디에 있습니까. 그래서 저는 이명박 대통령에게 강력히 충고하고 싶습니다. 전직 대통령 두 사람이 합의해놓은 6·15와 10·4를 이 대통령은 반드시 지키십시오. 그래야 문제가 풀립니다."

어떤가. 1년이 지난 오늘 국민의 불안감은 무장 커졌다. 2009년 초에 나 또한 경고했다. "저 긴 '죽음의 행렬'을 보라" 제하의 칼럼에서 다음과 같이 썼다.

"서해에서 남과 북의 군사적 충돌 가능성이 무장 높아가고 있다. 이미 북쪽은 '빈말이 아니다'라며 일촉즉발의 위기 사태라고 공언했다. 봄이 오면 서해의 풍부한 꽃게를 남과 북이 웃으며 함께 잡자는 합리적 논의는 실종되고, 근거도 모호한 '국경선'을 외마디처럼 질러대며 일방적이고 자극적 선동으로 군사 충돌을 부추길 때, 또다시 남과 북의 애먼 젊은이들이 목숨 잃을 가능성은 커질 수밖에 없다."

이 글을 쓰며 이명박 정권의 철없는 대결정책이 바뀌기를, "애먼 젊은이들이 목숨 잃을 가능성"이 현실화되지 않기를 얼마나 기원했던가. 서해에서 한·미 합동군사훈련을 벌이는 와중에 침몰된 천안함의 비극은 우리에게 감정적 반응을 넘어 성숙한 슬기를 요구하고 있다.

그런데 지금 이 순간도 '남북 대결'을 더 살천스레 부르대는 자들이 있다. 군부독재 시절 축적한 물적 토대로 강력한 판매망을 갖고 있는 신문사의 오래된 논객들이다. 대체 저들은 대한민국을, 이 겨레를 어디로 끌고 갈 셈인가. 우리가 저 철없는 불장난을 방관해도 과연 좋을까. 어느새 잃어버린 남북공동선언, 그 10돌에 진지하게 묻는다.
(2010. 06. 14)

오바마 미 대통령에게 띄우는 편지

버락 오바마 미합중국 대통령 귀하.

한·미 정상회담 소식을 듣고 밤새 뒤척이다가 오늘 아침 당신께 편지를 띄웁니다. 공개적으로 편지를 띄우는 이유는 당신과 소통할 수

있는 다른 길이 보이지 않아서입니다. 모쪼록 이 편지를 '감각'이 뛰어
난 캐슬린 스티븐스 주한 미국 대사가 당신께 보고하기를 기대합니다.

'세상에서 가장 바쁜 대통령'이기에 번거로운 인사는 줄이고 간명
하게 쓰겠습니다.

먼저 축하합니다. 당신은 대한민국 이명박 대통령과 캐나다에서 만
나 한국의 전시작전통제권을 2015년까지 연장하는 데 합의했더군요.
더구나 그 '조건'으로 한·미 FTA에 대해서도 한국의 더 많은 양보를
얻어내는 데 성공했다고 들었습니다.

그래서입니다. 당신의 노련한 협상력에 새삼 감탄하게 됩니다. 축
하하는 까닭입니다.

다만 당신이 알고 있어야 할 진실이 있습니다. 대한민국의 민주시
민들은 당신이 미합중국 대통령에 당선되었을 때 기뻤습니다. '오바
마 혁명'이라고 당선 의미를 높이 평가했습니다. 실제로 당신은 목표
였던 '건강보험 혁명'을 이뤘습니다. 진심으로 박수를 보냅니다.

앞으로도 굽힘없이 당신의 뜻을 미국 국내정치에 구현하길 바랍니
다. 하지만 나는 당신께 오늘 짙은 유감을 표명할 수밖에 없습니다.
당신의 한반도 정책은 실패로 치닫고 있기 때문입니다.

당신께 가볍게 묻고 싶습니다. 당신의 당선을 환호하던 이 땅의 민
주시민들 사이에서 어느새 '검은 부시, 하얀 라이스'라는 말이 나돌
고 있다는 사실을 당신은 들어보았는지요. 처음이라면 서울에서 활동
하는 미국 중앙정보국(CIA) 책임자가 임무를 게을리 한 게지요.

'검은 부시'라는, 당신에게 모욕적일 말이 떠도는 이유는 당신의
한반도 정책이 조지 부시와 아무런 차이가 없기 때문입니다. 우리는

후보 시절 당신이 조선민주주의인민공화국 김정일 국방위원장과도 언제든 만나 대화로 문제를 풀어가겠다고 약속한 사실을 또렷하게 기억하고 있습니다. 하지만 당신은 이란과 이라크-아프가니스탄에만 집중한 탓인지 대북정책에선 부시가 실패한 길을 답습하고 있습니다.

그런 가운데 대한민국 전시작전통제권을 연장 보유하고 더구나 그 '조건'으로 한·미 FTA에서 실리까지 챙기는 풍경을 보며 앞으로 이 땅에선 당신을 두고 '부시보다 더 부시답다'는 말이 퍼져가지 않을까 우려됩니다.

물론 모르지 않습니다. 우리는 이명박 대통령이 앞장서서 전시작전통제권을 더 보유해달라고 요청했다는 사실을 잘 알고 있습니다. 당신이 그 요청을 받아들이자 이 대통령이 "오바마 대통령이 수락해준 것에 대해 고맙게 생각한다"며 사의를 표했다는 대목에선 얼굴이 화끈거릴 정도로 수치와 분노를 느낍니다. 밤새 잠을 설친 이유입니다.

명토박아 전합니다. 국가의 전시작전통제권을 스스로 다른 나라에 더 가져달라고 '애걸'하며 고마움을 표하는 대통령을 보고 당신이 대한민국 국민을 우습게 여긴다면, 그것은 착각입니다. 게다가 한·미 FTA에서 더 양보를 얻어내 회심의 미소를 당신이 짓는다면, 그것은 단견입니다.

당장은 당신이 이룬 눈부신 성과에 만족할 터입니다. 하지만 당신이 '검은 부시'가 진정 아니라면, 지금 큰 실수를 하고 있다는 사실을 똑바로 인식할 때입니다. 민주주의와 평화통일을 갈망하는 우리 국민 사이에서 미국은 공화당이나 민주당이 똑같다는, 만족할 줄 모른다는 비판 여론이 벅벅이 퍼져갈 전망입니다.

물론 우리는 이명박 대통령의 모습을 잊지 않겠습니다. 하지만 그와 손잡고 웃는 버락 오바마의 얼굴이 조지 부시처럼 다가오는 한국인이 무장 늘어나고 있다는 사실을 당신이 잊지 말기 바랍니다.

당신의 건강을 기원하며 총총 줄입니다. (2010. 06. 28)

한반도 '전쟁 악령' 누가 부르나?

정부 고위당국자가 마침내 '북한의 정권교체'를 들먹였다. 〈동아일보〉 기자에게 최근 한반도 정세와 관련해 그 '고위당국자'는 "북한이 레짐 체인지(regime change)로 가려는 측면이 있다"고 밝혔단다. 같은 날 조간신문들은 또 다른 '고위당국자' 이야기를 보도했다. 그 당국자는 "젊은 애들이 전쟁과 평화냐 해서 한나라당을 찍으면 전쟁이고 민주당을 찍으면 평화고 해서 다 (민주당으로) 넘어가고 이런 정신 상태로는 나라 유지하지 못한다"며 "그렇게 (북한이) 좋으면 김정일 밑에 가서 어버이 수령하고 살아야지"라고 말했다.

문제의 두 발언을 한 '고위당국자'가 같은 인물이길 바란다. 철부지나 다름없는 고위당국자가 이명박 정부에 한 명이라도 줄어들기를 기대해서다.

하지만 문제는 철없는 고위당국자 수준을 넘어선다. 미국이 상황을 주도하고 있기 때문이다. 보라. 2010년 7월 25일 일요일에 한국과 미국은 대대적으로 합동군사훈련에 들어갔다. 그뿐만이 아니다. 한미 외교·국방장관회의를 마친 뒤 미국은 강도 높은 대북 금융 제재를 발표했다. 미국은 "북한 지도부와 자산에 초점을 맞추고 있다"고 사뭇 당당하게 밝혔다. 이명박 정부도 신바람이 난 듯 "특정 계좌에 대한 정밀타격이 될 것"이라고 주장했다.

지금 이 순간 동해에서 벌어지고 있는 한·미 연합훈련에는 두 나라의 육해공군이 출동한다. 10만 톤 급 미 항공모함은 물론 최첨단 전폭기와 전투기들이 가세한다. '동해 전역'에서 훈련한다는 말은 북과 가장 가까운 곳에서도 작전한다는 뜻이다. 더구나 일본의 요청을 받아들여 일본 해상자위대 고위 장교들도 참가했다.

어떤가. 과연 그래도 좋은가. 자위대까지 끌어들이는 훈련을 우리 국민은 동의했는가. 상황을 냉철하게 바라볼 때다. 이미 북의 외무성 당국자는 "많은 공격무기를 장착한 조지 워싱턴호(항공모함)가 참가한 이상 한·미 연합훈련은 더 이상 방어훈련이 아니다"라며 "미국의 군사조치에 대해 물리적 대응이 있을 것"이라고 경고했다.

실제로 북의 국방위원회는 성명에서 "조선인민군과 인민은 미 제국주의자들과 남한 꼭두각시가 계획적으로 상황을 전쟁 직전으로 몰고 가는 것에 대응해, 핵 억지력 아래에서 필요시 언제라도 우리만의 스타일로 보복 성전을 시작할 것"이라고 밝혔다. 물론 북의 반응을 대수롭지 않게 넘길 수도 있다. 미국 국무부 대변인은 기자들에게 "우리는 북한과의 설전에는 관심이 없다"고 차갑게 비아냥거렸다.

명토박아둔다. 미국은 그 따위로 냉소할 수도 있다. 미국 국방장관이 "(북의) 도발이 있을 수 있다"거나, 미국 국가정보국(DNI) 신임 국장이 "북한이 한국에 직접 공격을 가하는 위험하고도 새로운 시대에 진입했을 수 있다"고 분석하면서도 그들에겐 모든 게 '바다 건너 불'이기 때문이다.

하지만 우리는 다르다. 우리 국민 개개인(지금 이 글을 읽고 있는 독자를 포함한 민간인들)의 목숨이 걸린 문제다. 강도 높은 한·미 합동훈련과 '정밀타격 금융제재'가 살천스레 '정권 교체'를 목표로 할 때, 과연 어느 나라가 손 놓고 있겠는가. 더구나 이명박 정권은 남쪽에 남아도는 쌀을 북쪽에 보내기를 거부하며 창고에서 썩어가는 쌀은 가축용 사료로 쓰겠다고 언죽번죽 나섰다.

보수나 진보를 떠나, 좌와 우를 떠나 과연 이명박 정부가 남북 관계를 어디까지 몰고 갈 셈인지 진지하게 성찰할 때가 되었다. 갈수록 경직되는 이명박 정부의 대결주의 정책이 '천안함'과는 비교할 수 없는 참극을 불러올 가능성을, 또 그것이 한국 경제에 줄 치명타를 있는 그대로 판단할 때다.

미국의 '힘'이 강력하지만 그래도 대안은 분명히 있다. 간명하다. 쌀부터 보내라. 대화에 나서라. 천안함도, 핵무기도, 만나서 풀어가라. 이미 북은 만나자고 제안하지 않았던가. (2010. 07. 26)

봄날은 가고
우리가 잃어버린 것

선거용 '눈 가리고 아웅' 통할까?

전국교직원노동조합이 '생일'을 맞았다. 스물한 살이다. 하지만 교사들은 서로 축하할 수 없었다. 이명박 정권의 전교조 교사 '대량학살' 때문이다. 정진후 위원장은 창립기념식 날 정부중앙청사에서 조계사까지 '3보 1배'를 했다.

〈동아일보〉 기자는 "자축연 대신 단식농성, 초라한 전교조 21주년" 제하의 칼럼(2010년 5월 29일자)에서 "꼿꼿한 자세로 세 발짝마다 큰절을 하는 정 위원장의 얼굴엔 초췌한 기색이 역력했다"고 썼다. 대량학살극에 직면한 전교조를 일러 '초라'와 '초췌'로 보도하는 젊은 기자를 보면 한국 언론의 미래가 새삼 암담하다.

더 큰 문제는 학교 현장이다. '천안함 사태'로 남북 사이에 '전운'

마저 감도는 상황에서도 이명박 정권은 서슴없이 교사 대량 파면과 해고에 나섰다. 학살을 발표할 시점에 대통령은 담화문을 통해 "하나가 되자"고 호소했다. 그래서다. "하나 되자는 대통령 호소 누가 막는가?" 제하의 칼럼(2010년 5월 24일)에서 진정성이 있다면 대통령 자신부터 국민을 상대로 한 편향된 '이념 대결'에서 벗어나라고 촉구했다.

곧이어 교육과학기술부(이후 '교과부')가 전교조 징계를 미루겠다고 발표했다. 몇몇 언론에서는 정부가 전교조 징계를 '철회'했다고 보도했다. 그 결과다. 적잖은 사람이 마치 이명박 정권이 '똘레랑스'를 베푼 듯 착각한다.

과연 서슬 푸른 '파면의 칼'을 휘두르던 이 정권의 교과부가 개과천선한 걸까? 아니다. 교과부는 전교조 교사 169명에 대한 직위해제를 시·도 교육청 '자율'에 맡기겠다고 잠시 연기했을 뿐이다.

교과부는 "학기 중 학생들의 학습권에 지장이 없도록 하기 위해"라는 이유를 들었다. 그럴듯한 말이다. 하지만 더 큰 이유가 있다. 이명박 정권의 독재적 행태가 자칫 '선거 역풍'을 불러올까 우려했기 때문이다. 심지어 언제나 전교조 사냥에 앞장선 〈조선일보〉조차 기사 한 구석에 "징계·직위해제 조치 연기에 대해 정부는 실무적·절차적인 이유를 들었지만, 실제로는 6·2선거에 '전교조 징계 역풍'이 부는 것을 차단하기 위한 것으로 해석된다"고 보도했다.

그렇다. 철회가 아니다. 연기일 뿐이다. 선거를 의식한 '눈가리고 아웅'이다. 언론의 속셈도 전혀 달라지지 않았다. 가령 앞서 소개한 〈동아일보〉 '기자의 눈'은 "정 위원장이 밝힌 대로 전교조가 모든 해직 교사의 조합원 자격을 계속 유지한다면 다음 창립기념일은 더욱 초라해질 수밖에 없다"며 "내부에 고통의 싹이 있다면 비명만 지를 것이 아니라 스스로 잘라내"야 한다고 언구럭부린다.

이명박 정권조차 선거역풍을 의식해 '눈 가리고 아웅'에 나선 대량 학살에 교육감을 꿈꾸는 후보들 반응은 어떨까. 서울시 교육감으로 나선 대다수가 '찬성'했다.

보도에 따르면, 이원희 후보는 "정부 조치에 동의한다"고 환호했다. 남승희 후보는 "이번 기회에 진보 후보의 교육 자질을 검증해야 한다"고 부르댔다. 반면에 곽노현 후보는 "2008년 총선에서 현직 교사들이 한나라당 공천을 신청하고 입당 원서를 낸 것은 조사조차 하지 않았다"며 "혐의가 확정되지도 않은 사안에 대해 기소만으로 파면·해임한 것은 이중잣대"라고 비판했다.

어떤가. 서울시만이 아니다. 전국 곳곳에서 누가 교육감이 되느냐에 따라 학교 풍경이 사뭇 달라질 수 있다. '역풍'이 불까 두려워 슬그머니 '후퇴'한 이명박 정권의 '망나니 칼날'에 어떤 후보들이 용춤추고 있는지 냉철한 판단이 절실한 오늘이다.

결코 전교조의 문제가 아니다. 교사만의 문제도 아니다. 10대들이 다니는 학교 현장에 일어날 독재의 '칼바람 문제'다. 저 칼날을 숨기며 눈 가리고 아웅하는 이명박 정권의 속임수, 과연 통할까. (2010. 05. 31)

그는 왜 여의도 한복판에서 목을 맸을까

또 한 사람이 목을 맸다. 자살률 세계 1위인 탓일까. 그의 자살도 묻히고 있다. 쉰두 살. 그가 마지막 숨을 쉰 곳은 서울 여의도. 대한민국 국회는 물론 정당들이, 방송사들이 즐비한 곳이다.

그는 나무에 목을 맨 싸늘한 몸으로 아침 일찍 발견됐다. 빈 소주병과 유서만 남겼다. 여의도 가로수 불빛 아래 밤을 지새우며 썼을 유서에는 지상에서 그의 유일한 핏줄인 열두 살 아들을 '부탁'하는 글이 담겼다. "아들이 나 때문에 못 받는 게 있다. 내가 죽으면 동사무소 분들이 혜택을 받을 수 있도록 잘 부탁한다."

하루에 40여 명이 목숨을 끊는 자살 공화국에서 새삼 그의 죽음 앞에 값싼 감상으로 다가설 뜻은 없다. 다만 묻고 싶다. 왜 서울 가리봉동의 단칸방에 살던 그가 여의도 한복판까지 와서 나무에 목을 맸을까.

고아로 큰 그는 온갖 시련을 넘어 건설 현장의 비정규직 용접 노동자로 살았다. 마흔 살에 아들을 보았을 때, 고아로 컸던 그의 기쁨은 충분히 짐작할 수 있다. 하지만 행복은 짧았다. 5년 전부터 일을 찾지 못했다. 이명박 정권의 4대강 토목사업은 큰 건설사들의 배만 불리고 있을 뿐이다. 동거했던 아내도 '가출'했다. 행여 손가락질할 일이 아니다. 그와 동거하기 전에 딸 둘을 키우던 그 여성도 살 길을 찾아야 했다.

그가 목을 맨 결정적 계기는 아들이 아프면서였다. 왼쪽 팔이 마비되고 가끔 발작이 나타났다. 〈경향신문〉 보도에 따르면, 뇌에 이상이 있다는 진단이 나와 치료비만 300만 원이었다. 아들을 장애인으로 등록하면 치료와 함께 월 10만~20만 원의 장애아동양육수당이라도 받을 수 있다는 희망으로 '동사무소 분들'을 만났지만 '근로능력'이 있는 자신 때문에 그조차 받지 못한다는 답을 들었다. 유서 마지막에 그는 "아들아 사랑한다"고 썼다.

기실 그의 슬픈 죽음은 이미 예고되었다. 현재 18세 미만 장애자녀가 있는 가족의 29퍼센트는 월 평균 가구 소득이 150만 원에 미치지 못하는 빈곤층이다. 장애아동의 의료비, 재활치료비, 특수교육비가 월 평균 34만여 원이라는 사실에 비춰본다면 그들의 고통이 얼마나 클지 짐작할 수 있다. 이른바 '장애아가족아동양육지원사업'은 18세 미만 장애아동의 0.9퍼센트인 688가구만 '서비스'를 받고 있다. 그래서다. 전국장애인부모연대는 최근 국가인권위원회에서 20여 일 단식농성을 하며 49명이 집단 삭발로 이명박 정권에 대책마련을 촉구했다.

　물론 그들의 간절한 요구를 이 정권은 살천스레 외면했다. 그 결과다. 50대 실직 노동자는 목을 맸다. 가리봉동에서 여의도까지 와 목을 맸지만, 힘깨나 쓰는 정당들과 국회는 조용하다. 진보정당은 힘이 약하고 게다가 갈라져 있다.

　고아였던 그가 아들을 고아로 남기며 '장애인 수당'을 부탁한 비극은 왜 우리 시대에 복지국가와 진보대통합이 절실한 과제인가를 웅변해준다.

　기실 '여의도 정치'만 비판할 일은 아니다. 고백하거니와 나 또한 복지국가와진보대통합을위한시민회의에 참여하고 있기 때문이다. 그의 영전에 무릎 꿇고 무능과 게으름을 사죄하고 싶은 오늘이다. 그가 목을 매기 직전에 그의 고통스런 가슴을 적셔주었을 소주 한 병이 차라리 고맙다. (2010. 10. 11)

삼성과 삼성의 황제 이건희가 만끽하고 있는 권력은 절대적이다.
하지만 무릇 절대 권력은 절대 부패하기 마련,
삼성과 이건희의 미래는 불을 보듯 뻔하다.
그러기에 더 늦기 전에 삼성을 살려야 한다. 삼성, 참 소중한 기업 아닌가.

PART 2 경제

삼성과 이건희를 망치는 사람들

01
부활하라,
김대중의 대중경제

김대중의 영면, 대중경제의 부활

김대중. 영면에 든 고인의 가장 큰 업적은 2000년 6월 평양을 방문해 첫 남북정상회담을 이룬 데 있다. 두 정상이 내온 6·15공동선언의 가치는 통일을 이루는 그 순간까지 '헌장'이 될 게 분명하다. 고인의 영결식을 앞두고 북쪽의 조문 대표가 청와대를 방문해 이명박 대통령을 만나는 풍경은 뜻 깊다.

남과 북의 경제가 여전히 위기에서 벗어나지 못한 오늘, 남북공동선언이 명토박은 '민족경제의 균형발전'은 그 어느 때보다 더 절실하다. 민족경제의 균형발전, 그 구체적 상과 정책이야말로 고인이 우리에게 남긴 숙제이기에 더 그렇다.

두루 알다시피 김대중은 박정희에 맞서 첫 대통령선거에 출마했을 때 '대중경제론'을 내세웠다. 수출 대기업 중심의 '박정희 모델'과 전혀 다른 경제정책을 논리화한 대중경제론은 김대중을 다른 정객들과 달리 철학이 뚜렷한 정치인으로 자리매김해주었다.

기실 김대중을 '김대중'으로 만든 결정적 이유가 바로 대중경제론이었다. 수많은 진보적 지식인들이 후광을 지지하며 싸웠던 밑절미도 대중경제론에 스며 있는 진보적 경제정책이었다. 그것은 고인이 '빨갱이'라는 '오해'를 받은 이유이기도 했다. 그가 대중경제론을 논리화하는 데 고(故) 박현채의 도움이 컸던 사실도 그런 오해를 더 키웠다.

문제는 그가 정작 1997년 대통령이 된 뒤 대중경제와 다른 길을 걸었다는 데 있다. 여기에는 당선 직전에 엄습한 국제통화기금(IMF)의 구제금융 체제라는 '조건'도 있었다. 김대중 정부 시절 청와대 경제수석을 지냈던 김태동이 증언하고 있듯이 IMF와 그 기구를 사실상 '조종'하고 있는 미국은 김대중 당선자를 '압박'했다.

결국 우리 모두 지켜보았듯이 대중경제론이 약속한 '근로자의 경영참여'로 새로운 경제체제가 열려야 할 섶에 이른바 '노동시장 유연화'가 전면화했다. 국민경제의 '동맥'인 은행과 주요 대기업들에 외국 자본이 대거 들어오면서 그나마 있었던 '선순환 구조'마저 깨져나갔다. 수출 대기업들은 나날이 살쪄가는데 국민 대다수인 민중의 삶은 더 힘들어가는 오늘의 상황은 바로 그때부터 구조화했다.

더러는 구제금융 체제로부터 '졸업'한 업적을 들어 반론을 펼 터이다. 그렇게 볼 수도 있다. 다만 문제의 핵심은 '졸업'의 내용이다. 만일 IMF, 아니 더 정확하게 말해 미국 주도의 '신자유주의적 세계화'에 순응하는 체제로 구조화했다면, 평가는 좀 더 신중해야 옳다.

그렇다. 고인의 업적을 무조건 찬양하기는 고인에 대한 올바른 추모가 아니다. 그가 이루려다 못한 일을 다하는 일, 바로 그것이 바른 추모다.

김대중을 김대중으로 만든 대중경제론은 그가 세상을 뜬 오늘 더없이 절실한 시대적 과제다. 신자유주의가 '전성기'를 맞고 구제금융이라는 외적 조건 아래서 집권한 고인과 달리, 신자유주의가 '종주국'에서도 '논리적 파산'을 선고받았음에도 이명박 대통령이 신자유주의로 줄달음치고 있기에 더욱 그렇다.

수출 대기업 중심의 박정희 모델을 대선에서 공약으로 내세웠던 이명박-박근혜의 한나라당이 집권한 뒤 보여준 '경제 성적표'는 박정희식 성장이 이제는 불가능하다는 진실을 우리에게 생생하게 입증하고 있다. 바로 그렇기에 대중경제론의 부활이 절실하다.

물론 대중경제론 정책은 시대 변화를 담아 새롭게 다듬어야 옳다. 이미 몇몇 대안이 나와 있다. 노동자의 경영참여를 전면화하고 은행과 주요 대기업을 '공공화'하는 '노동중심 경제론'도 그 하나다. 통일로 가는 민족경제의 균형 발전 또한 그 연장선에 있다.

고인의 서거 직후 나는 참담한 심경으로 "조용히 보내드릴 수 없는 까닭"을 썼다. 이명박 정권 아래 놓인 "국민이 불쌍하다"며 눈물짓던 정치인 김대중의 사랑, '후배들'의 '행동하는 양심'을 믿으며 눈 감은 당신의 뜻을 옳게 살리는 길, 그 길은 '대중경제' 부활에 있다. (2009. 08. 23)

김대중의 '계승자' 누구일까

김대중(1924~2009). 대한민국 대통령을 지내며 노벨평화상을 받은 정치인이다. 더러는 지역감정으로, 더러는 색깔공세로 정치인 김대중을 폄하하는 사람들이 많은 상황에서 김대중 전 대통령이 걸어온 민주화 역정은 큰 의미가 있다.

그래서일까. 서거 1주기를 앞두고 8월 10일 열린 《김대중 자서전》 출판기념회도 정치인들로 붐볐다. 민주당의 당권 경쟁자들은 저마다 "김대중 정신 계승"을 곰비임비 내세웠다. 좋은 일이다. 2012년 한나라당의 재집권을 저지할 정치인이 보이지 않는 상황이기에 더 그렇다.

문제는 무엇을 누가 어떻게 계승할 것인가에 있다. 김대중은 서거 직전, 민주당에 기득권을 버리라고 요구했다. 하지만 보라. 당장 2010년 7월 재보선이 입증했듯이 현재 민주당은 그럴 뜻이 전혀 없다. 말을 앞세워 계승한다는 그들의 진정성이 의심스러운 까닭이다.

김대중을 김대중으로 만든 고갱이는 박정희와 맞섰을 때 김대중이 제시한 대중경제론이다. 이명박 정권 아래서 대중경제론의 의미는 더 크다. 대중경제론의 고갱이는 대중이 주체가 되는 경제다. 1980년대 중반 들어 초기의 대중주체 정신이 퇴색했지만, 1985년 미국에서 출간한 《대중 참여 경제론》조차 결론을 읽어보면 '박정희식 경제 성장주의'는 물론 신자유주의 경제체제와도 확연하게 다르다. 김대중은 결론에서 한국 경제가 나아갈 길을 다음과 같이 제시한다.

"앞에서 한국 경제의 현황을 체계적으로 고찰하고 제반 개선책을 제시했다. 이 같은 개선책의 기본원칙은 성장과 균등분배와 가격안정이라는 3대 목표 간에 적정한 균형을 유지한다는 것이다. 성장이라는 목표는 경제의 제반 부문 간의 그리고 지역 간의 균형된 발전을 통해 달성해야 한다. 그러기 위해서는 기업가, 노동자, 농민, 소비자 등의 모든 집단이 민주정부 하에서 경제적 의사결정과정의 여러 국면에 충분히 참여할 수 있도록 보장되어야 한다."

김대중은 결론의 마지막 대목에서 박정희와 전두환을 거명하며 그들의 "통치하에서 경제성장의 열매는 이들과 결탁한 소수특권층에 의해 거의 독점되어왔으며 노동자 농민들은 성장의 결실 배분에 참여하는 것으로부터 배제되어왔다"라고 다시 노동자와 농민의 참여를 강조했다. 이어 "본인의 계획안은 모든 집단의 권익을 옹호함으로써 이 같은 불공평을 시정하고 나아가 모든 집단에게 균등한 기회를 보장함으로써 균형적이고 견실한 경제발전을 추구하고자 하는 것"이라고 밝혔다.

훌륭하다. 하지만 정작 김대중은 집권 이후에 대중경제론과 어긋나는 노선을 걸어갔다. 급박한 외환 위기에서 비교적 자유롭던 노무현 정부도 후보 시절 공약과 달리 국민소득 2만 달러를 국정 목표로 정함으로써 민주정부 10년 동안 신자유주의가 한국사회에 구조화했다. 기실 이명박 정권의 등장도 그 결과다.

그렇다면 김대중의 무엇을 계승할 것인가. 자명하다. 대중경제론을 2010년대 현실에 맞게 재구성하고 실현해가는 일이 그것이다. 세계경제의 위기와 국내경제의 심각한 양극화는 새로운 경제체제로의 전환을 시대적 과제로 제기하고 있다. 그 전환의 길에 '대중에 의한, 대중을 위한, 대중의 경제'론은 여전히 중요한 시사점을 주고 있다. 고인이 마지막 순간까지 서민 경제의 위기를 걱정한 사실에 비추어보더라도, 민중 경제의 위기를 해소할 진정한 방안이 무엇인가를 모색하고 그것을 구현할 과제가 우리에게 주어져 있다.

그 정책대안을 고민하지 않은 채 김대중 정신의 계승을 들먹이는 모습은 낮은 수준의 정치적 언사에 지나지 않는다. 대중경제론의 현재적 재구성, 실현가능한 정책을 마련하고 실천하는 일이 정치인 김대중을 온전히 계승하는 길이다. 그를 편히 쉬게 하는 길이다. 1주기 맞는 고인의 명복을 새삼 빈다. (2010. 08. 11)

삼성이 깨쳐야
나라가 산다

삼성과 이건희를 망치는 사람들

이 글을 이건희 회장에게 건넬 용기 있는 인재가 과연 삼성에 있을까? 칼럼을 쓰며 슬그머니 묻고 싶다. 삼성과 이건희를 시나브로 망치는 사람들에 대한 '증언'이기 때문이다.

가령 삼성과 직접적 연관성을 맺고 있는 〈중앙일보〉를 보라. 초과이익공유제 소동 때와 똑같이 다시 이건희 회장의 발언을 사설 제목으로 삼았다. "못이 튀어나오면 때리려는 원리"라는 사설 제목(2011년 4월 23일자)이 그렇다. 이건희 회장이 보기엔 〈중앙일보〉 논설 책임자가 일을 참 잘한다며 흐뭇했을 성싶다.

하지만 과연 저널리즘으로 보아도 그럴까. 아니다. 비단 〈중앙일보〉만이 아니다. 어떤 언론인은 애플의 소송제기에 대해 이건희 회장이

던진 "못이 나오면 때리려는 원리"라는 발언을 두고 "짧으면서 핵심을 찌르는 이건희식 화법은 마치 화두를 던지듯 빠르고 날카롭다"고 썼다. 민망하다.

어떤가. "못이 나오면 때리려는 원리"라는 발언이 정말 탁월한 화법일까? 심지어 〈중앙일보〉가 사설 제목으로 올릴 정도일까? 상식으로 짚어보자. 그 말은 날카로운 화법이긴커녕 대단히 잘못된 비유다. 스스로 삐죽 나온 못을 자임하고 있지 않은가. 굳이 냉철까지 요구하지 않는다. 못이 나오면 때려야 한다. 그래야 모두 안전하다. 나온 못은 잘못 아닌가.

물론 나는 삼성전자 회장 이건희의 화법을 두고 시비를 걸 생각은 전혀 없다. 이건희는 화법 강사가 아니기 때문이다. 문제는 그 참모들과 들꾀는 언론인들이다. 〈중앙일보〉 사설은 이건희의 잘못된 비유를 사설 제목으로 삼아 짐짓 위엄을 떤다.

"세계 시장에서 한국 기업의 활약이 돋보이자 사방에서 때리기가 시작되는 느낌을 지울 수 없다. 이에 대해 이건희 삼성전자 회장도 '못이 튀어나오면 때리려는 원리'라며 '전 세계에서 우리에 대한 견제가 커지고 있다'고 우려했다. 앞으로 한국 기업이 잘하면 잘할수록 시샘과 견제는 더욱 심해질 게 분명하다."

사설 논리 전개로 보아도 '튀어나온 못'의 비유는 적절하지 않다. 튀어나온 못을 때리는 것은 시샘이나 견제가 아니다. 응당 해야 할 옳은 일이다. 회장 이건희에게 아첨을 늘어놓다 보니 그 잘못된 비유가, 그 품격 없는 화법이 눈에 들어올 리 없다.

더 큰 문제는 단순한 화법에 그치지 않는다. 삼성전자 집무실에 처음 나온 그에게 기자들이 출근한 이유를 묻자 "특별히 할 일이 없어서 왔다"고 답했단다.

과연 그래도 좋은가? 할 일이 없어 집무실에 나왔다? 묻고 싶다. 그 말살에 쇠살을 비판하는 언론은 왜 없는가? 삼성전자의 가장 기본이되는 부품을 생산하는 현장에서 애먼 젊은이들이 곰비임비 숨져 원혼이 되어가는데도 그 '총수'는 "할 일이 없어" 집무실에 처음 나왔단다.

그럼에도 한국 언론은 그의 화법을 찬양한다. 사설 제목으로 삼는다. 그들은 누구인가? 명토박아둔다. 삼성을, 이건희를 망치는 사람들이다. 새삼 궁금하지 않은가. 이 글을 이건희 회장에게 건넬 용기 있는 인재가 과연 삼성에 있을까? (2011. 04. 26)

삼성, 참 소중한 기업

삼성, 참 소중한 기업이다. 진정이다. 삼성은 대한민국 경제가 자랑하는 '브랜드' 아닌가. 굳이 삼성을 '소중한 기업'이라고 들머리에 못박아두는 이유는 순전히 윤똑똑이들 때문이다. 그들 가운데 더러는 삼성이나 이건희 회장을 조금이라도 비판할라치면 대뜸 '콤플렉스' 아니냐고 뱁새눈을 건넨다. 더러는 수출로 먹고사는 나라에서 철없는 짓이라고 도끼눈 부라린다. 어김없이 '친북좌파' 또는 '수구좌파'라며 살천스레 딱지를 붙이는 마녀사냥꾼도 활개 친다.

하지만 과연 그러한가. 전혀 아니다. 삼성을 비판하는 이유는, 아니정확히 말해서 삼성의 '황제' 이건희를 비판하는 까닭은 대한민국을 대표하는 기업이 삼성이어서다. 실제로 한국 경제에서 삼성이 차지하는 비중은 '국민기업'이라 할 만큼 높다. 삼성 때문에 대한민국이 먹고산다는 말이 무람없이 나올 정도다. 지나친 과장이지만 삼성의 비중을 과소평가할 이유는 전혀 없다.

문제의 핵심은 대한민국 대표기업 삼성이 '주머니 속 송곳'처럼 드러내는 천박성이다. 물론 젊은 세대가 삼성그룹에 들어가려고 줄 서 있는 현실을 모르지 않는다. 삼성 임직원의 평균 임금이 높다는 사실도, 세밑이 오면 보란 듯이 파격적으로 성과급을 지급한다는 사실도, 등기이사들이 받는 천문학적 연봉도 잘 알고 있다.

하지만 그게 전부일까? 결코 아니다. 삼성의 피라미드 조직에서 일하는 사람들의 실상을 보여주는 사건들이 최근 열흘 사이에 곰비임비 불거졌다. 저마다 한국 언론을 대표한다고 '자부'하는 신문들이 모르쇠했지만 하나하나가 일과성으로 넘겨선 안 될 사건이다.

먼저 삼성전자 엔지니어가 투신자살 97일 만인 4월 17일에 장례를 치른 사건이다. 설렘으로 입사한 스물네 살의 '신입사원'은 1년도 안 되어 화학물질로 인한 피부병에 걸리고 긴 시간 노동으로 스트레스에 시달렸다. 우울증으로 병가 끝에 다시 현장에 복귀한 날, 기숙사에서 몸을 던졌다. 여러 차례 자살을 시도했는데도 방치된 사실이 드러났다. 항의하는 유족에게 경비들은 폭력까지 휘둘렀다. 유족과 민주시민들이 끈기 있게 맞서자 삼성은 95일 만에 사과와 재발방지 대책을 약속했다. 그 과정에서 신문과 방송은 어떤 구실을 했는가. 자문해볼 일이다.

반도체 노동자들의 건강과 인권을 지키는 반도체노동자의건강과 인권지킴이(이후 '반올림')는 4월 7일 기자회견을 열었다. 반올림에 따르면 제보받은 120명 가운데 백혈병을 비롯해 림프 조혈계 암 환자가 56명에 이른다. 25명은 이미 숨졌다. 뇌종양, 유방암, 피부암도 있다. 삼성전자가 가장 많다. 반올림은 반도체 칩을 만드는 과정에서 유해 가스와 물질에 직접 노출된 탓이라고 분석했다. 기자회견에서 충격적 진실을 밝혔지만 대다수 기자들은 외면했다.

삼성에스디아이 직원들이 해고노동자를 미행하다 덜미 잡힌 사건까지 일어났다. 4월 13일 깊은 밤중에 일어난 일이다. 미행하다 되레 꼬리가 잡힌 '직원'은 항의하는 해고 노동자를 차에 매달고 도주하는 만행을 서슴지 않았다. 다행히 이를 목격한 택시노동자가 신고해 끔찍한 일은 막았다. 경찰에 연행된 직원은 '신조직문화사업국' 소속이란다. 해고노동자 사이에서 노조설립을 감시하는 부서로 알려져 있다. 대체 저들은 대한민국을 어떤 나라로 생각하는 걸까, 궁금할 정도다. 더 생게망게한 일이 있다. 그 명백한 불법 행위마저 자칭 '정론지'들은 눈감았다.

그래서다. 묻고 싶다. 대한민국을 대표하는 기업이 과연 그래도 좋은가. 언론인이라면 객관적으로 짚어보라. 대체 어떤 기업이 삼성처럼 사회적 문제를 곰비임비 일으키는가? 열흘 사이에 일어난 세 사건이 모두 시들방귀로 여길 사안인가? 신문과 방송이 보도하지 않거나 축소했기에 쟁점으로 부각되고 있지 못할 뿐이다.

삼성에서 불거지는 문제 앞에서 '가지 많은 나무 바람 잘 날 없다'며 짐짓 초연할 일이 아니다. 생산 현장에 발암 물질이 나오거나 노동조합 결성을 가로막는 일은 한국 민주주의 수준과 곧장 직결된다. 그 말은 보수언론이나 진보언론의 시각에 따라 달리 볼 문제가 아니라는 뜻이다. 윤똑똑이들 선동처럼 수구좌파의 '삼성 죽이기'는 더욱 아니다. 정반대다. 더 늦기 전에 삼성을 살리자는 절박한 제안이다.

무릇 절대 권력은 절대 부패하게 마련이다. 긴 인류의 역사가 '재스민 혁명'에 이르기까지 생생하게 입증해주지 않았던가. 대한민국에서 무장 커져가는 삼성의 권력, 삼성 내부에서 황제 이건희가 만끽하고 있는 권력은 절대적이다.

그래서다. 전혀 어려운 이야기가 아니다. 지금 이대로 간다면, 언론이 저 섬뜩한 천박성을 내내 모르쇠한다면, 삼성과 황제 이건희의 미래는 불을 보듯 뻔하다. 언제나 삼성을 두남두는 언론에 진정으로 호소한다. 더 늦기 전에 삼성을 살려야 한다. 삼성, 참 소중한 기업 아닌가. (2011. 04. 26)

한나라당 · 재벌 · 언론의 굳건한 3각동맹

선문답에 가깝단다. 칭찬인지 조롱인지 분간하기 힘든 묘한 뉘앙스였단다. 통찰력을 지닌 사람은 그 속을 읽었고, 그렇지 못한 사람은 헛다리를 짚었다고 강조한다.

어느 기자가 이건희 삼성전자 회장의 발언을 두고 쓴 기사 들머리다. 대체 이 회장의 어떤 발언이 기자에게 통찰력 넘실대는 선문답으로 들렸을까? 이 회장이 4월 28일 삼성전자로 출근하는 길에 기자들과 만나 공적 연기금의 의결권 행사에 "별로 신경 안 쓴다"고 답한 말이 그렇단다. 이 회장은 "공개적으로 행사하는 것은 환영한다"고 덧붙였다.

과연 무엇이 선문답이고 통찰력일까? 어느새 한국 언론은 이건희의 발언을 선문답으로 신비화하는 '경지'에 이르렀다. 두루 알다시피 이건희의 발언은 이명박 대통령의 핵심참모인 곽승준 미래기획위원장을 정조준하고 있다. 곽 위원장은 4월 26일 공적 연기금의 주주권 행사가 필요하다고 말했다.

현재 국민연금의 삼성전자 보유지분은 5퍼센트로 이건희 회장이 보유한 지분(3.38퍼센트)보다 많다. 그럼에도 이건희 회장이 별로 신경 안 쓴다고 답한 이유는, 더구나 공개적으로 행사하는 것은 환영한다고 밝힌 까닭은 간명하다. 기자 스스로 '선문답'을 풀이하고 있듯이 자신감이다.

곽 위원장의 발언에 곧장 '연금사회주의'로 붉은 색깔을 덧칠하거나 "노무현 정부보다 심하다"는 재계의 요란한 반응에 견주어 이건희 회장의 발언은 분명 다르다. 해볼 테면 해보라는 오만 또는 으름장이다. 회장이 발언할 때마다 '해명'에 바쁜 삼성은 이번에도 "시장경제에서 주주가 권리를 주장하는 것은 당연하다는 원칙론을 언급한 것"이라며 확대 해석을 경계했다.

물론 선문답으로 여기거나 확대 해석할 이유는 전혀 없다. 있는 그대로 보아도 충분해서다. 삼성 스스로 해명했듯이 시장경제에서 주주가 권리를 주장하는 것은 당연하다. 명토박아두거니와 이건희 회장도 '공개적 행사'는 환영한다고 말했다.

그렇다면 공은 청와대로 넘어갔다. 국민 세금을 쓰며 미래기획위원장 자리에 앉아 있는 곽승준은 자신의 발언에 책임을 져야 한다. 그럴 생각도 의지도 전혀 없으면서 불쑥 공적 연기금을 꺼내든 목적이 대통령의 '권위' 세우기에 있다는 사실을 모를 어리보기는 없다. 한나라당과 재계 사이에 오가는 선문답 아닌 신경전 앞에서 〈조선일보〉 강천석 주필이 모두 쓸려갈 수 있다며 쓰나미를 '경고'하고 나선 이유도 그 연장선에 있다.

"내년 4월 대지진에 12월 쓰나미인가" 제하의 강천석 칼럼(2011년 4월 30일자)은 "한나라당과 재계, 넓게 말해 이 땅의 보수세력에 아직 시간은 남아 있다"고 부르댔다. 그날 〈조선일보〉 사설은 내년 4월 총선에서 한나라당이 어떤 성적을 거두느냐는 12월 대선에 직접적인 영향을 준다며 이명박-박근혜 회동을 통해 "두 사람이 현재 권력의 성공과 미래 권력의 탄생을 위해 또 한 차례 정치적 타협을 이끌어"내라고 촉구했다. 박근혜를 내놓고 '미래 권력'으로 표기한 사실이 새삼 흥미롭다.

한나라당이 자신의 '텃밭'에서 패배한 4·27재보선 뒤 박근혜에 쏠리는 한국 언론을 톺아보면 새삼 대한민국을 지배하고 있는 '숨은 동맹'이 투명하게 드러난다. 한나라당 정권과 재벌(조선일보 주필의 표현처럼 '재계'라 해도 무방하다)이 아옹다옹하는 꼴을 개탄하며 '화합'과 '미래 권력의 탄생'을 주문하는 '언론'을 보라. 한나라당·재벌·언론이라는 3각동맹(한·재·언 동맹)의 검은 실체가 떠오른다.

4·27재보선에서 경제적 고통에 시달리는 민중의 심판을 받았는데도 민생 해결에 나설 섟에 대기업과의 '관계 정상화'에 더 급급한 이명박 정권이나 자신의 이익을 전혀 나누지 않으려는 인색한 재벌의

모습은 저들의 동맹자인 언론권력의 눈에도 볼썽사나울 수밖에 없을 터다.

기실 한나라당이 언제 민생 앞에서 정책다운 정책을 내놓은 경험이 있었던가. 재벌이 서민 앞에서 언제 '노블리스 오블리주'를 보여준 감동이 있었던가. 그럼에도 저들이 오늘처럼 건재하고 있는 까닭은 망국적인 지역감정과 편파적인 법집행에 더해 언론이 그들 쪽에 서서 여론을 만들어왔기 때문이다.

한나라당 정권과 재벌 사이에 툭툭 불거지고 있는 갈등을 언론권력이 서둘러 봉합하려고 나선 이유도 자칫 자신들의 3각동맹에 의도하지 않은 균열이 생기지 않을까 우려해서다. 2007년 대선 때도 그랬듯이 한·재·언 동맹은 자신들의 정치적·경제적 이해관계를 위해 다시 '단결'할 수밖에 없다. 이미 그 동맹으로 언론권력은 제법 쏠쏠한 전리품을 챙기지 않았던가. 저마다 하나씩 꿰찬 종합편성채널이 그것이다. 그렇다면 2012년 대선에서 저들이 나눠 가질 전리품은 또 무엇일까.

보라. 한나라당·재벌·언론의 3각동맹이 주권자인 국민 위에 군림하는 나라, 바로 허울뿐인 민주공화국 대한민국의 실체다. 선문답이 결코 아니다. (2011. 05. 10)

03
청년실업이
고작 동네북인가

자살자 급증이 최진실 탓이다?

최진실. 곰비임비 수난이다. 가여운 죽음에 이어 유골까지 도난당했었다. 그뿐이 아니다. 자살이 급증하자 이명박 정부와 신문, 방송이 무람없이 '최진실 탓'으로 몰아가고 있다. 8월 30일 통계청은 '2008년 사망원인 통계결과'를 발표했다. 2008년 자살한 사람은 모두 1만 2858명이다. 2007년보다 684명이나 늘었다. 통계청 당국자는 통계 결과를 발표하면서 '베르테르 효과'를 언급했다.

베르테르 효과(Werther effect). 유명인의 자살을 모방해 비슷한 방법으로 자살이 일어나는 현상을 이른다. 두루 알다시피 독일 작가 괴테의 소설에서 따온 개념이다. 통계청 발표가 있던 8월 30일 텔레비전 저녁뉴스와 다음 날 조간신문은 자살 급증을 보도하며 '베르테르 효과'를 부각했다. 대표적인 게 〈동아일보〉다. 이 신문은 아예 기사 제목에 "최진실 베르테르 효과"를 담았다. 기사는 첫 문장에서 "지난해 10월 2일 탤런트 최진실 씨가 자살한 이후 젊은층을 중심으로 모방자살이 한때 성행했던 사실이 통계로 나타났다"고 단정했다. 근거는 고 최진실이 자살한 10월에 자살자 수가 크게 늘었다는 데 있다.

〈중앙일보〉도 "최진실 씨 사망 이후 자살 사망이 급증했다"면서 "최 씨 사망 이후인 4분기 자살자가 작년 전체 자살자 중 33퍼센트를 차지했다"고 썼다. "유명인과 동일시하는 '베르테르 효과'거나 적어도 (최 씨 자살이) 내재돼 있던 자살 충동을 자극한 것으로 보인다"는 통계청 관계자의 말도 기사화했다.

한낱 추측에 지나지 않는 통계청 관계자의 '해석'과 신문·방송의 보도로 정작 중요한 사실은 묻혀지고 있다. 자살률 통계가 집계된 나라 가운데 그 비율이 가장 높고, 취업난에 시달리는 20대와 30대의 사망 원인 1위가 자살이라는 처참한 현실이 그것이다.

그렇다. '베르테르'나 '최진실'로 호도할 때가 아니다. 자살은 10월에만 늘어난 게 아니다. 11월과 12월에도 늘었다. 무엇을 뜻하는가. 2008년 9월부터 몰려온 경제위기와 고용한파에 더 주목해야 옳다. 여러 통계로 뒷받침할 수 있다. 가령 경찰청이 집계한 2008년 자살자 통계에 따르면 경제적 이유로 자살을 선택한 사람이 크게 늘었다. 특히 식당, 주점, 서비스업과 같은 영세자영업자의 자살비율이 가파르게 치솟았다.

앞서 통계청이 발표한 '2008년 사회조사'를 보아도 문제의 핵심은 또렷하다. 조사에 따르면 "지난 1년 동안 한 번이라도 자살을 하고 싶다는 생각을 품은 적이 있다"고 답한 사람이 7.2퍼센트에 이른다. 자살을 생각한 원인 가운데 가장 많은 비율이 바로 '경제적 어려움' (36.2퍼센트)이었다. 그 뒤를 '가정불화'(15.6퍼센트)가 이었다. 가정불화가 경제적 어려움으로 빚어지는 일이 많다는 사실을 감안하면 경제적 요인이 결정적이다. 20대, 30대, 40대, 50대 모두 가장 큰 이유가 '경제적 어려움'이다. 특히 40대와 50대는 50퍼센트에 이른다. 가정불화가 경제적 어려움으로 빚어지는 일이 많다는 사실을 감안해 '가정불화'까지 더하면 70퍼센트다.

그럼에도 자살률 급증 통계 앞에서 고 최진실을 끌어내는 게 과연 정부 당국자가 할 소리인가. '베르테르 효과'라는 낭만적 주장을 신문과 방송이 나팔 불어도 좋은가.

가파르게 치솟은 자살률 앞에 저린 가슴으로 쓴다. 베르테르와 최진실을 들먹이는 정부와 언론에 명토박아 쓴다. 더는 언구럭부리지 말라. '약속'대로 경제를 살려라. 이미 잘살고 있는 10퍼센트, 기껏해야 20퍼센트의 경제가 아니다. 국민 대다수 민중의 경제를 살려라.
(2009. 08. 31)

정권 잡아보지 그래?

청년실업이 해결할 과제란다. 이명박 정권의 '경제수장'을 맡고 있는 윤증현 기획재정부 장관의 말이다. 윤 장관은 2011년 3월 16일 정부 중앙청사에서 열린 경제정책조정회의에서 "최근 경기 회복과 함께 일자리가 늘어나고 있지만 고용시장에는 몇 개 해결해야 할 과제가 있다"면서 '청년층 고용부진'을 꼽았다.

좋은 일이다. 청년실업이 해결할 과제라는 장관의 말에 반가운 사람들이 참 많을 듯하다. 하지만 조금만 더 생각해보자. 황당하지 않은가? 마치 남 이야기하듯이 해결할 과제라고 짐짓 강조하는 장관의 모습은 '입발림' 아닌지 의문까지 든다.

이명박 정권이 모처럼 청년실업을 언급한 말을 두고 입발림이라거나 한가하다고 비평하는 데는 그럴 만한 이유가 있다. 회의에서 윤 장관은 "서비스업 선진화와 신성장동력 육성 등 다각적인 노력이 이뤄지고 있지만 거시적 정책 아젠다 외에 미시적 측면에서도 고용지원 체계의 효용성을 점검해볼 필요가 있다"고 주장했다.

얼핏 대책을 고민해왔다는 느낌도 받을 수 있다. 하지만 전혀 아니다. 윤 장관의 말을 분석해보면 정부가 거시적 정책을 할 만큼 했지만 효과가 없으니 이제 미시적 측면에서 접근하겠다는 뜻이 읽혀진다.

과연 그럴까? 전혀 아니다. 젊은 세대가 온몸으로 절감하고 있듯이 청년실업은 20대의 가슴을 온통 피멍들게 하고 있다. 통계청이 같은 날 발표한 2월 고용동향에 따르면 청년층(15~29세) 실업률은 8.5퍼센트로 2010년 12월(8퍼센트) 이후 3개월째 8퍼센트 대를 기록했다.

대책이 없을까? 이 또한 전혀 아니다. 청년실업을 '청년고용할당제'로 풀자는 이야기가 오래전부터 제기되어왔다. 당장 민간 싱크탱크인 새사연은 2006년 창립 이후 줄곧 청년고용할당제 도입을 촉구해왔다. 새사연만이 아니다. 한국비정규노동센터도, 청년유니온도, 시민회의도 청년고용할당제를 곰비임비 제안해왔다.

하지만 이명박 정권은 쇠귀에 경 읽기로 일관해왔다. 윤증현 장관이 미시적 대책을 운운하던 바로 그날 새사연은 〈계속되는 청년고용 문제—2011년 2월 고용시장 분석 : 월간 고용시장 모니터〉 보고서를 내놓았다. 보고서(http://www.saesayon.org)에 따르면 20대의 비정규직 노동자 비중은 다른 연령대에 비해 높을 뿐만 아니라 같은 비정규직이라도 청년층의 경우 30대나 40대 임금 노동자들보다 낮은 임금을 받고 있는 것으로 나타났다.

보고서는 청년고용문제를 해결하기 위해 "정부의 책임 있는 정책이 요구"된다며 청년고용할당제의 도입과 함께 "일자리를 구하지 못하고 실업상태에 직면할 수 있는 청년층을 보호하기 위한 실업부조 도입"을 제안하고 있다. 아울러 현재 취업을 하지 못한 청년층의 숙련을 높일 수 있는 교육훈련 정책도 제시했다.

하지만 이 또한 외면당할 게 분명하다. 그래서다. 새삼 묻지 않을 수 없다. 해결할 정책은 있는데, 그 정책을 줄기차게 제기해도 저들이 채택하지 않고 언구럭만 부릴 때 민주시민들은 어떻게 해야 옳을까? 언제까지 청원만 해야 할까?

저들이 킥킥대는 조소가 메아리쳐 울리는 듯하다. "능력 있으면 정권 잡아보지 그래?"(2011. 03. 18)

04

삼성의 희생양은
바로 우리들

삼성에 행복 빼앗긴 두 여인

삼성전자. 좋든 싫든 한국을 '대표'하는 기업이다. 젊은이들이 가장
가고 싶어 하는 기업에서도 1위다. 보도자료를 내 밝혔듯이 2009년
사상 최대 실적을 내며 세계 전자업체 1위 자리에 올랐다.

　신문과 방송이 대서특필했다. 홍보효과도 뛰어났다. 기실 사실 아
닌가. 삼성전자가 발표한 2009년 실적은 놀랍다. 2008년에 견줘 영
업이익이 91.2퍼센트나 늘었다. '매출 100조 원-영업이익 10조 원'
의 한 해 동시 달성을 국내 기업 처음으로 기록했다. 미국 휴렛패커드
와 독일 지멘스를 제쳤다. 문제는 비단 그것만이 사실은 아니라는 데
있다. 또 다른 사실에 눈 돌릴 때다. 축배에 어느새 묻히고 있지만 삼
성전자 부사장 고(故) 이원성을 톺아보자.

2010년 1월 26일 삼성전자 부사장급인 이원성은 자신이 살고 있던 서울 삼성동의 고층아파트에서 몸을 던졌다. 고통으로 신음하던 그를 발견한 경비원들이 급히 병원으로 옮겼지만 곧 숨을 거뒀다. 고인의 자살을 두고 여러 말이 오갔다. 하지만 보유한 주식만 70억 원이 넘어서일까. 그의 죽음에 심지어 조소까지 던져졌다.

과연 그렇게만 넘겨도 좋을까. 아니다. 고인은 삼성의 부사장 이전에 한국 전자업계의 인재다. 전 세계 삼성그룹 계열사 임직원 16만 명 가운데 단 열세 명의 최고급 기술자만 받은 이른바 '삼성 펠로우'의 한 사람이다. 1981년 서울대학교 전자공학과를 졸업하고, 1983년 카이스트 석사, 1989년 미국 스탠포드 대학교에서 전자공학 박사학위를 취득한 뒤 일본 통신업체를 거쳐 1992년부터 삼성전자에서 일해왔다.

고인이 자살한 정확한 이유는 알려지지 않았다. 고인의 아내가 경찰 진술에서 "남편이 인사 문제로 많이 괴로워했고, 못 마시는 술을 최근 자주 마시고 들어왔다"고 밝힌 대목만 전해질 뿐이다. 한 순간에 남편을 잃은 고인의 아내에게 진심으로 위로의 말을 전한다. 고인의 아내 심경을 헤아리며 문득 또 다른 삼성 직원의 아내가 떠올랐다.

박미경. 삼성 해고노동자의 아내다. 삼성에스디아이에서 1998년 해고당한 남편 송수근은 살아 있다. 하지만 삼성에서 해고당하고 복직투쟁을 하던 중에 고통과 구속으로 건강을 잃었다. 장애등급 5급 판정을 받았다. 자신도 삼성에 몸담았던 박미경 씨는 《들꽃은 꺾이지 않는다》는 책을 펴내 남편의 억울함을 낱낱이 고발했다. 하지만 박미경 씨의 외로운 싸움은 신문과 방송의 외면을 받았다. 힘이 모아지지도 않았다. 남편은 복직이 되기는커녕 건강을 잃었다. 행복했던 가정은 오랜 싸움으로 피폐해질 대로 피폐해졌다.

물론 삼성의 해고노동자 아내와 삼성전자 부사장의 아내는 상황이 다르다. 고 이원성이 삼성의 피라미드 구조 꼭대기에 있었다면 송수근은 몸으로 일하는 현장에 있었다. 하지만 공통점이 있다. 비인간적 기업문화와 살천스런 경쟁체제의 희생자라는 사실이 그것이다.

박미경 씨는 언론과의 인터뷰에서 무람없이 "남편이 불쌍하다"고 토로했다. 어떤가. 삼성 해고노동자 아내의 그 말은 지금 삼성전자 부사장 아내의 심경 아닐까. 남편이 정녕 불쌍하지 않은가.

우리는 대한민국 전자산업의 최고급 인재를 어이없이 잃었다. 그가 왜 죽음을 선택했는지, 가능하다면 고인의 아내가 나서서 증언해주길 나는 기대한다. 유서를 공개하고, 다시는 유사한 일이 일어나지 않도록 싸워야 옳다. 남편이 헌신해온 삼성전자의 미래를 위해서도 그렇다. 돈도 힘도 없던 해고노동자의 아내 박미경 씨는 그 일을 지금까지 줄기차게 해오고 있다. 고인의 명복을 빈다. (2010. 02. 01)

스물셋 여직원의 목숨값

삼성그룹의 힘은 어디까지일까. 과대평가할 일도, 과소평가할 일도 아니다. 있는 그대로 보는 게 중요하다. 김용철 변호사가 삼성 비자금을 천주교 정의구현사제단과 함께 낱낱이 고발할 때, 이건희 회장이 그 상황을 어떻게 빠져나갈 수 있을까 궁금했다.

결국 이명박 정권이 들어서고 이건희 회장은 감옥 한 번 들어가지 않은 채 사면까지 챙겼다. 김 변호사가 최근 출간한 책 《삼성을 생각한다》도 언론으로부터 외면받고 있다. 저자나 출판사 모두 기사를 기대하지는 않았을 터다. 문제는 신문시장을 독과점한 신문사들이 돈을 내고 광고를 하겠다는데 그조차 이런저런 이유로 거부한다는 데 있다. 아직 그 책을 읽지는 않았다. 다만 〈한겨레21〉 정혁준 기자가 책 출간을 앞두고 김 변호사와 나눈 기사만 읽었을 뿐이다. 기사를 읽던 내 눈길을 단숨에 끈 대목이 있다.

"생일날에도 이 전 회장은 달랐다. 손님들에겐 냉동 푸아그라(거위간 요리)가 나왔으나, 이 전 회장 부부에게는 냉장 푸아그라가 나오더라. 이 전 회장은 1000만 원짜리 와인을 마시고 있었다. 이 전 회장 집에 1층과 지하를 연결하는 엘리베이터가 있어 놀라웠다. 장롱은 유명 명인이 만들었고, 어떤 방에는 골프채가 그득했다."

'거위 간 요리'는 짐작이 잘 가지 않는다. '와인'은 다르다. 1000만 원짜리 술을 마시는 이건희의 모습이 떠올랐다. 실소를 참으려 그냥 넘어갔다. 기실 대자본가의 과시적 행태가 결코 새삼스런 일은 아니잖은가. 애써 잊으려 했다. 미국의 자본가들도 19세기에 100달러짜리 지폐로 담배를 말아 피우지 않았던가. 하지만 최근 출간된 《삼성반도체와 백혈병》을 읽으면서 끝내 분노를 삭일 수 없었다. 시인 박일환이 반올림(http://cafe.daum.net/samsunglabor)과 함께 쓴 그 작은 책에는 삼성반도체 기흥공장에서 일하다 스물세 살 나이에 핏빛 한을 남기고 숨진 황유미의 삶과 죽음이 고스란히 담겨 있다.

반올림에 따르면 삼성반도체 공장에서 일하다 백혈병이나 림프종 등에 걸려 사망하거나 투병 중인 노동자들이 스무 명이 넘는다. 황유미도 그 가운데 하나다. 황유미가 치료받고 있을 때 삼성반도체는 강원도 속초에서 택시를 모는 아버지 황상기 씨를 만나 "사표를 내면 (병원비를) 다 물어주겠다"고 약속했단다. 하지만 정작 사표를 내자 태도가 바뀌었다. 현금 500만 원을 들고 와서 "이것밖에 없으니 이것으로 끝내자"고 했다. 당시 병원비는 8000만 원이었고, 사내모금으로 4000만 원은 그 이전에 받았다. 병원비를 "다 물어주겠다"던 약속과 달리 500만 원만 달랑 내미는 모습을 어떻게 보아야 옳은가. 물론 생전의 고인과 가족이 요구한 산재처리도 받아들여지지 않았다.

모든 선입견을 버리고 사실만 주목해보자. 삼성반도체에서 일하던 스물세 살의 여직원(여성 노동자)이 병으로 숨졌다. 고인이 일하던 일터에서 발암물질이 발견됐다. 같은 병으로 죽거나 고통받고 있는 사람들이 줄 서 있다. 그럼에도 삼성은 스물세 살에 죽은 여직원의 유족에게 약속과 달리 남은 병원비 4000만 원 가운데 겨우 500만 원을 주며 "이것밖에 없다"고 했다.

조용히 묻는다. 과연 삼성이 '그것'밖에 없는가? 죽은 여직원의 총수 이건희는 1000만 원짜리 술을 거위 간 요리와 함께 즐긴다. 과연 우리가 지금 어느 시대에 살고 있는가? 과연 지금이 21세기 민주주의 사회인가? 문득 저 조선시대 〈춘향전〉의 이몽룡 시 첫 구절이 떠오른다.

"金樽美酒千人血 玉盤佳肴萬姓膏."*(2010. 02. 05)

——

* 주인공 이몽룡이 암행어사가 되어 변학도의 잔칫상에서 쓴 한시 첫 대목이다. 금준미주천인혈(금으로 만든 잔에 향기로운 술은 천 사람의 피요), 옥반가효만성고(옥으로 만든 쟁반에 기름진 안주는 만 백성의 살점이라). 이어지는 구절은 촉루낙시민루락 가성고처 원성고(燭淚落時民淚落 歌聲高處怨聲高: 촛불 눈물 떨어질 때 백성 눈물 떨어지고 노래 소리 높은 곳에 백성들의 원망소리 높더라)로 통렬하다.

이명박의 권력, 이건희의 세상

이명박과 이건희. 대한민국을 대표하는 권력자다. 누가 더 권력이 센
가를 묻기란 이미 철없는 짓이다. 아직도 이명박의 권력이 세다고 혹
시 생각한다면, 2011년 현재 누가 권력을 한껏 누리고 있는가를 톺아
볼 일이다.

보라. 삼성전자 회장 이건희의 권세는 하늘 높은 줄 모른다. 그는
전국경제인연합회 회의를 취재하는 기자들 앞에서 이명박 정부를 겨
냥해 서슴없이 '낙제'라는 말을 들먹였다. 물론 이건희는 경제정책을
낙제라고 명토박지는 않았다. 짐짓 노회하게 "흡족하다기보다는 낙
제는 아니라고 본다"고 말했다. 어떤가. '낙제'라고 한 말보다 더 비
위 상할 성싶다.

실제로 그의 말이 전해지자 청와대는 불편한 심경을 드러냈다. 하
지만 '시원한 소리'는 없었다. '총대'를 멘 것은 청와대가 아니었다.
나흘 뒤 기획재정부 장관 윤증현이 국회 질의응답 과정에서 이건희의
발언을 비판하고 나섰다.

신문과 방송은 윤증현의 비판을 간단히 보도하거나 모르쇠했다. 비
교적 길게 보도한 한 신문은 윤 장관이 "강하게 비판했다"고 기사화
했다. 하지만 정작 보도 내용을 짚어보면 그렇지도 않다. 윤 장관은
"당혹스럽고 실망스럽기까지 하다"고 말했을 뿐이다. "전대미문의 경
제위기 극복에 정부 역할이 상당했다는 건 국내뿐 아니라 외국 석학
과 언론, 국제기구도 인정하는 사실"이라는 장관의 말에선 어딘가
'아랫사람'의 억울함마저 느껴진다.

그렇게 판단하는 근거는 더 있다. 이건희에게 정부 정책 중 어떤 면이 겨우 낙제점을 면할 정도인지 묻고 싶다는 발언까진 강경하다고 받아들일 수도 있다. 하지만 곧이어 "지적하면 수정하겠다"고 말했다. 얼핏 자신감 넘치는 발언으로 들릴 수도 있지만 장관이 굳이 '지적'이나 '수정'이라는 말까지 쓸 필요가 있었을까? 전형적인 아랫사람의 화법이다.

대한민국이 '이건희의 세상'임을 스스로 감지하고 있어서일까. 정부의 경제정책에 낙제점만 거론한 게 아니다. 동반성장위원회 위원장 정운찬이 제기한 초과이익공유제를 살천스레 비판했다. "기업가 집안에서 자라나 경제학 공부를 해왔으나 듣도 보도 못한 말로 이해가 되지 않는다"는 원색적 발언에 이어 "사회주의·공산주의·자본주의 어떤 국가에서 쓰는 말인지 모르겠다"며 빨간 색깔까지 칠하고 나섰다. 이건희가 삼성의 황제만이 아니라 대한민국의 황제가 아닌가 싶을 정도다. 그의 발언이 전해지자 '재계'에선 "시원하다"거나 "할 말을 제대로 했다"고 반겼다.

물론 서울대학교 총장과 국무총리를 역임한 경제학 교수 정운찬도 가만히 있지는 않았다. 그는 이익공유제를 제안하게 된 가장 직접적 계기가 바로 삼성이라고 말했다. 색깔론이나 이념 잣대로 매도하는 언행에 발끈한 심기가 묻어난다. 하지만 그 또한 "자신이 공부한 책에서 본 적이 없다고 해서 그 의미를 평가절하하시는 것"은 온당한 태도가 아니라며 사뭇 '예의범절'을 지켰다.

기실 정운찬의 제안은 스스로 설명했듯이 경영자, 노동자, 협력업체가 공동의 노력으로 달성한 초과이익이라면 협력업체에도 그 성과의 일부가 돌아가도록 하자는 성과공유제의 일종이다. 〈조선일보〉조차 사설에서 지적했듯이 정운찬의 제안은 기업의 이익 잉여금이나 주주들 몫을 강제로 빼앗겠다거나 협력업체와 노동자들에게 분배하겠다는 내용이 아니다. 물론 이 신문이 정운찬을 두남둔 것은 전혀 아니다. 양비론을 폈을 뿐이다.

〈중앙일보〉는 더 나아갔다. "초과이익공유제, 무슨 말인지 모르겠다"는 이건희의 발언을 아예 사설 제목으로 삼아 정운찬의 제안이 자본주의와 헌법 정신을 뒤흔드는 중대 사안이란다. 국민들은 혼란스러울 수밖에 없다고 부르댔다. 〈동아일보〉 사설 또한 시장경제 원칙에 어긋날 뿐더러 기업의 자율적 상생 실천에도 맞지 않는다며 정부가 공식적으로 철회하는 것이 옳다고 주장했다.

오해 없기 바란다. 나는 지금 〈중앙일보〉 고위 언론인들에게 이건희가 어떤 존재인가를 모르고 있거나 〈동아일보〉가 이건희 가문과 사돈을 맺은 사실을 몰라서 이 글을 쓰는 게 아니다. 다만, 제 세상이라도 만난 듯 거침없이 행세하고 있는 한 기업인 앞에 언론의 본령은 어디에 있는가를 함께 성찰하고 싶을 뿐이다.

만일 정운찬이 제시한 초과이익공유제가 참으로 공산주의적 발상이라면, 헌법정신을 뒤흔드는 사안이라면 저들이 벌이는 색깔론이나 양비론에 굳이 비평을 하고 나설 이유는 없을 터다. 하지만 시각의 차이가 아니라 사실의 문제다. 이정우 교수(경북대학교·경제학)도 지적했듯이 초과이익공유제는 엄연히 경제학 책에 나오는 개념이다. 그 제도의 효시 또한 미국이다. 제퍼슨 정부 시절에 이미 도입했다. 과거의 제도만이 아니다. 2011년 현재 삼성전자보다 더 세계적 주목을 받고 있는 애플사는 협력업체와 3:7로 이익을 나누고 있다.

사실 관계가 그렇다면 언론이 할 일은 무엇인가? 마땅히 한 기업인의 오만한 언행, 사실과 다른 색깔 선동을 비판해야 옳다. 정치권력보다 더 강력한 힘을 행사하고 있는 이건희에게 이명박 정부의 고환율 정책으로 삼성을 비롯한 수출대기업들이 얼마나 큰 이익을 챙겼는지를, 반면에 서민들은 얼마나 큰 고통을 겪고 있는가를 있는 그대로 일러주어야 한다. 이명박 대통령의 '1인 사면'으로 이건희가 얼마나 큰 혜택을 누렸는가도 새삼 깨우쳐주어야 옳다. 대통령 이명박의 '억울함'을 위해서가 아니다. 새삼 강조하지만 모든 권력의 감시가 저널리즘의 본령이기 때문이다.

그래서다. 보수와 진보의 문제가 결코 아니다. 2011년을 저널리스트로 살아가고 있는 사람이라면 어느 자리에 있든 스스로에게 한 번쯤 진지하게 묻고 정직하게 답할 때다. 나는 지금 서 있는 자리에서 온전히 저들을 감시하고 있는가를, 이명박과 이건희를. (2011. 04. 04)

05

한가하고 한심한
'경제석학'

정운찬의 '마당발' 그 놀라운 '크기'

정운찬이 부럽다. 그가 총리가 되어서가 전혀 아니다. 그의 '마당발'
이 그렇다. "학계는 물론 정·관·재계, 문화·스포츠계 등 전방위로
인맥이 뻗어 있다. 사람 만나는 것을 즐기고 인연을 오래 이어가는 스
타일"(중앙일보)이고 "여야−이념 넘나드는 마당발"(동아일보)이란다. 그
가 "자타공인 마당발"이며 "휴대폰엔 2천 명 지인 입력"이라는 큼직
한 표제를 단 언론도 있다.

신문과 방송이 앞 다퉈 칭송한 그의 마당발에 견주면 내 발은 얼마
나 평범한가. 다만, 과연 그가 '학자'였는지 의문은 든다. 지식인, 특
히 사회과학자로서 가능한 일인지 내 깜냥으로는 이해하기 어렵다.
아무래도 내 발의 '크기' 탓일까?

정운찬의 마당발 크기가 어느 정도인지 가늠할 수 있는 기사를 소개한다. 〈조선일보〉 사장의 둘째아들 결혼식 때다. 정·관·재계인사 3000여 명이 참석했다. 기사를 읽어보자(한겨레 2008년 3월 29일자).

방상훈 조선일보 사장의 차남 방정오(28) 씨 결혼식이 28일 낮 대한성공회 서울주교좌성당에서 한승수 국무총리 등 정·관·재계 주요 인사 등 손님 3000여 명이 참석한 가운데 성황리에 치러졌다. 이날 결혼식에는 최시중 방송통신위원장, 임채진 검찰총장 등 이명박 정부의 핵심 인사들과 박진·정두언·원희룡 등 한나라당 의원들이 대거 참석했다. 또 이재용 삼성전자 전무, 현정은 현대그룹 회장, 최태원 에스케이그룹 회장 등 재계 인사들과, 홍석현 중앙일보 회장, 엄기영 문화방송 사장, 장상환 매일경제 회장 등 언론계 인사들도 결혼식장을 찾았다. 학계에서는 손병두 서강대 총장과 정운찬 전 서울대 총장, 어윤대 전 고려대 총장 등이 참석했다.

기사 전문이다. 〈조선일보〉 사장 집안의 결혼식에 들뀐 면면은 〈조선일보〉가 지닌 '권력의 크기'를 입증해준다. 맨 아랫줄에서 궁금증은 더 커진다. 이미 총장직에서도 물러난 교수 정운찬은 왜 〈조선일보〉 사장의 둘째아들 결혼식까지 챙겼을까. '진정한 마당발'로 감탄만 하기엔 어딘가 씁쓸하다.

'4대강 토목공사'를 비호하며 이명박 대통령과 경제를 바라보는 시각이 같다고 부르대는 놀라운 그의 '변신'은 이미 저 결혼식 하객 명단에 '노출'되었던 게 아닐까. 그가 앞으로 어떤 길을 걸어갈지 훤하게 보인다면 지나친 혹평일까. (2009. 09. 07)

참여도 순수도 아닌

순수와 참여. 한때 지식인을 가르는 기준이었다. 군부독재 시기, '순수문학'을 자부한 윤똑똑이들이 그랬다. 물론 그들의 생활은 순수하지 않았다. 심지어 가장 현실적인 사회과학인 경제학조차 그랬다. '순수경제학'이라는 가당치 않은 말이 퍼져 있었다.

군부독재가 물러나면서 순수와 참여라는 생게망게한 구분은 시나브로 사라졌다. 하지만 말의 혼란은 가시지 않았다. 이명박 정권의 총리로 등장한 정운찬 교수를 보자. 대다수 언론이 그를 '마당발'로 소개했다. 각계에 거미줄 인맥을 갖췄단다. 좌에서 우까지 폭넓게 포진했단다.

도통 이해하기 어렵다. 모든 이에게 좋게 평가받는 사람을 경계한 공자는 접어두자. 교수, 특히 사회과학자가 좌에서 우까지 마당발이 가능한가? 더 말살에 쇠살은 마당발 교수의 '참여론'이다. 교수 정운찬은 평소 '책상머리'보다 '현실참여'를 강조했단다.

물론 경제학자가 '순수경제학'을 고집하지 않고 '참여'를 고심한다면 대견한 일이다. 하지만 문제는 무엇이 순수이고 무엇이 참여인가에 있다. 누구도 특정 사회로부터 자유롭지 못하기 때문이다. 가령 순수문학이나 순수경제학 또한 특정한 참여다.

정운찬은 서울대학교 경제학과에서 30년 넘게 강의했다. 총장까지 지냈다. 그 격동의 세월 내내 그는 과연 어느 곳에 참여했을까? 김대중·노무현 정부는 물론 친민주당 지식인들까지 그를 높이 평가할 때마다 나는 참 궁금했다. 대체 정운찬은 무엇을 해왔을까. 굳이 해직 교수들과 그를 비교할 생각은 없다. 삶의 대부분을 대학 밖에서 경제학자로 걸어간 고(故) 박현채와 견주기란 더 그렇다.

이미 서울대는 김수행 교수의 정년퇴임으로 진보적 경제학의 씨가 말랐다. 학생들 요구는 묵살당했다. 명토박아둔다. 교수의 현실 참여는 총리를 비롯한 '권력의 자리'에 나가야 가능한 게 아니다. 참여는 자신이 몸담은 대학 현장에서 시작해야 옳다.

가령 박정희가 민주주의를 압살하던 시기에 몇몇 교수들은 학생 속으로 들어가 토론하며 그들을 지식인으로 키워갔다. 그 시기 대학이 민주주의의 진지였던 까닭도 학생들과 더불어 호흡하는 몇몇 교수의 열정과 헌신이 있었기에 가능했다. 요즘은 어떤가. 그런 교수가 아예 없는 대학이 많고 있더라도 극소수다.

언제부터인가 교수의 현실 참여는 학생들과 무관하게 이뤄졌다. 김대중·노무현 정부를 거치며 그나마 개혁적 교수들이 학교 밖 활동에 분주하면서 대학의 보수화 또는 수구화가 더 짙어갔다. 신자유주의 체제에 친화적인 교수가 80퍼센트에 이른다는 분석도 있다.

흔히 대학생 보수화를 들먹인다. 그런데 교수가 무람없이 그런 진단을 내리거나 그 책임을 학생들에게 돌리는 모습은 민망하다. 묻고 싶다. 대학생 보수화를 개탄하는 교수들은 과연 얼마나 학생들에게 다가갔을까. 학생 속으로 들어가 학습 동아리를 만들며 그들이 처한 현실을 어떻게 넘어설까를 더불어 모색해가는 지성인이 오늘의 대학에 얼마나 될까. 보수 또는 수구가 절대다수인 교수 사회, 그나마 일부인 '참여 교수'들은 밖으로 나도는 강단 현실이 20대의 좌절을 무장 깊게 해온 중요한 이유는 아닐까.

바로 그 맥락에서 정운찬 교수의 현실참여론은 소가 웃을 일이다. 신자유주의를 '유일신'으로 숭배하는 부라퀴들이 활개 치는 한국 경제계에서 그가 참여할 수 있는 길은 지금도 곳곳에 나 있다. 현실참여를 언죽번죽 부르대며 시장만능주의 정권의 총리로 들어가는 그의 '지성'이 천박하게 다가오는 까닭이다. 그렇다. 이명박 정권의 총리로 나선 정운찬의 '결단'은 결코 참여가 아니다. 그렇다면 순수일까. 더욱 아니다. (2009. 09. 08)

정운찬의 참 편한 청년실업관

미리 밝혀두고 싶다. 나는 정운찬 총리후보에 대한 환상이 전혀 없다. 그에게 힘을 실어주어야 옳지 않느냐는 의견에도 동의하지 않는다. 용산 철거민 참사를 보는 그의 오만한 인식 때문만이 아니다. 설령 이명박 정권의 경제정책이 다소 바뀐다더라도 그것은 정운찬 때문이 아니라 아래로부터의 국민적 압력 덕분이라고 판단하기 때문이다.

다만 적어도 대학총장을 역임한 경제학자로서 경제현실을 바라보는 눈이 조금은 트여 있으리라고 믿었다. 하지만 청문회를 지켜보며 그 믿음조차 사라졌다. 그가 기업체 회장으로부터 '용돈'을 받았다거나, 그 용돈이 두 차례에 1000만 원이라거나, 국립대학교 총장을 지낸 공무원으로서 겸직수입을 올린 사실은 접어두자. 경제 이전에 도덕성과 법적 문제 아닌가.

소문난 '경제석학'의 실상이 드러난 대목은 청년실업 문제다. 청년실업 대책을 묻자 그는 사뭇 당당하게 말했다. "청년들이 눈높이를 낮춰야 한다."

총리후보 정운찬은 이어 "대학진학률이 84퍼센트를 넘어 88퍼센트에 이르렀다"고 지적한 뒤 거의 모두 대학을 가고, "굉장히 높은 샐러리(봉급)의 직장을 가려 한다"고 꼬집었다. 따라서 그의 대책도 '명료'하다. "청년들에 대한 계도나 인포메이션(정보)을 제공해서 해결할까 생각"한단다.

어떤가. 30년 넘게 경제학을 강의한 '석학교수'로선 너무 한가하지 않은가. 아니, 더 정확히 명토박자. 한가한 게 아니라 한심하다. 그는 이명박 대통령이 경제현실을 잘 알고 자신은 이론을 잘 안다는 발언도 했다. 두 사람이 힘을 모을 때의 '효과'를 은근히 과시한 대목이다.

하지만 청년실업을 바라보는 정운찬 총리후보의 '이론'이나 이명박 대통령의 '현실 인식'은 그 한가함과 한심함에서 오십보백보다. 이미 이 대통령은 2008년 12월 라디오 연설에서 청년실업의 '해법'으로 이른바 '도전정신'을 언죽번죽 내놓은 바 있다. 그는 대기업보다 중소기업에서, 냉난방 잘 되는 사무실보다 현장에서 일자리를 적극 모색하라고 부르댔다. 고용지원센터, 청년인턴제를 비롯해 정부 정책을 소개했다.

다 접어두자. 대통령의 '대책' 뒤로 아홉 달이 지났다. 청년실업은 당연히 더 심각해졌다. 그럼에도 노상 '도전정신'이나 '눈높이' 타령을 해도 좋은가? 백번 양보해서 이명박 대통령은 본디 그러려니 할 수도 있다. 하지만 서울대학교 총장을 역임한 경제학 교수로서 총리후보가 된 정운찬이 할 말은 아니다. 청년실업 대책으로 꼭 눈높이를 들먹이고 싶다면, 적어도 정운찬은 대기업과 중소기업 사이의 현저한 임금격차나 비정규직의 만연과 같은 일자리 차별 해소에 적극 나서겠다는 말을 강조해야 옳았다.

더구나 청년실업 대책이 없는 것도 아니다. 가령 새사연은 이미 '청년고용할당제'를 대안으로 제시했다. 청년 신규채용 목표를 미리 정하고 채용할 여력이 있는 대기업과 공기업, 공공부문을 골라 기업 규모에 따라 할당하는 제도다. 청년 채용을 빌미로 기존 인력을 구조조정하는 일은 금해야 함은 물론이다.

정운찬 후보에게 청년고용할당제도를 받으라고 '청원'할 뜻은 전혀 없다. 묻고 싶을 따름이다. 대학총장으로 그나마 '신망'받던 정운찬마저 청년실업 문제를 무람없이 청년 탓으로 돌린다면, 과연 오늘의 20대는 누구에게 희망을 찾을 수 있을까. (2009. 09. 22)

박근혜가 이명박과 다르다? 소가 웃을 일

대통령 후보로 유력한 박근혜가 다시 화려하게 나섰다. 이명박 대통
령과의 차별성을 한껏 과시했다. 2011년 3월 31일 대구를 방문한 자
리였다. 이명박 정부의 '동남권 신공항 백지화' 결정을 강도 높게 비
판했다. 국민과의 약속을 어겨 유감스럽단다. 박근혜는 동남권 신공
항은 계속 추진해야 한다며 다음 대선공약으로 내걸 뜻도 비쳤다.

  박근혜의 사진은 대다수 신문 1면에 대문짝만하게 나왔다. 몇몇 언
론은 박근혜를 다시 '신뢰의 정치인'으로 추켜세웠다. 심지어 박근혜
는 "이번을 계기로 우리 정치권 전체가 거듭나야 한다"고 부르댔다.
어떤가.

  먼저 흥미로운 사실을 발견할 수 있다. 박근혜는 동남권 신공항을

추진해야 옳다고 주장하면서도 정작 쟁점이 된 신공항 입지에 대해 침묵하고 있다. 부산 가덕도와 경남 밀양 어느 곳일까? 장담하거니와, 박근혜는 두 곳 가운데 하나를 결코 선택하지 않을 것이다. 우리는 그 이유를 알고 있다. 두 지역 모두로부터 표를 얻기 위해서다.

어느 곳에 신공항이 들어서는 게 옳은지 쟁점이 되고 있는데 정작 그 문제에 침묵하는 박근혜의 모습에서 '신뢰'를 읽는 언론인을 이해할 길은 없다.

더 납득할 수 없는 것은 박근혜가 마치 미디어법에서도 이명박과 대립했다는 보도가 지금도 여기저기서 나오는 데 있다. 심지어 진보 언론도 그렇다. 과연 그러한가. 전혀 아니다. 미디어법에서 박근혜의 반대는 단지 시늉뿐이었다. 그녀의 요구대로 수정했다고 하지만, 그 수정은 미디어법의 본질과 전혀 무관하다.

무엇보다 박근혜에게 묻고 싶다. 이명박이 국민과 지키지 못한 약속이 과연 그것뿐인가. 전혀 아니다. 이명박은 동남권 신공항 공약으로 당선된 게 아니다. 경제 살리기, 그것도 서민 경제를 살리겠다며 대통령에 당선되었다. 그럼에도 서민 경제를 살리기는커녕 부익부빈익빈을 심화시켜온 경제정책에 대해 박근혜는 지금 이 순간까지 침묵으로 일관해왔다.

왜 그럴까? 언죽번죽 '복지'를 주장하지만 이명박과 기본 노선이 같기 때문이다. 박근혜와 이명박이 마치 정치노선에 큰 차이가 있다고 생각한다면 소가 웃을 일이다.

그럼에도 한국의 신문과 방송을 보면 마치 박근혜가 이명박과 대립각을 세우고 있다는 착각이 일어난다. 냉철하게 톺아볼 일이다. 그녀가 이명박과 각을 세울 때는 단 하나다. 표가 될 때다. 과연 그것을 두고 원칙과 신뢰를 말할 수 있을까.

더 큰 문제는 그런 무책임한 보도들로 인해 이명박 실정의 수혜를 고스란히 박근혜가 누리는 데 있다. 실제로 이명박과 박근혜는 같은 점이 대부분이다. 차이가 있다면 한 사람은 표를 의식하지 않아도 되고 한 사람은 표를 의식하는 차이일 뿐이다. 그 작은 차이가 신문과 방송의 헤드라인을 차지할 만큼 착시현상은 깊다. 눈 먼 언론이 앞을 다퉈 유포하는 박근혜 착시현상의 귀결은 무엇일까? 이명박 정권이 밀어붙이는 신자유주의 정책의 대안이나 새로운 사회의 상상력만 실종되는 게 아니다. 박근혜의 대통령 당선이다.* (2011. 04. 01)

정몽준이 죽는 길과 사는 길

정몽준. 청와대와 국회는 물론 지자체까지 대부분 장악하고 있는 한나라당의 대표다. 하지만 그의 구상은 어떤가. 당 안팎에서 시들방귀로 무시당하고 있다.

가령 '4대강 예산'으로 갈등이 증폭된 국회 상황을 타개하려고 그가 제의한 '대통령과 여야 대표 회담'이 보기다. 기실 그 회담은 여당

＊박근혜의 당선은 그에 대한 호오를 떠나 이명박 정권의 연장일 수밖에 없다. 무엇보다 경제정책이 동일하기 때문이다. 박근혜가 이명박과 같은 길을 갈 수밖에 없는 이유는 《박근혜의 거울(시대의 창, 2011)》을 참고하기 바란다.

에게 유리하면 유리하지 불리할 게 없는 제안이다. 과거 야당 대표와 대통령 두 사람이 만난 회담에 견주면 어찌됐든 2대 1의 회담 아닌가.

하지만 이명박 대통령은 정몽준 대표의 제안을 한칼에 잘랐다. 이른바 '친이계'로 불리는 당내 인사들은 정 대표를 정조준해 우스개로 만들기를 서슴지 않았다. 심지어 〈조선일보〉〈동아일보〉〈중앙일보〉조차 전혀 우호적이지 않다. 과거 그의 선친인 정주영 현대그룹 회장이 대통령 후보로 나왔을 때와 어금지금한 현상이다. 아무튼 정 대표의 제의를 거부한 청와대의 행태에서 우리는 권위주의와 소통불능이라는 이명박 정권의 속성을 다시 확인할 수 있다.

바로 그래서다. 정치인 정몽준이 자신의 길을 냉철하게 짚어볼 때다. 정 대표는 성탄절 연휴를 앞두고 한나라당 남양주갑 당원협의회 당원교육 및 송년회 격려사에서 주목할 만한 발언을 했다. 4대강 사업과 관련해 "야당이 이런저런 이유로 반대하고 있는데, 이런 문제가 발등의 불인 것은 분명하지만 정말 국민들이 걱정하고 바라는 그런 사업인가에 관해서는 좀 회의가 든다"고 말했다. 이어 그는 "국민이 바라는 발등의 불은 일자리 창출과 집값 안정, 물가 안정, 남북의 평화적 관리 및 평화적 통일이라고 생각한다"고 덧붙였다.

그의 발언이 4대강 사업에 회의적 시각으로 보도되자 한나라당은 곧장 '진화'에 나섰다. 첫 보도를 한 지역인터넷신문 〈남양주타임스〉에 정정보도까지 요구했다. 〈조선일보〉는 그의 발언이 와전된 것임을 상세하게 기사화했다.

물론 한나라당 대변인실의 주장처럼 정 대표 발언의 '취지'는 "국민이 관심 있는 문제는 일자리 창출, 집값, 물값 안정 등인데 정작 국회에서는 야당이 4대강 사업을 발목잡고 논란을 벌이고 있는 데 대해 회의가 든다"는 것일 수 있다.

나도 그게 정 대표 발언의 취지였다고 판단한다. 하지만 다만 과연 그것뿐일까. 부분적 진실이 아닐까. 정 대표 스스로 톺아볼 일이다. 대통령과 여야 대표회담 제의에서도 볼 수 있듯, 정 대표는 4대강 사업이 현재 정국의 핵심쟁점일 수 없다는 데 일관된 생각을 갖고 있다.

그렇다면 이 지점에서 정 대표가 한 발 더 나아갈 필요가 있다. 일자리 창출이 발등의 불이라는 데 대한민국 구성원 대다수가 동의하기 때문이다. 따라서 "발목잡고 논란을 벌이는" 야당이 아니라 4대강을 굳이 강행하겠다는 청와대에 대해 정 대표가 직시해야 옳다. 갈등을 일으킨 쪽이 누구인가를 판단하는 일은 결코 어렵지 않다.

무릇 한국 정치에서 권력의 생리는 2인자를 용납하지 않는다. 박근혜 전 대표는 그것을 잘 알고 있다. 그의 한 마디, 한 걸음은 이명박 정권 이후를 겨냥하고 있다. 언론도 그의 발언을 띄운다. 그에 비하면 정몽준 대표는 차라리 순진하다. 충심으로 그를 도울 참모도 없어 보인다.

정치인 정몽준이 한나라당 대표 잠깐 하다가 묻힐 생각이라면 지금처럼 가도 좋다. 하지만 그 이상을 꿈꾼다면 지금 그가 할 일은 분명하다. 지역신문을 상대로 정정보도를 요구할 때가 아니다. 당내의 '정몽준 죽이기'에 질질 끌려갈 때도 아니다. 청와대의 권위주의와 소통불능에 정면으로 문제를 제기하는 게 정치인 정몽준이 사는 길이다. 그의 말대로 "국민이 바라는 발등의 불은 일자리 창출과 집값 안정, 물가 안정, 남북의 평화적 관리 및 평화적 통일" 아닌가. (2009. 12. 28)

'왕의 남자' 이재오, 실망스런 실체

총리를 포함한 개각이 단행됐다. 기존 신문과 방송들은 '40대 젊은 총리' 김태호에 눈길을 모은다. 하지만 인터넷신문들의 시각은 다르다. 특임장관 이재오에 초점을 맞춘다. 이른바 '왕의 남자'가 귀환했단다.

실제로 이재오 장관은 정권 '창출'에 앞장섰다. 때로는 '대통령의 동업자'를 자임했다. 수구세력 가운데는 그를 겨냥해 색깔공세를 편다. 민주화투쟁 전력이 있어서다. 하지만 기우다. 이미 그는 많이 달라졌다. 한나라당 국회의원이 된 뒤 지금까지 행적을 보면 알 수 있다. 사립학교법 '개악'을 부르대던 이재오를 떠올려보라.

다만 "썩어도 준치"라는 말이 있듯이, 적어도 그가 다른 한나라당 의원들과는 다르리라는 '기대'마저 접지는 않았다. 가령 그는 박정희 정권을 '군사독재'로 부르는 데 서슴지 않는다. 그것이 박근혜와 각을 세워 다투는 원인이든 명분이든 그렇게 규정하는 모습은 나쁘지 않다. 언젠가 텔레비전 시사토론에서 차라리 이재오가 책임지고 일해보길 권한 이유이기도 했다.

하지만 '왕의 남자'로 알려진 그가 '특임장관' 자리에 앉기 직전 〈동아일보〉와 가진 인터뷰를 보면 최소한의 기대마저 사라질 수밖에 없다. 그는 "아무래도 경제문제, 특히 일자리문제가 심각"하다고 현실을 진단했다. 옳은 분석이다. 그런데 기자가 '대안'을 묻자 다음과 같이 답한다. "대학을 졸업하고 바로 삼성 현대 같은 대기업에 시험을 보는데 그러지 말고 대졸이든 고졸이든 취업 인력을 지방공단이나 중소기업에서 1, 2년 일하게 한 뒤 입사 지원자격을 주는 거다."

취재기자가 "잘 안 될 것 같다. 강제적으로 가라고 하면 젊은이들 난리 난다"고 미심쩍어하자 강조한다. "봉급도 별 차이 없다. 내 애가 대기업에 다니지만 초봉이 150만 원이다. 중소기업도 160, 170만 원 준다. 그런데도 대기업만 쳐다본다. 종합병원 가려면 동네병원 진단부터 받아야 하듯 대기업 가려면 중소기업 의무적으로 해보고 보내야 한다."

현실과 동떨어진 진단과 '돌팔이 처방'은 거기서 멈추지 않는다. "그다음에 재수생들을 없애야 한다. 떨어진 애들 재수 삼수 학원 보내는데 다 사회적 비용이다. 우선 공장이나 농촌에서 일하게 해야 된다. 1, 2년 일하고 그 성적을 갖고 대학 가라 이거야. 모든 것을 이처럼 일 중심으로 할 생각을 해야 한다."

가관이다. '왕의 남자'가 지녔던 한 가닥 '실오라기 신비'마저 벗겨지는 대목이다. "그런 법안을 만들 생각"이냐는 질문에 "그럼, 그럼"이라며 "어떻든 놀고먹는 애들은 없어야 한다"고 부르대는 데선 '이명박식 왕의 오만'이 뚝뚝 묻어나온다.

심지어 사실조차 무람없이 왜곡한다. "양극화 문제는 어떤가"라는 물음에 언죽번죽 답한다. "다른 나라에 비하면 유럽이나 선진국에 비해 우리나라는 별로 큰 문제가 아니다." 정면으로 묻는다. 대체 어떤 '유럽 선진국'을 이르는가?

'왕의 남자'는 자신이 "단 한 번도 권력을 향유하고 권세를 누리고 있는 자를 대변하기 위해 (정치를) 한 것은 아니었다. 그런데 어느덧 한나라당에 들어가서 나도 모르게 변질돼버렸다"고 성찰의 모습도 보였다. 하지만 그는 재보선을 거치면서 '변질'에서 벗어나 자신을 되찾았다고 확신했다. 과연 그럴까.

듣그럽겠지만 진실을 들려준다. 이재오는 지금도 변질돼 있다. 그 사실을 아직도 스스로 모르고 있다. 목욕탕이나 골목길 많이 다닌다고 '친서민' 되는 게 아니다. 한때의 '민주투사'에게 간곡히 당부한다. 양극화 공부부터 시작하기를. 그가 입버릇처럼 말하는 '서민'을 위해 그렇다. (2010. 08. 09)

민생-고용 우선? 저들의 위선을 보라

민생과 고용. 정치인이라면 누구나 부르대는 말이다. 심지어 이명박 정권도 일자리를 최우선으로 삼겠다고 공공연하게 밝힐 정도다. 부자신문들조차 틈만 나면 민생을 주장한다. 물론 이명박 정권의 민생-고용정책은 '언 발에 오줌누기'로 생색내기에 그친다. 부자신문의 민생 주장은 우리 사회가 풀어야 할 갈등을 호도하려는 술수일 때가 대다수다.

증거가 있다. 가령 전국민고용보험제도를 보자. 민주노동당이 국회에서 기자회견을 열었다. 기자회견 단상에 홍희덕 의원과 김영훈 민주노총 위원장이 함께 올랐다. 민주노총의 무게를 담은 회견이다. 민주노동당과 민주노총은 장기실업자는 물론 청년실업자와 자영업인들까지 포괄하는 '실업부조' 성격의 연대급여 도입을 뼈대로 한 고용보험법 개정안을 발의했다고 밝혔다.

고용이 빙하기에 들어갔다는 말이 실감날 만큼 일자리가 위험한 상황에서 전국민고용보험제도와 그 출발점인 고용보험법 개정안은 가장 절실한 민생-고용불안 대책임에 틀림없다. 언 발을 당장 녹여줄 수 있는 방안이다.

　현재의 고용보험은 한계가 또렷하다. 고용보험대상자 2600만 명 가운데 겨우 36퍼센트만 포괄하는 수준이다. 제한적이고 선별적인 보험을 모든 국민이 누릴 수 있는 복지제도로 뿌리내리는 일은 진보와 보수를 떠나 절박한 시대적 과제다.

　그럼에도 어떤가. 국민 대다수에게 절실한 민생 과제에 대해 현 단계에서 실현가능한 정책 대안을 내놓은 민주노동당과 전국민주노동조합총연맹(이후 '민주노총')의 기자회견을 대다수 신문과 방송이 묵살했다. '전국민고용보험제도'나 '고용법안'이 잘 다가오지 않아서일까. 진보 매체들도 의제로 설정하는 데 인색하다. 여론 형성 가능성이 봉쇄된 셈이다.

　되레 저들은 민주노동당과 민주노총 '마녀사냥'에 골몰하고 있을 뿐이다. 공당을 압수수색하고 사무총장을 체포하겠다는 이명박 정권에 대해 감시나 우려 목소리는 전혀 없는 저들에게 바로 그 당이 적실한 민생대안을 내놓은 사실을 모르쇠한다고 비판하기란 차라리 민망스러운 일인지도 모른다.

　하지만 쓴다. 침묵하고 있으면 저들이 지금 무슨 짓을 하고 있는지 스스로 모를 수 있기 때문이다. 침묵하고 있으면 고용불안을 해소할 획기적 정책대안이 엄연히 있다는 사실조차 국민 대다수가 모를 수 있기 때문이다.

물론 인터넷에 글을 써서 얼마나 많은 사람에게 정보를 전할 수 있을까 짚어보면 아득하다. 하지만 다시 쓴다. 똑똑 떨어지는 낙수가 큰 바위를 쪼갠다는 믿음을 이 땅의 네티즌, '1인신문 기자'들과 공유해서다. 무장 고통받고 있는 이 땅의 민중이 언젠가 힘을 모으리라고 기대해서다.

명토박아둔다. 일자리와 민생이 최대 과제라고 언죽번죽 공언하면서도 실업급여에 돈 한 푼 내지 않는 이명박 대통령과 한나라당에 '전국민고용보험제'가 있음을. 정책 방향이 갈팡질팡하는 민주당에게도 권한다. '개혁'을 부르대는 민주당 국회의원 가운데 적어도 몇 명이라도 민주노동당 개정안을 꼼꼼히 살펴보기를. (2010. 02. 18)

'구태' 질타한 대통령에 '박수'

대통령이 정부의 일자리 창출 정책과 관련해 공무원들을 질타했단다. 박수를 보내고 싶을 만큼 공감한다. 청와대에서 열린 제2차 국가고용 전략회의 자리였다. 대통령은 회의를 주재하며 말했다. "가끔씩 정부가 만드는 자료들을 보면 절박함이 느껴지지 않는다. 너무 구태의연하다는 느낌이 들 때가 있다."

어떤가. 시원하지 않은가. 덧붙인 대통령의 말은 더 압권이다. 대통령은 "한 번도 일자리 걱정을 안 해본 '엘리트'들이 만든 것이기 때문이 아닐까 생각한다"면서 "'정책을 위한 정책, 보고를 위한 보고서'는 절박한 사람들을 더 답답하게 할 뿐"이라고 지적했다. 마땅히 대통령이 할 말이다. 정부 관료들의 정책에 절박성이 없기는 하루 이틀의 문제가 아니다.

　여기까지 읽은 독자들은 한 가지 이상하다는 느낌이 들었을 성싶다. 일부러 대통령의 이름을 쓰지 않았다. 기실 대통령이 관료주의를 질타하는 모습을 오래전부터 보고 싶어서였다. 하지만 그 당사자가 정치인 이명박이라는 사실을 짚어보면 생게망게하다.

　일자리 정책에 국한해보자. 노동부의 정책은 다시 말하지만 '언 발에 오줌누기'다. 김대중·노무현 정부 때도 노동부는 그랬다. 마땅히 호통쳤어야 할 '개혁 장관'들은 시나브로 그들과 한통속이 되었다. 비정규직 노동자가 가파르게 늘어났던 이유다. 그런데 이명박 대통령이 호통을 친다? 물론, 관료들의 구태의연을 질타하는 대통령의 모습은 좋다. 다만 의문이 든다. 정작 이명박 대통령 자신이 가장 구태의연하지 않은가?

　보라. 같은 자리에서 이명박 대통령이 청년실업과 관련해 강조한 대목을. 그는 "정부가 세세한 부분까지 챙겨줄 수는 없다"면서 "가장 중요한 것은 본인들의 자활 노력"이라고 부르댔단다. 어떤가. 기막히지 않은가. 내가 노동부 고위관료라고 해도 코웃음을 칠 수밖에 없다. 기껏 일자리 정책에 절박성이 없다며 호통치더니 청년실업은 '본인들의 자활 노력' 부족이다?

　이명박 대통령의 발언을 부자신문들은 사설까지 써대며 찬가를 읊어댔다. 하지만 명토박아둔다. 이명박 대통령 자신이 일자리 정책에 발상의 전환을 하지 않으면 결코 노동부 관료들의 굳은 사고가 바뀔 수 없다. 더구나 대통령이 '자활 노력'을 강조한다면 결과는 두말 할 나위 없다.

대안은 얼마든지 있다. 국민고용보험제도를 전면화하라. 청년고용할당제도를 도입하라. 국민고용보험제도에 대해서는 이미 자세한 연구보고서도 나와 있다. 민주노동당과 민주노총이 공동기자회견을 열어 관련법 개정안 발의도 했다. 남은 것은 이명박 대통령의 의지뿐이다. 청년고용할당제도 또한 마찬가지다. 다른 나라에 이미 유사한 제도가 시행되고 있다.

엄연히 있는 '고용불안의 대안'을 모르쇠하고 '구태의연한 정책'을 질타하며 '자활 노력'을 부르대는 이명박 대통령의 모습이야말로 너무 구태의연하지 않은가. 너무 절박성이 없지 않은가. (2010. 02. 22)

이명박 대통령과 대기업의 '싸움'

이명박 정권과 대기업. 난형난제다. 출범부터 그랬다. 그런데 싸운단다. 요즘 신문과 방송을 보면 둘 사이에 큰 갈등이 불거져 보인다.

가령 오늘(2010년 8월 2일) 아침 〈동아일보〉 사설을 보자. "기업을 하인 취급하는 관료들 국익 해친다" 제하의 사설은 "정부 고위당국자들이 '대기업 때리기' 성격의 발언을 쏟아내면서 실적 좋은 기업들이 전전긍긍하고 있다"고 개탄했다. 사설은 이어 "이명박 정부가 서민과 중소기업의 대척점에 대기업을 두어 정치적 이득을 보려 한 좌파정권의 잘못된 행태를 닮아간다면 큰 문제가 아닐 수 없다"며 색깔공세까지 서슴지 않았다.

〈동아일보〉만이 아니다. 같은 날 〈조선일보〉도 외부기고문을 통해 이명박 대통령의 "이념적 정체성"을 물었다. 심지어 "MB가 갑자기 '중도 실용', '친서민'을 외치는 것을 보고 적어도 표면적으로 이 정부를 노무현 정부와 구별하기가 쉽지 않게 되어버렸다"고 느낀단다.

삼성과 혈연관계인 〈중앙일보〉는 일찌감치 "정부와 재계, 한판 붙겠다는 건가" 제하의 사설(2010년 7월 30일자)을 내보냈다.

세 신문의 틀을 벗어나 찬찬히 짚어볼 일이다. 이명박 대통령이 과연 대기업과 싸운 걸까? 아니다. 일방적으로 망신당했다고 보는 게 옳다. 이 대통령은 재보선을 앞두고 "대기업과 중소기업이 동반 발전할 수 있는 방향으로 산업정책을 짜라"고 지시한 게 사실상 전부다. 대통령으로서 얼마든지 할 수 있는 말이다. 더구나 측근 이재오의 정치 운명이 걸린 선거를 앞두고 있지 않았던가?

그런데 대통령의 발언을 전경련 회장 조석래가 정면으로 받아쳤다. 조석래는 "정부와 정치권이 중심을 잡아"야 한다고 훈계했다. "자유민주주의와 시장경제 가치관을 굳건히 하는 데 힘쓰라"고 덧붙였다. 네 할 일이나 잘하라는 말투다. 그의 발언이 텔레비전 뉴스로 보도되면서 전경련은 "(조석래의 개회사 원고가) 대통령의 발언이 나오기 전에 만들어진 것"이라고 확대해석을 경계했다. 물론 확대해석할 문제는 아니다. 하지만 그게 '해명'이라고 내놓은 걸까? 대통령을 두 번 우롱하는 작태다.

전경련 회장의 거침없는 발언은 평소 대기업 회장들이 정치인 이명박을 어떻게 바라보고 있는지를 극명하게 드러내주었다. 기실 '회장에게 총애받던 사장' 아니었던가. 그럼에도 이명박 정권의 관료들이 "기업을 하인 취급"한다고 언구럭부리는 언론을 어떻게 읽어야 할까.

오해 없기 바란다. 대기업 회장들로부터 망신당한 이명박을 동정할 생각은 전혀 없다. 대기업 회장들의 오만방자함을 새삼 비판할 생각도 없다. 다만, 저들이 저토록 무례를 저지른 데에는 다름 아닌 대통령 이명박의 책임이 크다는 사실을 지적하고 싶을 따름이다. 대기업 회장들에게 '핫라인' 직통전화를 연결하겠다며 눈웃음 짓던 이명박을 저들이 어떻게 바라보았을까. 대통령 스스로 돌아볼 일이다.

과연 언제쯤일까. 저 오만한 자들과 제대로 한판 붙을 철학과 정책 능력을 갖춘 정치인이 청와대에 들어갈 날은. (2010. 08. 02)

설날 대통령이 준 '쌀쌀한 선물'

"희망을 갖기 바란다. 대한민국 잘될 것이다."

설날을 앞둔 2월 1일, KBS·MBC·SBS 방송 3사가 동시에 생방송으로 내보낸 〈대통령과의 대화〉에서 이명박 대통령이 건넨 마지막 말이다.

일방적 소통이라는 비판을 받으며 강행한 방송에서 대통령으로선 국민에게 '희망'을 선물하려는 의도였다고 좋게 해석할 수 있다. 하지만 그렇게만 보기엔 방송에서 그가 당부한 희망이 너무 공허했다. 아니 희망은커녕 분노를 샀다. 보라. 그는 자신이 후보시절 공약한 충청도의 '과학벨트'에 대해 "표를 얻으려고" 했다는 발언을 서슴지 않았다.

이명박 대통령은 "선거 유세에서는 충청도에서 표를 얻으려고 관심이 많았다. 이것은 국가 백년대계니까 과학자들이 모여서 과학자들 입장에서 하는 것이 맞다"고 밝혔다. 청와대가 '과학벨트 백지화'는 아니라고 '해명'했지만, 문제의 핵심은 '선거용 정책'이라는 데 있다. 기실 이명박 대통령의 속내는 이미 오래전에 드러났다. 2008년 오바마 미국 대통령의 공약과 관련해 이 대통령은 "선거 때 무슨 얘기를 못하나, 표가 나온다면 뭐든 얘기하는 거 아닌가"라고 사뭇 당당한 주장을 폈던 전력이 있다.

비단 충청도 서민들의 분노만 자아낸 게 아니다. 명절을 앞둔 1월 28일 밤이었다. 서울 동대문 시장에 이명박 대통령이 나타났을 때, 언론은 그 의미를 "2월 1일 〈대통령과의 대화〉를 앞두고 사전 민심 탐방 성격이 강한 것으로 보인다"고 썼다.

그런데 대통령이 상인들에게 던진 말 가운데 눈길을 끄는 대목이 있다. 보도에 따르면, 군산에서 옷을 떼러 온 30대 옷가게 주인에게 "열심히, 끈질기게 하면 된다. 내가 장사해봐서 안다"고 말했단다.

어떤가. 장사해봐서 안다? 울뚝뺄 치솟지만 입버릇처럼 하는 말이니 넘어가자. 더 심각한 문제는 "열심히, 끈질기게 하면 된다"는 그의 인식에 있다. 찬찬히 짚어보자. 지금 장사가 안 되는 대다수 자영업자들은 과연 "열심히 끈질기게" 하지 않아서 생활이 어려운가? 정말 열심히 살아도 살기 어려운 게 현실이다. 그 부익부빈익빈 현실에 이명박 대통령 자신이 가장 큰 공헌을 해왔다는 사실을 정녕 모르는 걸까?

더 놀라운 일은 생방송에서 언죽번죽 말했듯이 대통령 자신이 '경제 대통령' 약속으로 당선됐다는 사실을 잘 알고 있다는 점이다. 하여, 묻고 싶다. 자신이 지금 경제를 살리고 있다고 생각하는가? 흔히

180

착각은 자유라고 하지만 대통령의 착각은 자유가 아니다. 국민적 불행, 국가적 위기를 불러온다.

우리를 분노케 하는 발언은 더 있다. 그 또한 설 명절을 의식한 행보에서 불거졌다. 대통령 이명박은 "우리나라는 요즘 유행어로 보면 '전기 무상화하자'고 할까봐 겁난다"고 살천스런 우스개를 했다. 언론은 "야권의 '무상복지' 공세에 대한 이 대통령의 비판적 시각이 드러난 대목"이라고 썼다.

어떤가. 과연 누가 "전기를 무상화하자"고 주장하겠는가. 전기와 급식이 같은가? 전기는 한없이 쓸 수 있지만 급식이 그러한가? 보육이 그러한가? 대학등록금이 그러한가? 복지를 요구하는 민중 앞에 그게 대통령이 할 말인가?

희망을 가져라, 열심히 살라고 훈계하는 대통령 이명박의 얼굴이 더없이 절망으로 다가온다. '전기 무상화'나 '선거 때' 따위를 들먹이는 대통령의 발언, 참 쌀쌀맞은 '설 선물'이다. (2011. 02. 07)

08
거짓에 익숙하면
진실은 불편한 법

김연아 즐거움에 은폐된 서러움

김연아. 티 없이 맑다. 2010 겨울올림픽의 별이다. 김연아를 떠올리면 즐겁다. 혼신의 힘을 다한 얼음 위의 열연은 아름답다. 김연아가 세계신기록으로 금메달을 따던 순간, 난 생중계를 보지 못했다. 충청도에서 강연이 있었기에 기차를 타고 있었다.

하지만 마침내 김연아가 해냈다는 사실은 알았다. 기차 칸 곳곳에서 큰소리로 응원하거나 감탄하는 목소리가 터져나왔기 때문이다. 역에서 내려, 마중 나온 젊은 벗의 차를 탔다. 지역에서 저소득층을 대상으로 복지운동을 하는 그는 내가 옆자리에 앉자마자 물었다. "김연아 경기 못 보셨죠?" 그는 대답을 기다리기도 전에 운전석 앞에 놓인 작은 텔레비전을 틀어주었다. 어느새 녹화해둔 김연아 경기였다. 처음으로 가까이서 끝까지 보았을 때 가슴이 뭉클했다. 김연아가 우아하게 손끝으로 긋는 선은 우리 고유의 율동을 담고 있기에 더 그랬다. 김연아가 경기를 마친 순간 눈물을 쏟는 모습에선 콧잔등이 시큰했다. 대견하고 자랑스러웠다.

어느새 김연아는 국민 대다수의 마음에 깊숙이 들어와 있다. 공인이다. 절망스런 현실에 잠긴 사람들에게 잠시나마 즐거움을 준다는 사실만으로도 얼마나 귀한 존재인가. 그래서다. 김연아가 텔레비전 광고모델이 되었다는 이유만으로 김연아를 비판하는 '엄격한 사람'들에 동의할 뜻은 없다.

다만 김연아도 이제 어엿한 대학생이라면, 젊은 지성인으로서 한 번쯤 성찰할 지점은 있다. 자신의 맑은 이미지를 이용하는 사람들이다. 지금 당장 성찰해야 한다고 강권할 생각은 없다. 조금은 한가할 때, 진솔하게 톺아보길 제안할 따름이다. 기실 김연아보다는 김연아를 사랑하는 국민 대다수와 진실을 나누고 싶다. 김연아 즐거움에 은폐된 서러움이 그것이다.

김연아가 온 국민에게 즐거움을 선물한 날, 내가 충청도에서 새로운 사회의 희망을 강연하던 날, 바로 그날 강연장에서 얼마 떨어지지 않은 태안에선 한 어민이 스스로 목숨을 끊었다.

2007년 태안 앞바다 기름 유출 사건으로 빚어진 네 번째 희생자다. 고(故) 성정대 전 태안유류유출피해민손해배상대책위원회 위원장. 고인은 삼성을 원망하며 자살했다. 한 네티즌이 삼성에게 "김연아 응원할 정신 있으면 태안주민 자살 막아라"라고 절규한 이유다. 김연아가 귀국하던 날, 고인의 장례식이 태안군민장으로 열렸다. 고인은 자살하던 날도, 장례를 치른 날도, 김연아에 묻혔다. 물론 김연아의 잘못은 전혀 아니다. 신문과 방송의 잘못이다.

즐거움에 묻힌 서러움은 더 있다. 성정대 전 위원장이 묻힌 날, 삼성반도체에 다니다 스물셋 꽃다운 나이에 희귀병으로 숨진 황유미의 3주기 추모행사가 열렸다. 반올림과 전국금속노동조합은 삼성 본관 앞에서 고인을 비롯해 반도체 공장에서 애면글면 일하다 희귀병으로 목숨 잃은 노동자들의 추모주간을 선포하는 기자회견을 열었다. 하지만 그 기자회견도 묻혔다.

삼성의 광고모델로 날마다 나오는 김연아의 맑은 얼굴이, 그 아름다운 열연이 안타까운 심경은 나만이 아닐 터다. 티 없는 김연아의 맑음에 스멀스멀 스며오는 저 탁류를 굳이 경계하여 쓰는 까닭이다. 삼성과 그에 부닐고 있는 언론을 새삼 고발하는 까닭이다. (2010. 03. 04)

문수 스님의 '불편한 진실'

문수 스님의 소신공양. 어느새 잊혀가고 있다. 그래서다. 2010년 7월 8일 조계사에서 4000여 명의 조계종 스님들이 문수 스님을 추모하고 4대강 사업 중단을 요구한다는 소식이 반갑다.

수행 중인 한 스님이 스스로 몸을 불살라 어둠을 밝히려 했음에도 대다수 사람에게 시나브로 잊힌 이유는 분명하다. 공론장이 막혀 있기 때문이다. 가령 2010년 5월 31일, 문수 스님이 정치권력을 질타하며 소신공양을 결행했을 때 한국 사회에서 발행부수가 많은 신문들은 소신공양을 아예 모르쇠했다. 가령 〈조선일보〉는 단 한 줄도 보도하지 않았다. 왜 그랬을까. 소신공양 사실을 보도할 때 6·2지방선거에서 한나라당에 불리하다는 '정치적 판단' 때문이었을까. 아니면 소신공양은 보도할 만한 가치가 없다고 판단한 '소신' 탓일까.

기실 문수 스님이 낙동강 방죽에서 소신공양을 하기까지 〈조선일보〉를 비롯한 언론의 책임도 크다. 스님이 수행에 정진해온 정갈한 방에서 〈조선일보〉와 〈동아일보〉 신문뭉치가 발견되었기 때문이다. 수행하는 스님이 세속을 바라보는 유일한 창문이었을 〈조선일보〉와 〈동아일보〉에서 '4대강 삽질'의 문제점을 찾아보기는 어려웠을 터다. 어쩌다 있더라도 '구색 갖추기'에 그쳤기 때문이다. 그래서가 아닐까. 스님이 소신공양으로 세인들에게 진실을 알리려고 결심한 까닭은.

하지만 스님이 구독했던 바로 그 신문들은 정작 스님의 소신공양조차 외면했다. 그뿐이 아니다. 문수 스님의 소신공양에 충격을 받은 수경 스님이 조계종 승적까지 반납한 사실도 무람없이 비틀어 보도했다. 예컨대 〈중앙일보〉는 수경 스님의 결단을 다룬 기사를 "환경·NGO 운동했지만 / 그것도 하나의 권력이었다 / 초심 돌아가 진솔하게 살 것"이라는 3줄 제목으로 돋보이게 편집했다. 사전 정보가 없는 독자들에겐 마치 수경 스님이 그동안 자신이 적극 참여해온 환경운동을 후회하며 책임을 지고 물러난다는 의미로 다가올 수밖에 없다.

하지만 수경 스님의 진실은 우리가 두루 알다시피 명확하다. 수경 스님은 문수 스님 추모제에서 "이명박 대통령은 강의 숨통을 자르고 4대강 전체를 인공 댐으로 만드는 일을 중단하라"고 촉구했다. 승적을 반납한 이유도 조계종단이 문수 스님 추모사업과 '4대강 죽이기'

저지에 더 적극 나서기를 압박하려는 의미가 크다. 결국 〈중앙일보〉 보도는 수경 스님의 뜻과 정면으로 배치되는 편집이라 하지 않을 수 없다.

진실을 정면으로 바라보지 않는 모습은 문수 스님의 뜻을 4대강으로만 국한하려는 우리 안에서도 묻어난다. 물론 당면과제가 4대강 살리기고 하나부터 집중해서 문제를 풀어가는 게 옳을 수도 있다. 하지만 4대강 살리기 운동과 더불어 얼마든지 병행할 수 있는 절실한 과제가 있다.

소신공양을 앞둔 스님은 "4대강 사업 즉각 중지·폐기"만 강조한 게 아니다. "부정부패 척결"을 외치고 "재벌과 부자가 아닌 서민과 가난하고 소외된 사람을 위해 최선을 다하라"고 호소했다. 유서 맨 마지막에 쓴 "서민과 가난하고 소외된 사람을 위해 최선을 다하라"는 요구는 양극화가 무장 커져가는 이 땅에 4대강 못지않게 절박하고 절실한 민생 과제다.

그럼에도 왜 대다수 사람이 소신공양의 의미를 4대강으로만 좁히는 걸까? 혹 유서의 진실을 마주하기 불편해서는 아닐까. "재벌과 부자가 아닌 서민과 가난하고 소외된 사람을 위해 최선을 다하라"는 문수 스님의 호소를 이명박 정권이 모르쇠할 때, 살아 있는 우리는 무엇을 해야 옳은가.

문수 스님의 소신공양과 유서에 명토박은 간절한 염원을 우리가 잊어간다면, 그것은 진실을 직시하는 불편함을 스스로 감당하기 힘들어서가 아닐까. 우리 스스로 물어볼 일이다. 나는 지금 '서민과 가난하고 소외된 사람'을 위해 최선을 다하고 있는가를.

무엇보다 먼저 나부터 고백하련다. 명색이 진보 싱크탱크에서 일하고 있으면서도 그 물음 앞에 선뜻 그렇다고 대답할 수 없다. 그래서다. 문수 스님의 소신공양 앞에 더없이 불편하다. 아니, 부끄럽다. (2010. 07. 08)

재벌 2세에 매맞은 50대를 위한 노래

충격이다. 11월 28일 밤 MBC 〈시사매거진 2580〉은 '믿기지 않는 구타사건'을 방영했다. "방망이 한 대에 100만 원"이다. 50대 탱크로리 화물기사의 고백, 아니 고발은 분노를 자아낸다. 자신이 일하던 회사가 흡수 합병되는 과정에서 해고된 그는 1인 시위를 벌이다가 봉변을 당한다. 회사 임직원들이 지켜보는 상황에서 50대 노동자는 재벌 2세로부터 야구방망이로 무차별 구타를 당했다.

"한 대 당 100만 원"

야구방망이로 맞으며 50대가 들은 말이다. 입에 휴지를 물려주고는 살점이 떨어져나갈 정도로 때렸단다. 살려달라고 애원했지만 들은 척도 하지 않았단다. 방송에 따르면 젊은 재벌 2세는 폭행 뒤 매 맞은 값이라며 2000만 원짜리 수표를 건네주었다. 야구방망이 폭행이 일어나기 전 이 회사는 50대에게 손해배상 소송을 제기했다. 소장에 나온 손해배상 액수가 2000만 원이다.

솔직히 고백한다. 칼럼의 무력감을 느낀다. 생생한 현실 앞에 나의 산문은 더없이 초라하기 때문이다. 다만, 그 50대 노동자에게, 공분하는 모든 독자와 더불어 '민중시인' 김남주의 시 한 편을 조용히 나누고 싶다. 시 〈민중〉이다.

지상의 모든 부
쌀이며 옷이며 집이며
이 모든 것의 실질적인 생산자들이여

그대는 충분히 먹고 있는가
그대는 충분히 입고 있는가
그대는 충분히 쉬고 있는가
그렇지 않다 결코!
그대는 가장 많이 일하고 가장 적게 먹고 있다
그대는 가장 많이 만들고 가장 춥게 입고 있다
그대는 가장 오래 일하고 가장 짧게 쉬고 있다

이것은 부당하다 형제들이여
이 부당성은 뒤엎어져야 한다

대지로부터 곡식을 거둬들이는 농부여
바다로부터 고기를 길러내는 어부여
화덕에서 빵을 구워내는 직공이여
광맥을 찾아 불을 캐내는 광부여
돌을 세워 마을에 수호신을 깎아내는 석공이여

무한한 가능성의 영원한 존재의 힘 민중이여!

그대의 삶이 한 시대의 고뇌라면
서러움이라면 노여움이라면
일어나라 더 이상 놀고먹는 자들의
쾌락을 위해 고통의 뿌리가 되어서는 안 된다

이제 빼앗는 자가 빼앗김을 당해야 한다
이제 누르는 자가 눌림을 당해야 한다
바위 같은 무게의 천년 묵은 사슬을 끊어버려라
싸워서 그대가 잃을 것이라고는 아무것도 없다
쇠사슬 밖에는 승리의 세계가 있을 뿐이다

(2010. 11. 29)

악마들의 천국, 아기천사의 죽음

악마. 신화적 존재가 아니다. 젊은 나이에 스스로 목숨을 끊은 장자연에게 악마는 살아 있었다. 장자연이 죽은 뒤에도 살아 있다. 지금 이 순간도 온갖 부귀와 영화를 누리며 서민의 딸과 누이, 아내들에게 탐욕의 눈길을 번득이고 있다. 장자연의 편지가 공개되면서 악마의 정체를 찾는 뉴스가 줄을 잇는다. "일간지 신문사 대표"를 명시해 '복수'를 당부한 젊은 망자의 편지는 평범한 사람들의 가슴도 무겁게 한다.

진실을 밝혀야 할 이유다.

썩고 구린 저들에게 대한민국은 천국이다. 여기서 그치지 않는다. 중국 상하이에서 일어난 한국 외교관들의 행태 또한 장자연의 악마들 못지않게 역겹다. 대한민국의 방귀깨나 뀌는 자들이 나라 안팎에서 얼마나 추한 작태를 저지르고 있는지 악취가 진동하고 있다.

그래서다. 자칫 잊어버리기 쉽지만 오늘 아침 내 가슴을 울린 작은 기사를 독자들과 나누고 싶다. 〈세계일보〉 전상후 기자가 쓴 "장애인 엄마의 안타까운 모성" 제하의 기사(2011년 3월 9일자)는 썩고 구린 대한민국에 태어난 한 아기의 운명을 있는 사실 그대로 담담하게 보여 준다.

중증 정신장애를 가진 30대 여성이 갓 태어난 뒤 영양결핍으로 숨진 자식을 20여 일 동안 품에 안고 부산 지하상가에서 노숙한 사실이 밝혀져 상가주민들을 안타깝게 하고 있다. 부산 부산진경찰서는 지난 7일 오후 8시 40분쯤 부산진구 부전동 롯데백화점 인근 지하상가 내 분수대 옆에서 A(32·여)씨가 담요를 껴안고 배회하고 있다는 신고를 받고 출동해 확인한 결과 숨진 영아를 확인했다고 8일 밝혔다. 상가경비원의 신고로 현장에 출동한 경찰은 강하게 저항하는 A씨에게서 겨우 담요를 빼앗아 안을 들여다보고 숨진 지 20일이 지나 보이는 심하게 부패한 영아의 상태를 보고 경악했다. 경찰조사 결과 경기도 안양 출신인 A씨는 6년 전 친구의 소개로 건설노동자인 O(32)씨를 알게 돼 동거해오던 중 지난해 5월 동거남과 함께 부산으로 내려왔다.

A씨는 동거남과 함께 여관과 고시텔을 전전하다 지난 1월 중순 부산 부전

동 S여관에서 임신 7개월 만에 미숙아를 낳았다. 병원에 갈 형편이 안 돼 남편이 빈 커피캔을 반으로 잘라 예리하게 만든 날을 이용해 탯줄을 잘랐다. 영양분을 충분히 섭취하지 못한 아이는 결국 태어난 지 한 달 만인 지난달 17일쯤 숨을 거뒀다. 이 부부는 지난 수년간 남편 O씨가 건설현장 일용근로자로 일하며 근근이 생계를 유지해왔으나 최근 일자리를 잃으면서 고시텔에서 쫓겨나와 부산역과 서면 지하상가 등을 떠돌며 노숙생활을 해왔다. 남편은 아이를 묻어주자고 했으나 A씨가 "제대로 먹이지도 못하고 죽은 아기가 너무 불쌍하다"며 아이를 품에서 떼어놓지 않은 것으로 조사됐다고 경찰은 전했다. 경찰은 면역력이 약한 아이가 영양결핍으로 숨진 것으로 추정하고 사망시기 등 정확한 사망경위를 조사하기 위해 8일 오후 부검을 하기로 했다.

기사를 읽은 뒤 한동안 가슴이 먹먹했다. 대한민국에서 한국인으로 태어난 그 아기는 마지막 몸마저 부검으로 갈기갈기 찢겼다. 어린 천사의 영혼에, 그 가여운 삶과 죽음 앞에 스멀스멀 분노가 치밀어오른다. 장자연의 몸을 더럽힌 악마들만이 아니다. 지금 이 순간도 '복지'를 도입하자는 사람들을 살천스레 '포퓰리스트'로 몰아치는 청와대와 국회, 부자신문사의 기름진 사람들은 저 어린 천사에게 어떻게 보였을까.

아니, 어찌 그들뿐이겠는가. 새로운 사회를 여는 연구에 늑장 부리는 나는 어떤가. 진보대통합에 온몸을 던지지 않는 나는 과연 얼마나 자유로운가, 저 악마의 대열에서. (2011. 03. 09)

다시 문제는 언론이다.
정권이 내건 '공정한 사회'에서 모락모락 피어나는 구린내가
언제나 '공정한 언론'을 자부하는 한국 언론에서도 폴폴 나기 때문이다.
기실 부자신문과 부자정권의 닮은꼴 '공정'일 뿐이다.

PART 3 언론

똑똑한 사람 바보 되는 완벽한 길

01
똑똑한 바보들,
조중동엔 길이 없다

권력의 슬픔, 언론의 울분

슬픔과 울분이 넘친다. 대통령부터 거침없이 토로한다. 언론은 맞장구친다. 울분이 묻어난다. 2011년 봄의 대한민국 풍경화다. 대체 무슨 일이 일어난 걸까.

국가원수 이명박의 슬픔부터 짚어보자. 대통령이 슬픔을 고백한 자리는 천안함 사건 1주기를 앞두고 열린 청와대 확대비서관회의다. 그는 천안함 침몰로 운명한 46명의 군인에 대해 '억울한 죽음'이라고 애도했다. 회의 중에 고인들에게 보내는 편지 형식의 메모를 남기기도 했다. "잘못이 있다면 여러분을 지키지 못한 우리에게(나에게) 있다"고 썼다. 그가 더욱 슬펐던 순간이 눈길을 끈다. 대통령은 "1년 전 우리는 가해자인 적들 앞에서 국론이 분열됐었다. 가슴 아픈 일"이라며 "당시 북한의 주장대로 진실을 왜곡했던 사람들 중에 그 누구도 용기 있게 잘못을 고백하는 사람이 없다는 것이 우리를 더욱 슬프게 한다"고 언죽번죽 말했다.

어떤가. 궁금하지 않은가. 대통령은 "여러분을 지키지 못한 우리에게(나에게) 잘못이 있다"고 했는데 무슨 생각으로 그렇게 말했을까. 정부 주장처럼 이북의 '기습 어뢰공격'이라면, 어떻게 했어야 옳았다는 뜻인지 감이 잡히지 않는다.

언론도 마찬가지다. 천안함 1주년을 맞아 종합일간지 시장을 독과점하고 있는 세 신문은 특집보도와 논평을 집중 쏟아냈다. 그들이 드러낸 '울분'의 정체는 사설에서 드러난다. 〈조선일보〉는 천안함 사건으로 우리 내부에 "대한민국보다 북한 김정일 체제의 안위를 더 걱정하는 세력이 존재한다는 사실"을 확인했고, 〈중앙일보〉는 한국의 진보와 좌파, 야당 및 시민단체가 "북한에 대해 깊은 미망에 빠져 있다"는 게 가장 충격적이라고 했다.

사설은 남쪽이 '맹북주의'를 버리고 이성의 편에 섰다면 북쪽은 남쪽의 단결이 두려워 연평도 도발을 벌이지 못했으리라고 주장했다. 〈동아일보〉는 대통령의 슬픔을 언급한 뒤 "아직까지 천안함 폭침이 북한의 소행이 아니라며 북한을 계속 비호하는 친북세력은 국민의 추모 열기를 똑똑히 봐야 한다"고 울뚝밸을 치밀었다.

굳이 말살에 쇠살인 사설들을 짧게나마 인용한 까닭은 간명하다. 한국 저널리즘의 수준을 우리가 함께 직시하고 싶어서다. 솔직히 말해서 나는 대통령의 슬픔을 바라보는 세 신문의 고위간부들이 부럽다. 무엇보다 그들의 용기 때문이다. 굳이 언론인이나 언론학자가 아니더라도 언론보도에서 가장 중요한 게 '사실 확인'임은 상식이다. 바로 그래서다. 세 신문에서 기자 생활만 30여 년 해온 논객들에게 진정으로 묻고 싶다. 천안함이 북의 어뢰공격임을 사실 확인했는가?

명토박아두거니와 지금 나는 천안함이 이명박 정권의 자작극이라고 주장할 생각은 전혀 없다. 내가 알고 있는 시민사회단체에서도 그렇게 주장하는 사람은 없다. 문제의 핵심은 북의 공격인지 아닌지 사실로 확인되지 않은 데 있다. 전문가들이 포함된 시민사회단체가 의혹을 제기하는 까닭은 그들이 친북이어서가 아니다. 진정으로 비극의 반복을 막으려면 실체적 진실을 낱낱이 밝혀야 옳기 때문이다.

세 신문은 의문을 제시하는 사람들에게 무조건 '친북세력' 딱지를 붙여대며 정부에 강경책을 촉구해왔다. 비극을 되풀이하지 않기 위해서란다. 세 신문은 천안함이 북의 어뢰 공격으로 침몰됐다고 확신하는데 우리가 모르는 어떤 근거라도 갖고 있는 걸까? 과연 연평도 포격사태는 그들이 주장하듯이 우리 내부의 분열 때문에 일어났을까? 혹 천안함 침몰 뒤 확인되지 않은 사실에 근거한 대북 강경책이 연평도 포격을 불러온 것은 아닐까?

기자라면 마땅히 짚어야 할 의문들이다. 실제로 이명박 정부가 10·4선언에서 남북 정상이 합의한 서해 공동개발에만 나섰더라도, '나들섬'을 만들겠다는 그의 공약에만 충실했어도 천안함은 물론 연평도 포격도 일어나지 않았을 사건 아닌가?

바로 그래서다. 대통령과 세 신문사의 슬픔과 울분을 위로하기 위해서라도 사실 확인이 절실하다. 혹 확인할 길이 없다거나 정부가 주도한 발표를 신뢰할 수밖에 없다고 주장할 셈인가?

하지만 그것은 기자의 문법이 결코 아니다. 가볍게 넘길 문제가 아니기에 더욱 그렇다. 동북아시아를 비롯한 세계질서가 전환기를 맞고 있지 않은가. 갈라진 겨레의 운명이 걸려 있는 문제다. 시민사회단체가 참사 직후부터 의혹을 말끔히 씻을 공동 조사를 줄기차게 제안해 온 이유도 여기 있다.

차분히 짚어보라. 만에 하나 북의 어뢰공격에 의한 침몰이 아니라고 판명된다면, 오늘 대통령의 슬픔과 신문의 울분은 무엇이 될까. 물론, 북의 어뢰공격이 진실로 판명될 가능성도 있다.

하지만 설령 그렇다고 하더라도 지금 언론이 할 일은 진실 규명이다. 사실 확인도 없이 일방적으로 대북 강경책을 선동할 사람들은 그렇지 않아도 대한민국에 차고 넘친다. 저널리즘은, 책임 있는 저널리스트의 자세는 달라야 옳다. 남북 화해 정책을 파탄시킨 권력자에 부닐며 그의 경망한 언동을 맞장구치는 언론을 보면 하릴없다. 슬픔과 울분이 넘쳐온다. (2011. 04. 06)

똑똑한 사람 바보 되는 완벽한 길

똑똑한 사람 바보 만드는 곳. 대한민국에 있다. 〈조선일보〉 김대중 칼럼은 그곳을 법과대학으로 소개한다 (2010년 1월 25일자).

대학 초년생 시절, 민법을 가르쳤던 김증한 교수가 학생들에게 이런 말을 했다. '법과대학이란 똑똑한 아이들 데려다가 바보 만들어 내보내는 곳'

이라고. 그때는 그 말이 무슨 뜻인지 몰랐다. 성적 좋은 학생들 뽑아다가 판·검사 만드는 학교라서 그렇게 입학경쟁이 치열한데 그것을 '바보 만드는 곳'이라니, 교수의 말장난이 너무 심하다는 생각뿐이었다. 시간이 지나면서 그 교수가 왜 그런 표현을 썼는지 어렴풋이 느껴지는 것이 있었다. 김 교수는 대학에 들어오자마자 곧바로 고시공부에 돌입하면서 학교 수업은 뒷전이고 절이나 고향집(당시는 고시촌이 없었다)에 처박혀 육법전서와 씨름하는 학생들이 인문교육과 세상 물정에 소홀한 것을 지적한 것이다. 세상의 이치와 삶의 가치, 교양과 상식. 이런 것들을 외면하고 오로지 출세를 향해 매진하는 젊은이, 고등고시를 인생의 유일한 지름길로 여기는 학생들이 결국 인간적으로 불완전한, 공부만 잘하면 만사가 형통이라는 오류에 빠진 외골수 인간으로 자라는 것을 경계했던 것이다.

그렇다. 나는 김대중의 진단에 모두 동의한다. 아니, 정확히 말해서 김증한 교수의 우려에 동의한다. 대학에 들어가 고시공부만 하다가 판사가 된 사람들의 문제를 오래전 나 자신도 〈경향신문〉에 쓴 바 있다.

하지만 〈조선일보〉 고문 김대중이 그렇게 말하는 근거에는 동의할 수 없다. 그가 결국 '바보'로 규정하는 판사들은 "최근 강기갑 무죄, PD수첩 무죄 등 일련의 '편향적 판결'을" 한 법조인들이다. 참 기막힌 물구나무다. 대한민국 사법부가 숱한 세월 동안 '권력의 시녀'로 저질러온 '판결'에 대해 '바보'론을 펴는 게 아니라, 그 오욕을 벗어나려는 참신한 법관들을 일러 '바보'라고 손가락질한다.

같은 날 〈조선일보〉 사설은 우리법연구회 해체를 다시 부르댄다. 희극이다. 우리법연구회 해체를 번갈아가며 '임무 교대'하듯 주장해온 〈조선일보〉〈동아일보〉〈중앙일보〉의 논리가 지닌 허구성을 스스로 드러낸 사설이 있다. "10년 이상 판사가 좋은 판결의 충분조건 안 된다" 제하의 〈동아일보〉 사설(2010년 1월 25일자)이 그것이다.

사설은 민주노동당 강기갑 대표의 국회폭력, 전교조의 시국선언, MBC 〈PD수첩〉의 광우병 왜곡보도에 무죄를 선고한 세명의 판사를 비판하면서 "이들 판사 세명은 요즘 논란의 중심에 있는 법원 내 사조직인 우리법연구회 소속은 아니다"라고 쓴다.

그렇다. 우리법연구회가 아닌 판사들의 판결을 비난하면서 우리법연구회의 해체를 살천스레 선동하는 작태는 명백한 마녀사냥이다. 하지만 〈동아일보〉 사설은 곧 다음과 같이 주장한다.

"그렇다고 해서 우리법연구회가 이번 파장과 무관하다고 볼 수 없다. 우리법연구회 소속 판사는 전체의 5퍼센트 남짓인 120여 명이지만 이들의 진보적인 재판 활동이 다른 젊은 판사들의 판결 성향에 상당한 영향을 미친다고 법조계에선 보고 있다. 문제의 소지가 있는 판사들이 더 폭넓게 퍼져 있음을 나타내준다."

어떤가. 대체 이들은 대한민국 판사들을 모두 바보로 보는 걸까? 우리법연구회에 휩쓸리는 사람으로 보는 걸까. 세 판사가 우리법연구회 소속이 아니라는 사실을 알면서도 우리법연구회를 겨냥해 마녀사냥하는 저들의 정체는 과연 무엇인가.

명토박아 말한다. 똑똑한 사람을 데려가 바보로 만드는 곳, 바로 〈조선일보〉〈동아일보〉〈중앙일보〉다. 젊은 기자 시절에 날카로운 글을 썼던 기자가 고위간부가 되어 말살에 쇠살로 쓰는 칼럼을 보면 나도 모르게 한숨이 나온다. 법대를 나와 세 신문사에 들어가고 그 속에

서 고위간부가 된 사람들은 바보가 되는 '완벽한 과정'을 거쳤다고
보아야 옳을까? 〈조선일보〉 김대중 고문만 두고 하는 말이 아니다.

(2010. 01. 25)

MBC,
위기를 기회로 바꿔라

"MBC 지켜달라" 대구 고3의 호소

대구에 사는 고등학교 3학년이라고 자기소개를 한 친구가 편지를 보내왔다. 이름도 밝혔지만 옮기지 않으련다. 이명박 정부 아래서 그 이름을 밝힐 때 학교에서 어떤 일이 벌어질지 도통 예측이 불가능해서다.

두 달 전 그 친구는 새사연(www.saesayon.org)에 들어와 제 글에 댓글을 썼다. 신간 《아주 무딘 칼날》을 읽었다며 감상문을 올렸다. 균형 감각을 위해 조갑제 씨 책을 함께 읽었단다.

이번에 보낸 편지에서 그 친구는 신문방송학과를 목표로 공부를 하고 있다고 밝혔다. 시사프로그램 프로듀서가 꿈이다. 그 친구는 '국민의 방송'이 과연 만들어질 수 있을지 회의하면서 자신이 어디서 일할 수 있을까라는 절박한 물음을 담고 있었다. 편지 전문을 옮긴다.

안녕하세요. 손석춘 선생님.
한창 고3이라 공부에 매진하고 있어 새사연은 요즘 근처도 못 가고 있어서
죄송합니다. 다름이 아니라 제가 신방과를 목표로 지금 공부를 하고 있는
데 회의가 생겼습니다.
프로듀서(시사 프로그램)가 꿈인 저에게 MBC가 뉴라이트에 팔려버린 현실
은 도저히 믿기지가 않습니다. 더 이상 국민의 방송은 만들어질 수 없고 오
로지 정부의 방송이 만들어지는 대한민국. 이곳에서 제 꿈을 이루기란 뉴
라이트에서 진보파 찾기와 같다고 생각합니다.
그래서 부탁드립니다. 손석춘 원장님.
민주적 언론 꼭 살려주세요. 제가 대학을 졸업하고 취직을 할 때쯤엔 제발
민주적 언론이 가능하도록 해주세요. 부탁드립니다. 전 대한민국을 버리
고 싶지 않습니다. 그러니 손석춘 원장님. 손석춘이란 이름을 걸고 수호해
주세요. 부탁드립니다.

어떤가? "제가 대학을 졸업하고 취직을 할 때쯤엔 제발 민주적 언
론이 가능하도록 해주세요"라는 당부 앞에 나는 하릴없이 가슴이 먹
먹했다. 내 이름을 걸고 수호해달라는 호소에는 한없는 무력감을 느
꼈다.
고심 끝에 일단 그 친구에게 답장을 보냈다. 하지만 답장을 쓰며 무
엇보다 나 자신에게 답답했다. 그 친구에게 답장을 써야 할 사람, 지
금 이 시대를 살아가는 모든 '어른'들 아닐까. (2009. 09. 03)

MBC가 너희들 방송인가?

〈문화방송〉. 한국을 대표하는 공영방송 가운데 하나다. 방송문화진흥회는 〈문화방송〉의 사장을 선출하는 곳이다. 청와대의 줄로 방문진이사장이 된 김우룡. 그가 〈신동아〉와 나눈 인터뷰는 한 나라의 공영방송을 놓고 어떤 일이 벌어지고 있는가를 추악하게 드러내준다. 방문진의 김우룡 이사장만이 아니다. 이명박 정권의 정체가 고스란히 드러난다. 과연 문화방송을 저렇게 망가트려도 좋은가. 문화방송이 과연 저들의 방송인가?

보라. 언론비평전문지 〈미디어오늘〉이 발췌(http://www.mediatoday.co.kr)한 김우룡의 〈신동아〉 인터뷰는 우리를 아연케 한다. 신임 김재철 사장의 선임 이유에 대해 이사장 김우룡은 거침없이 답한다. "쉽게 말해, 말귀 잘 알아듣고 말 잘 듣는 사람이냐는 게 첫 번째 기준이었다는 겁니다."

김우룡은 이어 "사장단·임원 인사가 논란을 일으켰다"는 기자의 질문에 '큰집'을 거론한다. "어제부터 대학살이 시작됐죠. 인사가 잘됐다고 할 수 없지만, 공정방송을 실현하고 무능한 사람을 정리하고, 특정 정권에 빌붙은 사람을 척결한다는 의미에서는 80점 정도는 되는 인사라고 평가합니다. 그리고 이번 인사는 김재철 사장 (혼자 한) 인사가 아닙니다. 처음에는 김 사장이 좌파들한테 얼마나 휘둘렸는데. 큰집도 (김사장을) 불러다가 '쪼인트' 까고 매도 맞고 해서 (만들어진 인사입니다.)"

여기서 '큰집'은 어디일까. 기자가 "김 사장이 큰집에 갔다 왔나

요?"라고 묻자 김우룡은 "큰집에 들어갈 수 있어? 밖으로 불러내서……"라고 답한다. 인터뷰가 논란이 일자 그는 '큰집'은 청와대가 아니라고 '해명'했다. 인터뷰에서 김우룡은 "(이번 인사로) MBC 좌파 대청소는 70~80퍼센트 정도 정리"됐다면서 "내부에 있는 중간간부들은 그다음 문제"라고 단호하게 밝힌다.

"김재철이 청소부 역할을 해야 하는데……"라는 김우룡의 말에 기자가 당혹스럽다는 듯이 되묻는다. "김재철 사장이 청소부?"

기자의 질문에 언죽번죽 답한다.

"(내가) 청소부 역할을 해라 (하니까). 그러니까 김재철은 청소부 역할을 한 거야."

눈길을 끄는 기사는 더 있다. 2009년 11월 27일, 이명박 대통령이 MBC 특별생방송 〈대통령과의 대화〉를 마친 뒤 MBC 경영진, 수행한 청와대 참모들과 막걸리를 마셨단다. 김우룡은 〈신동아〉 인터뷰에서 "이날 중요한 일이 있었다"고 여러 차례 강조했다. 엄기영 전 사장은 "대통령과 그런 대화를 나눈 사실이 없다"고 했지만 인터뷰에서 김우룡은 다음과 같이 말했다.

- 기자 : 지난해 12월 10일 엄 전 사장이 낸 사표를 반려하셨죠.
- 김우룡 : 대통령이 엄 사장과 막걸리 먹으면서 '조만간 엄 사장에게 좋은 일이 있을 것이다'라고 언질을 줬지. 그리고 며칠 뒤 엄 사장이 자기와 본부장들 사표를 (나에게) 들고 왔어. 그전에 내가 엄 사장에게 '문 걸어 잠그고 이사들 사표 받아오라'고 시켰거든. 엄 사장은 (대통령의 얘기를 듣고) 자기 사표는 반려될 것으로 알고 있었던 거지.

- 기자 : 사표 수리가 안 될 것으로 알고 사표를 냈다?

- 김우룡 : 감을 잡았지.

- 기자 : 그런데 이후에도 갈등은 계속됐죠.

- 김우룡 : (엄 사장과) 얘기가 잘될 줄 알았지. 그런데 얘기가 잘 안 되더
  라고. 내 앞에서는 네네~ 하면서, 돌아서면 뒤통수를 치는 거야. 그래
  서 내가 사표를 내게 했지.

어떤가. 김 이사장의 말이 모두 사실이라면, 도대체 누가 누구를
'뒤통수'치고 있는가. 희대의 협잡꾼은 과연 누구인가. 보수와 진보
를 떠나 상식을 갖춘 시청자에게 묻고 싶다. 대다수 국민이 즐겨보는
MBC를 저들이 멋대로 주물럭거려도 과연 좋은가. 우리는 그저 방송
만 보면 되는가. (2010. 03. 18)

기자 김재철, 지금이 '마지막 기회'다

기자 김재철. 나는 그가 억울할 수 있다고 생각한다. 〈문화방송〉 사장
으로 선출되었을 때 김재철은 자신을 '낙하산'으로 비판하는 후배들
에게 당당하게 말했다. "내가 왜 낙하산인가?"

기실 그는 1979년 〈문화방송〉 보도국에 입사했다. 기자로서 출발
해 특파원을 거쳐 보도제작국장을 역임했다. 지역 MBC도 맡았기에
〈문화방송〉 사장 자리도 가능하다고 판단할 수 있다. '낙하산'이라는
후배들의 질타에 그가 정색을 하고 반론을 편 이유일 터다.

그런데 어떤가. 이미 앞선 칼럼("MBC가 너희들 방송인가?")에서 밝혔듯이 그의 〈문화방송〉 사장 선임에는 권력의 의도가 깊숙이 개입했다. 당시 방송문화진흥회 김우룡 이사장은 〈신동아〉와의 인터뷰에서 김재철을 사장으로 선임한 이유를 명확하게 밝혔다. "쉽게 말해, 말귀 잘 알아듣고 말 잘 듣는 사람이냐는 게 첫 번째 기준이었다."

김우룡 이사장은 거기서 그치지 않았다. 김재철의 첫 인사에 대해 "이번 인사는 김재철 사장 (혼자 한) 인사가 아니다. 처음에는 김 사장이 좌파들한테 얼마나 휘둘렸는데. 큰집도 (김사장을) 불러다가 '쪼인트' 까고 매도 맞고 해서" 만들어진 인사라고 설명했다.

김 이사장의 인터뷰가 공개되었을 때, 고백하거니와 순간적인 망설임이 있었다. 김우룡 교수와의 '인연' 때문이다. 하지만 단호하게 "MBC가 너희들 방송인가?"라고 썼다. 인간적 인연을 따지기에 앞서 이 나라의 언론자유가, 민주주의가 중요했기 때문이다. 그런데 전혀 예상을 빗나간 사람이 있다. 바로 김재철이다. 김 이사장이 사표를 낼 때 나는 김재철 사장도 당연히 사표를 내리라고 보았다.

다시 인터뷰 대목을 떠올려보라. 김 이사장은 김재철 사장을 '청소부 역할'이라고 무람없이 못 박았다. 〈신동아〉 기자가 당혹스럽다는 듯이 "김재철 사장이 청소부?"라고 되물었을 때도 "내가 청소부 역할을 해라 하니까. 그러니까 김재철은 청소부 역할을 한 거야"라고 밝혔다. 하지만 김재철 사장은 사표를 내지 않았다. 다만 '순발력' 있게 김우룡 전 이사장을 고소하겠다고 밝혀 위기를 넘겼다.

그런데 어떤가. 그는 끝내 고소하지 않았다. 게다가 "말 잘 듣는" 인사를 더 강행했다. 대체 무엇을 믿고 있는 걸까? '큰집'을 떠올리지 않는다면 이해할 길이 없다. 그게 오해라면 지금 김재철이 선택할 길은 하나다. 마침 〈문화방송〉 기자 대다수가 연명한 그의 퇴진 촉구 글은 다음과 같은 말로 시작한다.

"스스로가 '기자'라고 불리기 시작하던 순간을 우리는 기억합니다. 권력을 감시하고, 약자의 편에 서고, 어떤 유혹과 압력에도 흔들리지 않고 오직 진실만을 말하는 자들에게만 허락된 이름. 그게 기자라고 배웠습니다. 기자들에게 선후배 관계는 다른 어떤 직장, 직업의 그것과 달랐습니다. 기자에게 '선배'라는 존재는 팩트와의 외로운 싸움을 채찍질하고 때로는 엄하게 질책하면서도, 늘 뒤에 든든히 버티고 서 있는 존재입니다."

바로 그 '기자'의 호명, '선배'의 호명에 정성으로 답하라. 〈문화방송〉 후배 기자들이 살아 있다는 사실에 감동을 표하라. 그를 지금까지 키워준 〈문화방송〉을 지켜라. 더 무엇을 망설이는가. 무슨 부귀영화를 누릴 셈인가? 더 늦기 전에 결단을 촉구한다. 기자 김재철이 명예를 되찾을 마지막 기회다. (2010. 05. 04)

배우지 못한 것들이
감히 어디라고

'임진강 비극' 누가 거짓 선동하나?

임진강의 비극. 갑자기 불어난 강물로 야영하던 시민 여섯 명이 숨졌다. 그 비극을 놓고 거짓 선동이 무람없이 이어지고 있다. 무엇보다 찬찬한 접근이 절실한 까닭이다.

한국과 미국의 정보당국에 따르면 북이 임진강 상류의 황강댐을 방류하기 직전에 댐의 수위가 만수위에 가까웠다. 방류 전후 위성사진을 입수해 분석한 결과란다. 북쪽의 군인 10여 명이 방류 전날에 비무장지대 군사분계선까지 내려와 정찰활동을 벌였다며 제기한 의혹 또한 짐작했듯이 '통상적 활동'으로 결론이 모아지고 있다. 더구나 남쪽 임진강의 무인경보장치가 정상으로 작동됐다면 비극을 막을 수 있었다는 사실도 경찰 조사결과로 확인됐다.

물론 아직도 진실은 온전히 드러나지 않았다. 하지만 적어도 누가 거짓 선동을 하는가는 곰비임비 드러나고 있다. 북은 이미 비극이 일어난 바로 다음 날 댐 수위가 높아져 긴급 방류했다고 공식 해명하면서 "임진강 하류에서의 피해 방지를 위해 앞으로 북쪽에서 많은 물을 방류하게 되는 경우 남쪽에 사전 통보하는 조처를 취하겠다"고 밝혔다.

하지만 북의 해명에 대해 이명박 정권과 독과점 신문들은 한목소리로 비난에 나섰다. 정부는 납득할 수 없다고 반발했으며 〈동아일보〉는 북의 해명이 신속하다는 점에서 '성의'는 있지만 '거짓말'이라고 살천스레 단언했다(2009년 9월 8일자).

〈조선일보〉는 정부 대처가 '미온적'이라고 압박하고 나섰다. 게다가 이 신문은 "방류 직전 수위, 평소보다 안 높았는데 왜?"라는 제목 아래 북의 해명을 반박했다. 다음 날 이 신문은 "뻔뻔한 북" 제하의 사설(2009년 9월 9일자)에서 북이 "우리 정부와 국민을 우습게 여기지 않고선 있을 수 없는 일"이라고 흥분하며 북이 김대중 전 대통령 조문 때 청와대에 제의한 '남북 관계 개선'을 겨냥해 "그들이 말하는 남북 관계 개선은 빈말이거나 속임수라고 볼 수밖에 없다"고 단정지었다. 〈중앙일보〉 또한 "북한이 고의적으로 도발했다는 의심"(2009년 9월 10일자 사설 "북한은 물 폭탄 사과부터 하라")을 제기했다.

무엇보다 수구세력의 새빨간 거짓 선동은 진보세력 매도에서 드러난다. 대표적으로 "이른바 진보세력, 북의 고의적 물 폭탄엔 왜 침묵하나" 제하의 〈동아일보〉 사설(2009년 9월 12일자)을 보자. 사설은 "전략전술 차원에서 수공을 연습하고 남측의 대비 태세와 피해 상황을 점검했을 가능성"을 언급하며 "물은 우리에게 소중한 자원이지만 북에는 대량살상무기"라고 썼다. 이어 "북의 이런 악행에도 친북세력은 침묵으로 일관하고 있다"며 다음과 같이 비난했다.

"이른바 진보세력이 대한민국 국민으로서 일말의 양심이나 균형 감각이 있다면 무고한 야영객을 사망케 한 북의 물 폭탄을 규탄해야 마땅하다. 국가보안법 폐지와 미군 철수를 주장하고 한·미 자유무역 협정(FTA) 체결과 미국산 쇠고기 수입에 반대하는 불법 폭력시위를 일삼는 사람들이 유독 북의 악행에 침묵하는 속내를 우리는 알고 싶다."

이참에 모든 걸 걸고넘어지자는 속셈이 너무 노골적으로 드러나 차라리 민망스럽다. 비극이 벌어진 바로 다음 날 민주노동당과 진보신당이 이미 북에 유감을 표명한 사실을 사설은 애써 모르쇠하고 있다.

가령 우위영 민주노동당 대변인은 "이유야 어찌 되었건 북측이 하류인 남측의 수위가 상승할 것이라고 하는 것은 충분히 예측할 수 있었던 만큼, 인도적 차원에서라도 사전에 통지해주지 않은 것에 대해서는 유감"이라고 지적한 뒤 "재발방지를 위해서는 근본적으로 6·15공동선언과 10·4선언 정신에 따라 남북 관계가 정상화되는 길밖에 없다"고 밝혔다. 진보신당 김종철 대변인도 "남북 간에 댐 방류를 예고해주는 것이 명시적으로 합의된 상태는 아니라고 해도, 이 정도 사안은 언제든지 알려줄 수 있는 사안"이라면서도 "수위가 지속적으로 높아지고 있는데 적절하고 신속하게 사람들을 대피시키지 않은 우리 측의 문제도 크다"고 강조했다.

어떤가. 두 당의 엄연한 유감 논평이 비극 바로 다음 날 나왔는데도 닷새가 지나 쓴 사설에서 진보세력이 침묵한다고 싸잡아 매도할 수 있는가?

있는 그대로 보자. 두 진보정당의 논평은 '도발'이나 '수공' 따위
로 논평하고 나선 한나라당이나 자유선진당에 견주면 얼마나 정확하
고 성숙한가. 임진강 비극 앞에 누가 거짓 선동을 일삼고 있는지 국민
이 새삼 지켜보아야 할 이유가 여기 있다. 무엇보다 비극의 재발을 막
기 위해 그렇다. (2009. 09. 14)

이제 똥물을 먹이진 않는다?

똥물을 먹였다. 옹근 33년 전 오늘이다. 1978년 2월 21일은 동일방
직의 노동조합 선거 날이었다. 스무 살 안팎의 청순한 여성 노동자들
은 대의원을 뽑으려고 곰비임비 모여들었다. 그 순간, 어깨 벌어진 사
내들이 악취를 풍기며 살천스레 다가왔다. 손에 고무장갑을 낀 그들
은 여성 노동자들의 맑은 얼굴과 몸에 서슴없이 똥오줌을 퍼부었다.
한 여성 노동자가 진저리치며 절규했다. "너희도 인간이냐?" 불량기
가득한 그들은 그 여성에게 몰려가 똥오줌 가득한 양동이를 뒤집어씌
웠다. "건방진 년, 입 닥쳐!" 곧이어 주먹과 발길질이 쏟아졌다.

그 엽기적 야만이 벌어지는 현장엔 당사자만 있지 않았다. 동일방
직 사무직 직원들은 물론 정사복 경찰이 지켜보고 있었다. 심지어 한
국노총 섬유노조 본부에서 나온 노조간부도 버젓이 '참관'하고 있었
다. 참으로 생게망게한 일이었다. 경찰은 물론 상급 노조 간부조차
"말려달라"고 울부짖는 노동자들에게 합창으로 퍼부었다.

"야! 이 쌍년들아! 가만있어."

독자에게도 편집자에게도 양해를 구한다. 그 처절한 순간을 에둘러 표현하고 싶지 않다. 있는 그대로 증언하고 싶다. 섬유노조 소속의 '조직 행동대'란 이름의 깡패들은 노조 사무실을 아예 점거했다. 경찰이 수수방관한 이유는 있다. 당시 '나는 새도 떨어뜨린다'는 중앙정보부가 똥물의 배후였기 때문이다. 충격으로 50여 명이 졸도하고 14명은 병원으로 실려 갔다. 한 명은 정신분열 증세로 여섯 달 넘도록 정신병원에서 치료받아야 했다.

그럼에도 경찰은 똥물로 범벅된 여성 노동자들을 줄줄이 연행했다. 무엇보다 이해할 수 없는 것은 언론이다. 어떤 신문도 방송도 그 야만을 보도하지 않았다. 물론 여성 노동자들은 '먹물'들처럼 쉬 굴복하진 않았다. 곳곳에서 "우리는 똥을 먹고 살 수 없다"며 애면글면 시위를 벌였다. 언론은, 기자들은 죄다 침묵했다. 더는 참을 수 없었던 여성 노동자들이 마침내 한 방송사를 찾아가 방송국장 면담을 요청했을 때다.

"배우지 못한 것들이 감히 여기가 어디라고 생각하느냐?"

기자들이 내뱉은 말이다. '기자'들은 여성 노동자들을 개 쫓듯 내몰았다. 그로부터 33년이 흘렀다. 대한민국은 바뀌었다. 박정희 정권처럼 여성 노동자들에게 똥물 퍼먹이는 공작을 이명박 정권조차 감히 벌일 수 없다. 내놓고 똥물 뿌릴 기업인도 더는 없다. 상급 노동조합도 바뀌었다.

하지만 바뀌지 않은 게 있다. 누구일까. 바로 언론이다. 〈조선일보〉〈중앙일보〉〈동아일보〉다. 〈조선일보〉와 〈중앙일보〉는 그 야만을 바꿔온 사람들에게 줄곧 '마녀사냥'을 했다. 그나마 목소리를 내던 〈동아일보〉조차 1990년대 들어 사냥에 가세했다. '늦게 배운 도둑'으로 요즘은 한 술 더 뜬다.

보라. 삼성의 전자제품 공장에서 일하다 백혈병·림프종 따위의 희귀 질환에 걸려 숨진 노동자가 공식 집계로만 15명에 이른다. 희귀병으로 고통받고 있는 노동자는 89명이다. 자살자도 많다. 2011년 들어서도 두 달 동안 삼성전자에서 두 명의 젊은 노동자가 목숨을 끊었다. 생때같은 아들을 잃은 아버지는 아들이 "3교대 근무라지만 8시간 일하는 게 아니라 14시간, 15시간 일한다며 힘들다고 했다"고 증언했다. "집에 왔는데 발부터 다리까지 피부 껍질이 다 벗겨져 있었다. 왜 그러느냐 물어보니 약품 얘기를 했다"고 고발했다.

하지만 어떤가. 〈조선일보〉〈동아일보〉〈중앙일보〉는 모르쇠다. 〈한국방송〉〈문화방송〉〈서울방송〉의 저녁 '간판 뉴스'에 자살 관련 보도는 없었다. 다른 나라 기업에서 일어나는 노동자들의 잇따른 자살은 사뭇 진지하게 부각해 보도하는 언론이 정작 이 땅의 자칭 '세계 일류기업'에서 일어난 참극을 모르쇠하는 풍경을 어떻게 읽어야 할까. 이미 나라 밖에서도 삼성전자의 행태를 고발하고 있는 상황이다.

내 또래 동일방직 노동자들이 온 힘을 다해 싸우고 있을 때, 대학 강의실에서 철학을 배우던 나는 똥오줌을 사람에게 먹인 야만을 보도조차 하지 않는 언론인들을 도저히 이해할 수 없었다. 기자가 되어 언론을 바꾸겠다고 다짐한 이유다. 〈동아일보〉와 〈한겨레〉를 거치며 언론개혁 운동에 동참해왔지만 어느새 나는 언론사 밖에 있다. 회한이 드는 까닭은 무슨 미련 따위가 아니다. 젊은 날의 다짐에 견주어 현실이 냉엄해서다. 33년 전 그때 현직 기자로 살아가고 있던 바로 그 사람들이 지금 이 순간도 〈조선일보〉〈중앙일보〉〈동아일보〉의 고문, 주필, 편집인, 대기자로 여전히 대한민국 언론을 좌우하고 있지 않은가. 비정규직 기자로 언론의 한 모퉁이에 서 있으려던 촌지마저 접은 채, 저들이 지배하는 한국 언론을 지켜보는 심경은 고백하거니와 착잡하다.

그래서다. 젊은 언론인들의 깨끗한 눈에 충정으로 호소하고 싶다. 33년 전 시민사회는 성명서를 내어 기자들에게 물었다. "폭도들이 여성 노동자들에게 똥물을 퍼먹인 사실을 사실대로 보도했다 한들, 아니 똥물을 퍼먹인 것이 나쁘다고 한 마디 덧붙였다 한들 그것이 현행 법규에 어긋나는 것인가? 그 사실을 단 1단의 기사로라도 알리는 것을 금지하는 법률 또는 조치가 있단 말인가?"

다시 그 물음을 2011년 오늘의 현직 기자들에게 묻고 싶다, 독재정권도 긴급조치도 없는 지금 삼성의 야만을 보도했다 한들 어긋나는 법규가 있는가를. 아니, 정말이지 정중하게 묻고 싶다. 왜 삼성 자본의 문제점을 보도하지 않는가? 혹 변명이라도 하고 싶은가. 그래도 지금은 노동자들에게 똥물을 먹이지 않는다고? (2011. 02. 28)

딴청과 외면
그리고 헛발질

황금물결 저 들판 누가 피눈물들였나

황금물결. 그다지 좋은 표현은 아니다. 기실 그 정도가 아니다. 농민이 자식처럼 땀 흘리며 키운 생명을 황금으로 비유하기란 옳지 못하다. 그럼에도 쓴다. 관용어이기 때문만은 아니다. 무르익은 논에 일렁이는 '황금물결'은 실제로 농민만이 아니라 도시인들에게도 시장에 찌든 가슴을 술렁이게 하기 때문이다. 그랬다. 저 황금물결은 농민들이 정성을 쏟은 결실이다. 무럭무럭 자라는 모습 보며 온갖 수고를 마다하지 않았을 터다.

하지만 보라. 정작 농민들은 피눈물을 쏟고 있다. 심지어 자신의 손으로 짓밟아 죽이기도 했다. 연휴를 이용해 교외로 나간 도시인들이 황금빛으로 익은 논을 예찬하는 바로 그 순간, 고랑처럼 주름살 깊게

216

파인 농민들은 자식처럼 애지중지해온 벼를 갈아엎었다. 초록빛 어린 모가 찌는 더위와 비바람을 이겨내며 자랄 때 얼마나 가슴 뿌듯했던가. 하지만 성공한 쌀농사는 쌀 죽이기로 귀결됐다.

참으로 분통 터지는 일 아닌가. 다름 아닌 이명박 정권의 정책 탓이다. 실제로 농민들의 분노가, 함성이 곰비임비 터져나오고 있다. 산지 쌀값이 80킬로그램 한 가마에 14만 6976원으로 떨어졌다. 2008년 16만 2416원에 비해 폭락이다. 쌀 생산량은 2008년에 견주어 16만 톤가량 줄어든 468만 톤 규모인데도 그렇다. 생산이 줄어들면 값이 올라가는 게 상식이다. 그런데 왜 오히려 떨어질까?

중요한 이유 가운데 하나가 쌀 재고량이다. 이명박 정권이 시대착오적인 냉전적 대북정책으로 북쪽에 쌀 지원이 중단되면서 빚어진 현상이다. 실제로 북쪽은 남쪽의 쌀 지원이 간절하다. 이미 북쪽은 지난 9월 열린 이산가족 재상봉 때 남쪽에 '호의'를 간접적으로 요청한 바 있다.

장재언 북쪽 적십자회 위원장은 유종하 대한적십자사 총재에게 "이번 이산가족 상봉은 북측에서 호의를 베풀어 재개한 것인데 남측이 이에 대한 화답을 생각해보지 않았느냐"고 발언했다. 북쪽이 쌀과 비료 지원을 간접적으로 요청했다고 보는 게 옳다.

하지만 어떤가. 이명박 정부는 곧장 "현재로서는 북한에 쌀, 비료 지원 계획이 없다"고 단언했다. 이산가족 상봉과 쌀은 별개의 문제라는 게 이명박 정부의 자세다. 결국 추가 이산가족 상봉 가능성도 불확실해졌다.

과연 그래도 좋은 걸까. 고통받는 농민을 살리고, 굶주림에 시달리는 동포도 구하고, 이산가족도 만날 수 있는 말 그대로 일석삼조의 쉽고 확실한 길이 있는데도 이명박 정부는 모르쇠로 일관하고 있다. 여론도 잠잠하다. 인터넷 언론의 의제 설정도, 네티즌들의 분노도 크지 않다. 신문시장을 장악한 세 신문과 세 방송사가 의제로 설정하지 않는 게 알게 모르게 영향을 주고 있기 때문이다.

그렇다. 텔레비전에 나오지 않는 것은 김제동만이 아니다. 저 수많은 농부들의 피눈물을 비롯해 민중의 고통이 보이지 않는다. 우리가 긴장의 끈을 잠시라도 놓지 말아야 할 이유다. (2009. 10. 12)

'폭설의 축복'과 못난 국민 수준?

2010년 새해 벽두부터 폭설이 내렸다. 눈 온 양을 재기 시작한 이후 가장 많이 쌓였다. 사실상 100년 만의 폭설이다. 서울 전체가 교통이 마비됐다. 그래서다. "새벽부터 내린 폭설로 서울을 비롯한 수도권 일대 출근길이 아수라장처럼 변했다"고 〈조선일보〉 사설도 들머리에서 적시했다. "승용차로 20분, 30분 걸리던 서울 시내 통근시간이 2시간, 3시간 걸리는 게 예사였고, 분당에서 출발한 버스는 5시간 만에 광화문에 도착하기도 했다".

그런데 참 생게망게하다. 〈조선일보〉는 100년 만의 폭설 앞에서 국가의 대처 방식을 비판한 뒤 곧장 '국민 수준'을 들먹인다. "폭설을 겪으면서 느낀 국가 수준, 국민 수준" 제하의 사설 마지막을 보자. "재난을 겪으면서 국가의 수준, 국민 수준이 드러나는 법이다. 4일 벌어진 일들은 우리가 선진국으로 가는 길에 준비하고 대비할 일이 아직 많다는 것을 보여줬다."

물론 그렇게 주장할 수도 있다. 〈조선일보〉 사설에 넘쳐나는 색깔공세는 이 신문의 주장을 새삼 비판하는 게 어떤 의미가 있을까 되짚어보게도 한다. 하지만 〈조선일보〉의 사설이 대한민국의 '보수'를 자처하는 사람들의 일반적 논리라는 데 주목한다면 그냥 지나칠 문제는 아니다. 더구나 폭설과 칼바람으로 하루 내내 몸과 마음이 불편했을 대다수 국민 앞에 '국민 수준'을 들먹이는 저들의 훈계는 참기 어렵다.

〈조선일보〉가 국민 수준을 개탄하는 근거를 보자. "지하철이 환승역마다 밀려드는 인파 때문에 기능이 마비되고 곳곳에서 고장 난 것은 이해할 수 없다"는 대목이다. 〈조선일보〉는 미국을 보기로 들어 우리 국민을 나무란다. "미국 동부지역에 작년 12월 18일부터 폭설이 내렸을 때 방송사들은 워싱턴 D.C. 시장을 방송에 출연시켜 '꼭 외출해야 할 상황이 아니면 집 밖으로 나오지 말라'는 호소를 하게 했다"고 쓴다.

어떤가. 출근에 늦지 않으려고 지하철 앞에서 아우성쳐야 하는 서울의 풍경과 '꼭 외출해야 할 상황이 아니면 집 밖으로 나오지 말라'는 워싱턴 D.C.의 상황을 우리가 같은 맥락에서 비교할 수 있는가.

흔히 외국에 유학을 다녀오거나 외국 물을 먹은 이 가운데 한국인의 일상을 비아냥거리는 윤똑똑이들이 있다. 어김없이 국민 수준을 꺼낸다. 그들에게 묻고 싶다. 과연 한국인들이 삶에서 여유를 찾을 수 있을 만한 사회경제구조가 갖춰져 있는가. '노동시장의 유연화'라는 사뭇 부드러운 언사 아래 얼마나 노동 강도가 강화되었는가. 손전화

문자로 아무런 문제의식 없이 해고통지를 날리는 나라에서 지하철을 서로 타려는 사람들에게만 손가락질할 수 있을까.

〈조선일보〉 사설에는 높은 지대에서 살아가는 사람들의 애환도 전혀 찾을 수 없다. 폭설이 내려 버스도 오가지 못하는 곳에 살아가는 사람들에게 '국민 수준'은 어떤 의미가 있을까. 그래서다. 나는 이 나라의 보수를 대변한다는 〈조선일보〉가 진정 국가를 생각한다면 '국민 수준'을 거론하기 전에 자신의 수준부터 성찰하길 권한다.

기실 〈조선일보〉만이 아니다. 새해 국정연설에서 이명박 대통령은 "오늘 출근길에 고생이 많으셨겠습니다만, 하얀 눈이 온 세상을 뒤덮는 것을 보니 새해의 시작을 축복하는 듯하다"고 말했다. 과연 100년만의 폭설이 "새해의 시작을 축복"하는 걸까. '친서민 대통령'과 서민 사이에 놓인 깊은 심연이 확연하게 드러나는 지점이다.

삶에 여유를 찾을 수 있는 경제정책이 선행 과제인데도 정반대로 나가며 폭설 앞에 축복을 운운하고 있는 모습을 우리는 어떻게 보아야 옳은가. (2010. 01. 05)

짜증 지하철과 '이명박식 선진화'

아무리 마음을 다스려도 도리 없다. 폭설만이 아니다. 출퇴근이 전쟁이다. 2010년 정초를 살아가는 풍경이다. 폭설이 내린 지 나흘이 되었지만 불편은 가시지 않았다. 지하철, 특히 1호선은 짜증을 불러온다. 칼바람 속에 마음 졸이며 오지 않는 전철을 기다려야 한다. 그나마 들어오는 전철은 콩나물시루처럼 빼곡하다. 가까스로 타더라도 곧 멈춘다. 문이 잠기지 않는다. 시민들이 솔선해서 손으로 문을 닫는다. 부자정권, 부자언론의 '엘리트'들이 그 고통을 알 길이 없다.

언론에 주어진 과제 중의 하나가 별개처럼 보이는 사안 사이에 연관성을 밝히는 일이다. 폭설로 불거진 '지옥철'과 이명박식 선진화, 철도노조 죽이기는 각각 별개 사안처럼 보인다. 하지만 아니다. 긴밀히 연관되어 있다.

지하철 1호선을 비롯해 코레일(한국철도공사)이 운영하는 국철에서 고장이 많이 일어나는 이유가 있다. 국철의 전동차가 낡은 게 많기 때문만이 아니다. 낡았기에 정비하는 사람을 늘려야 마땅한 상황에 코레일 경영진이 거꾸로 가고 있어서다. 전직 경찰청장이 최고경영자로 온 코레일은 철도 노동자들을 대량으로 '구조조정'하겠다고 나섰다. 이명박 정권은 그것을 '선진화'라는 이름으로 지금 이 순간도 독려하고 있다.

노동조합이 보기에 대량 구조조정 방침은 시민 불편을 불러올 게 분명했다. 잦은 고장은 대형사고의 신호일 수 있기에 더 그렇다. 문제는 철도노조가 대규모 구조조정에 반대하자 경영진이 일방적으로 단체협약을 해지한 데 있다. 바로 그래서다. 철도노조가 2009년 11월에 파업에 나선 까닭은.

그런데 어떤가. 저들은 일방적으로 단체협약 해지를 통보하는 야만을 저질러놓고도 파업하는 노동자들을 마녀사냥했다. 그 마녀사냥에 앞장선 게 〈조선일보〉 〈동아일보〉 〈중앙일보〉로 상징되는 이 땅의 언론이다. 기자들 스스로 코레일 사장이 사는 점심을 먹는 자리에서

"언론 때문에 이겼다"고 아첨 또는 생색을 늘어놓는 추악한 일도 벌어졌다. 문제는 더 심각하다. 경영진이 파업을 유도해 노조를 와해시키려는 전략을 썼다고 의심할 만한 코레일 내부문건도 민주노동당 이정희 의원에 의해 공개됐다.

시민 불편을 내세운 저들의 마녀사냥에 철도노조는 파업을 접었다. 하지만 그 결과는 참혹했다. 파업을 접었다면 마땅히 노사화합을 해야 옳은데도 경영진은 불과 한 달 사이에 노조 간부와 지부장을 비롯해 154명의 목을 살천스레 잘랐다. 지금도 추가 징계를 한다고 언구력부린다. 철도노조에 따르면 2009년 3월 노사 사이에 갈등이 불거진 뒤 징계당한 노동자가 1700명에 이른다.

그래서다. 나는 철도노조가 조합원 4538명 이름으로 공사와 허준영 사장을 상대로 49억 9000만 원대의 손해배상 청구소송을 낸 게 참신선하다. 노조는 "철도공사의 부당노동행위와 부당징계, 명예훼손, 파업유도 등으로 철도 직원은 물론 가족들까지 심각한 정신적 피해를 당했다"고 소송 배경을 설명했다. 시민 불편은 또 어떤가.

물론 경영진은 일찌감치 노조를 상대로 파업에 따른 영업 손실액 87억 원에 대한 손해배상 청구소송을 냈다. 사법부가 누구의 손을 들어줄까. 지하철 1호선을 타는 힘없는 서민들은 충분히 짐작할 수 있다.

철도노조가 손해배상소송을 낸 다음 날, 2010년 1월 6일, 검찰은 파업을 스스로 풀었던 철도노조 김기태 위원장을 구속기소했다. 누가 '서민의 발' 지하철을 짜증나게 만들고 있는지 '지옥철'에서 우리 모두 곰곰 짚어볼 때다. (2010. 01. 07)

법과 상식을
농락하는 미디어

'미디어 쿠데타' 헌법재판소가 추인?

언론악법에 대한 헌법재판소의 결정이 시시각각 다가오고 있다. 지난 7월 22일 국회에서 한나라당이 '날치기'한 미디어법의 권한쟁의 심판 청구와 효력정지 가처분 신청에 대한 결정이 10월 29일에 발표될 예정이다. 문구 작성을 고려하면 실제 결정은 이번 주 안에 이뤄진다고 보는 게 옳다.

대한민국 헌법재판소가 어떤 결정을 내려야 할지는 새삼 이론의 여지가 없다. 이미 언론 현업인들의 단체인 언론노조가 미디어법 처리의 불법성에 대해 움직일 수 없는 증거를 공개했기 때문이다. 날치기당시 본회의장 안에 있었던 160여 명의 한나라당 의원들의 동선을 여러 대의 카메라에 찍힌 영상들과 일일이 두 달 동안 대조하며 '발굴'

해낸 영상은 말 그대로 가관이다.

가령 본회의장 전광판에 재석 중으로 표시된 이사철 의원은 그 시각에 회의장 밖에서 야당 의원들과 대치하고 있는 게 포착됐다. '압권'은 미디어법 개악에 앞장섰던 나경원 의원이다. 국회에서 표결이 진행 중이던 시각에 나경원은 자리에 없었다. 하지만 전광판에는 '재석'과 '찬성'이라는 '불'이 켜졌다. 나경원은 표결이 끝나고 18분이나 지나 회의장으로 들어온 게 영상으로 드러났다. 그가 회의장에 들어오기 전에 다른 의원이 나경원 자리에서 투표하는 장면도 포착됐다. 언론노조가 공개한 영상들은 미디어법 처리가 법 절차를 넘어선 '쿠데타'임을 증언해준다.

궁지에 몰린 한나라당과 정부 일각에선 대리투표한 사람의 수가 의결 정족수에 영향을 끼치지 않아 문제없다고 강변한다. 과연 그럴까. 국회의원은 제 스스로 언제나 강조해왔듯이 한 사람 한 사람이 '헌법기관'이다. 만일 헌법재판소가 국회의원 대리투표로 통과된 법이 정당하다고 결정한다면, 이는 헌법이 명문화한 국회의원 지위는 물론 민주주의를 원천적으로 부정하는 일이다.

미디어법은 절차 못지않게 내용도 '쿠데타'다. 날치기와 불법으로 처리된 미디어법은 대기업과 신문에게 방송에 진출할 수 있는 길을 활짝 열어놓았다. 이명박 대통령과 한나라당은 이를 두고 미디어산업 발전을 목표로 한 규제 완화니 경쟁체제 도입이니 부르댄다.

하지만 어떤가. 과거 군부 쿠데타를 일으킨 전두환 정권조차 감히 꿈꾸지 못한 미디어 쿠데타다. 전두환조차 적어도 지상파방송에 대해선 명분상이나마 '공공성'을 강조하지 않았던가.

그래서일까. 저들 스스로 진실을 당당하게 밝히지 않고 언구럭부린다. 가령 지상파 방송에 대한 대기업과 신문의 지분 소유는 10퍼센트까지 허용해놓고 2012년 말까지 경영을 유보했다고 생색낸다. 소유와 경영이 전혀 나뉘지 않은 우리 현실에서 아무 의미가 없는 주장이다. 가구 구독률 20퍼센트를 넘은 신문은 방송 진출을 막았다는 논리도 기만이다. 신문구독자를 대상으로 한 시장 점유율이 아니라 가구 구독률을 기준 삼을 때 걸릴 신문은 없다.

결국 대기업과 독과점 신문이 방송에 진출할 때 여론 독과점은 무장 커질 수밖에 없다. 신문과 방송의 겸용을 허용하지 않는 기존 법에 헌법재판소는 이미 합헌이라고 결정한 바 있다. 거듭 강조하지만 결론은 명징하다. 절차나 내용 두루 민주시민의 상식과 어긋나는 '미디어쿠데타'를 헌법재판소는 마땅히 '응징'해야 옳다.

문제는 과연 헌법재판소의 양식 또는 양심을 믿어도 좋을까에 있다. 헌법재판소가 부분적으로 문제점을 지적하되 합헌이라고 얼버무리거나 국회 입법절차는 헌법재판소가 심의할 문제가 아니라며 교묘히 피해갈 가능성이 높기 때문이다. 그럼에도 나는 헌법재판관들의 상식을 믿고 싶다. 만일 헌법재판관들이 '꼼수'를 쓴다면, 명토박아 경고한다. 헌법재판관 한 사람 한 사람은 역사의 심판에서 결코 자유롭지 못할 게 분명하다. (2009. 10. 21)

촛불 쓰레기가 나라를 태웠다?

쓰레기가 나라를 태웠단다. 촛불항쟁을 두고 하는 '말'이다. 이명박 대통령의 '칭찬'에 고무되었을까. 〈조선일보〉의 극언은 신문으로 지녀야 할 최소한의 금도마저 팽개치고 있다.

이 '신문'은 "가짜가 진짜 몰아세웠던 광우병 정보 세상의 함정" 제하의 사설(2010년 5월 12일자)에서 "2년 전인 2008년 5월 대한민국 전체를 무법 상태에 몰아넣었던 광우병 동란의 진앙지"로 인터넷을 들고 당시 수십만 건의 인터넷 글 가운데 몇몇 글들을 '증거' 삼아 다음과 같이 살천스레 단언한다.

"이 쓰레기가 불쏘시개가 돼 나라를 태웠다."

어떤가. 〈조선일보〉는 촛불시민 마녀사냥으로 앞뒤도 구분하지 못한다. 사설은 쓰레기 막말 바로 앞에서 "진보신당 당원 김모(37) 씨가 그해 6월 '전경이 여성 시위자를 연행해 성폭행했다'는 글을 올린 곳도 인터넷 게시판이다. 익명의 누리꾼들이 이 소식을 즉각 모든 인터넷 사이트로 퍼 날랐고, 이것이 문자 메시지 등을 통해 확산되면서 시위 군중을 흥분 상태로 몰아넣었다"고 썼다. 촛불이 퍼져간 게 과연 "그해 6월"이었던가. 촛불을 든 시민들이 분노했던 게 과연 전경이 여성 시위자를 연행해 성폭행했다는 게시판 글 때문일까.

물론 인터넷에 쓰레기 글도 있다. 건강한 댓글문화를 가리틀려는 조직적 움직임도 있다. 〈조선일보〉가 틈날 때마다 써먹는 '인터넷 들쥐'들도 있을 터다. 하지만 과연 저 2008년 5월의 촛불이 그 '들쥐'와 '쓰레기들'로 타올랐는가? 지나가던 소가 웃을 일이다. 이 신문이 우희종 교수(서울대학교 수의대)와 '촛불소녀 한채민'의 인터뷰를 어떻게 비틀었는지도 곰비임비 드러나고 있다.

더 큰 우스개는 정녕 쓰레기 같은 신문에 대해 대한민국의 최고의

사결정권자인 이명박 대통령이 '칭찬'하고 나선 데 있다. 그것도 국무회의 자리에서다. 과연 그게 '국무'인가?

더구나 그는 "참여했던 지식인과 의학계 인사 어느 누구도 반성하는 사람이 없다"고 말했다. 굳이 그가 2008년 6월에 "뼈저린 반성을 하고 있다"며 국민에게 사과했던 사실을 적시하고 싶지 않다. 그의 거짓말을 새삼 질타할 생각도 없다. 다만 정말 대한민국이 걱정되어 묻는다. 과연 저런 '사고'를 지닌 사람이 앞으로도 3년 남짓이나 우리가 살아가는 나라의 운명을 결정해가도 괜찮은 걸까?

대통령 이명박의 비극은 그의 잘못을 지적해줄 '참모'조차 없다는 데 있다. 남은 임기 동안 어떻게든 한 자리씩 더 높이 가고 싶은 모리배들만 들끓어서일까. 집권세력에서 흘러나오는 반응들을 보면 말 그대로 '쓰레기 발언'에 가깝다. "2008년 광우병 대란은 대한민국 체제 전복 집단이 기획하고, 일부 매체가 선동하고, 인터넷이 음모의 도구로 이용되고, 거기에 야당까지 부화뇌동한 한 편의 거대한 사기극이었다"며 "광우병 세력은 청계광장에 무릎 꿇고 대국민 사죄의 촛불을 들라"고 언죽번죽 촉구한 집권당 대변인의 말이 대표적 보기다.

그래서다. 지금은 〈조선일보〉와 이명박 정권이 '난형난제'라는 비판에 머물 때가 아니다. 대체 대한민국의 쓰레기는 누구인가를, 나라를 불태운 쓰레기가 누구인가를 물을 때도 아니다. '과거형'이 아니기 때문이다. 지금 이 순간은 물론 앞으로 3년, 이 나라 대한민국을 불태울 쓰레기가 누구인가를 냉철하게 짚고 우리가 무엇을 할 것인가를 진지하게 물어야 할 때다. (2010. 05. 13)

06

'우국지사' 조선일보 주필이
지금 할 일

맞다, 조선일보는 친일 아니었다

대통령 직속 기관인 친일반민족행위진상규명위원회(이후 '진상규명위')
가 11월 27일 발표한 명단을 두고 〈조선일보〉와 〈동아일보〉의 비난
이 끊임없이 이어지고 있다. 발표 다음 날만이 아니다. 연휴를 지난
11월 30일에도 두 신문은 기사와 칼럼을 편집했다. 진상규명위가 '좌
파'에 대해서 관대했다는 주장을 여론화하려는 의도가 또렷하다.
  국가기관인 진상규명위가 두 신문의 '사주' 이름을 적시해 친일행
위를 했다고 판명했기 때문이다. 두 신문은 〈조선일보〉와 〈동아일보〉
가 친일언론이 아니라고 거듭 주장하고 나섰다. 결론부터 말한다면,
나도 두 신문이 친일언론이 아니었다는 데 동의한다. 특히 〈조선일보〉
는 확연하다. 친일언론이 아니었다는 증거가 있다.

진상규명위는 〈조선일보〉 방응모가 일본 제국주의 침략 정책에 협력하고 군수업체인 조선항공공업주식회사와 국민정신총동원조선연맹 발기인으로 활동했다는 사실을, 〈동아일보〉 김성수는 징병을 찬양하고 학병 동원을 독려하며 국민정신총동원조선연맹 발기인과 이사로 활동한 사실을 근거로 적시했다. 하지만 그것을 근거로 친일언론이라고 규정하는 것은 잘못이다. 실제 일어난 사실은 그렇지 않기 때문이다. 거듭 명토박아두거니와 〈조선일보〉는 친일 언론이 아니었다.

그렇다면 〈조선일보〉가 진상규명위 조사결과를 비난하며 사설로 자신을 '민족언론'으로 자부한 게 옳은 걸까. 그건 아니다. 〈조선일보〉가 친일 언론이 아니라고 내가 판단하는 이유는, 〈조선일보〉는 일본 신문이었기 때문이다. 더 정확하게 말하면 일본 제국주의 신문이었다.

숱한 증거가 있다. 〈조선일보〉 스스로 지면을 통해 대일본제국의 언론기관을 자임했다. 물론, 〈동아일보〉도 그렇게 했다. 하지만 〈조선일보〉는 더 극악했다. 1면에 박힌 신문 제호까지 내리고 그 위에 일장기를 올려놓는 편집을 서슴지 않았다.

자, 그 신문이 지금 진상규명위를 '좌파'로 사냥하고 있다. 박정희도 친일명단에서 뺄 만큼 '신중'에 '신중'을 거듭한 진상규명위를 겨냥해 과감하게 "외눈박이"라고 못 박은 사설제목을 보라. 장애인에 대한 조롱으로 기초적인 인권의식도 보이지 않는다.

국가기관인 진상규명위가 활동한 법적 근거인 특별법 취지에 독립운동을 했어도 마지막에 민족을 배반했다면 다뤄야 하고 반면 반민족 행위를 했다고 해도 마지막에 독립운동을 했다면 그걸 인정해줘야 한다고 돼 있는 데도 엉뚱한 트집을 잡고 있다.

명토박아둔다. 〈조선일보〉를 일러 '친일언론'이었다는 규정은 대단히 관대한 평가다. 명백한 일본제국주의 언론기관을 '친일'로 평가해주었기 때문이다. 그 관대한 평가에마저 돌을 던진다면, 이제 이 땅의 민주시민들이 분명히 증언해야 옳다. 〈조선일보〉는 일본 제국주의 신문이었음을, 그것을 아직도 민족언론으로 호도하고 있는 신문임을 다음 세대에게 있는 그대로 알려가야 마땅하다. (2009. 11. 30)

김대중의 '박근혜 압박' 성공할까?

신문과 방송, 인터넷의 눈이 모두 지자체선거로 쏠렸다. 그런 가운데 〈조선일보〉 김대중 고문이 "다음 대통령" 제하의 칼럼(2010년 5월 16일자)을 내보냈다. 천안함과 전교조를 들먹이며 색깔공세를 펴는 〈조선일보〉〈동아일보〉〈중앙일보〉의 다른 논객들과 사뭇 거리감마저 느껴진다.

김대중은 칼럼에서 2013년부터 2018년까지 다음 대통령의 임기는 "예상컨대 대한민국 역사에 중대한 영향을 미칠 변화들이 집중적으로 일어날 시기"라며 국내 변화를 다음과 같이 내다봤다.

"우리 국내 문제는 더 말할 것도 없다. 2010년대 우리가 겪게 될 변화는 아마도 지난 30년의 변화를 능가할 것이다. 정치, 경제, 사회, 문화적으로 우리는 성장통(成長痛)의 단계를 넘어 선진통(先進痛)을 겪게 될 것이다. 바야흐로 대한민국이라는 나라, 우리의 이 공동체가 롱런을 할 수 있느냐 없느냐의 기초가 확립되는 시기이기 때문이다. 이념, 지역, 계층 간의 갈등과 대립을 지양하는 리더십이 그것을 판가름할 것이다. 우리의 다음 대통령은 바로 그 시기를 책임지는 사람이어야 한다."

김대중 또한 '선진화'라는 이름 아래 현재의 정치경제체제를 어떻게 해서든 유지하려는 의도를 드러내고 있다. 그가 언죽번죽 이야기한 '롱런'이 바로 그것이다. 그런데 다른 논객들과 달리 김대중에게 "문제는 지금으로서는 그런 '대통령감'들이 보이지 않는다는 데 있다"고 했다. 그는 이어 "다음 대통령 선거까지 이제 불과 2년 반 남았는데 우리 앞에는 이기적 정치꾼, 파벌의 총수, 기회주의자들만 왔다 갔다 할 뿐"이라고 주장했다.

어떤가. 얼핏 보면 싸잡아 비난하고 있어 '공정'해 보인다. 하지만 아니다. 여러 여론조사에서 1위를 고수하고 있는 박근혜를 떠올리면 그의 칼끝이 박근혜를 겨냥하고 있다는 사실을 쉽게 파악할 수 있다. 김대중은 마침내 "우리는 지금 지방자치단체장 선거에 휩싸여 있다"며 다음과 같이 칼럼을 마친다.

"그러나 지금 우리 앞에 던져진 상황은 권력과 파벌싸움, 그것도 패자부활전이나 대리전 또는 사이드 게임의 양상일 뿐, 내일의 지도자를 국민 앞에 제시하는 결단의 기미가 보이지 않는다. '다음 대통령'에 나서고자 하는 사람들은 모두 뒤에 숨거나 딴전을 보는 듯한 양상이다. 누가 시장, 도지사가 되고 누가 교육감이 되든 관심이 없어보인다. '다음 대통령'과는 상관이 없거나 소용이 닿지 않는다고 생각하는 사람들은 6·2선거를 '남의 선거'로 여기는 것 같다. 우리는 여전히 지도자 결핍증을 앓고 있는 중이고 그래서 '다음 대통령의 시대'가 걱정이다."

요컨대 박근혜에게 지자체선거 지원에 나서라는 압박이다. 박근혜라는 이름을 한 번도 들먹이지 않고 박근혜를 압박하는 데서 노회한 이데올로그 김대중의 '솜씨'가 드러난다. 과연 박근혜가 움직일까? 선거는 당 지도부가 책임지고 치러야 한다는 박근혜의 당연하고 '당당한 원칙'을 가늠해볼 기회다.

짚어야 할 대목은 더 있다. 때로는 말살에 쇠살 같은 주장을 펴더라도 20년 넘게 그에게 고정칼럼을 주는 〈조선일보〉의 '결단' 또는 '단결'이다. 이 신문이 기득권세력의 '중심' 구실을 하고 있는 이유 가운데 하나다.

하지만 어떤가. 선거국면에서, 더구나 오월항쟁 30돌을 맞고 있는데도 진보의 정책대안들이 시나브로 주변화하고 있는 오늘, 기득권세력의 〈조선일보〉에 맞수가 될 민주–진보세력의 담론에 '중심'은 있는가? 우리가 여전히 지도자 결핍증을 앓고 있다는, 그래서 다음 대통령의 시대가 걱정이라는 김대중의 진단에 내가 절감하는 이유다. 물론 처방은 정반대다. (2010. 05. 24)

조선일보 주필의 참 이상한 고민

"대한민국, 어디서부터 손을 대야 하나." 〈조선일보〉 강천석 주필의 칼럼 제목이다(2010년 7월 2일자). 미리 밝혀두거니와 나는 강 주필의 우국충정에 공감한다. "살아갈 날이 살아온 날보다 훨씬 짧을 것이 분명한 나 같은 세대는 요즘 나라의 장래와 관련한 상서롭지 못한 예감에 몸을 뒤척이는 일이 부쩍 잦아졌다"는 강 주필의 토로에선 진정성을, "역사를 돌아봐도, 신문을 펼쳐도 이 어둠침침한 그림자가 뒤에 따라붙는 듯하다"는 대목에선 절박성을 느낀다.

강 주필은 전쟁 시기의 영국과 일본을 비교한다. "50세 이하 영국 귀족의 20퍼센트가 1차 대전에서 전사"했고 "귀족과 명문대학 출신의 전사자 비율은 노동자·농민보다 몇 배 높았다"고 쓴다. 반면에 "(2차 대전 당시) 일본 귀족과 제국대학 출신의 전사자 비율은 1·2차 세계대전 때 영국 귀족과 옥스퍼드·케임브리지 출신 전사자 비율과는 비교도 안 되게 낮았다"고 분석한다. 종전 후 이 같은 통계숫자를 확인한 일본 역사가들은 2차 대전이 이길 수 없는 전쟁이었고 일본은 망할 수밖에 없는 나라였다고 실토했다는 대목에선 사뭇 비장함마저 묻어난다.

"하류가 먼저 썩어 오염이 상류로 번져간 사례는 역사에 없다"며 "대한민국을 나라다운 나라로 다시 세우려면 이 나라의 '위'와 '아래' 어느 쪽부터 손을 대야 할지는 너무도 자명하다"는 칼럼의 결말은 통렬하다.

그런데 생게망게한 일이다. 그의 칼끝은 이명박 대통령은 물론 국무총리를 비롯해 권력 핵심에 있는 인사들이 대부분 '군 면제'인 현실을 겨누지 않는다. 엉뚱한 곳을 겨눈다. 그는 "천안함 폭침 이후 합동조사단의 발표를 둘러싸고 대한민국 사회에서 벌어지고 있는 수준 미달의 논란"을 개탄한다.

물론 칼럼은 "여·야 국회의원들의 군 면제자 비율"이나 "대학교수,

최고경영자, 정상급 연예인"의 비율도 짧게 거론하긴 한다. 하지만 거기서 끝이다. 대통령을 비롯한 집권세력 핵심부와 언론사 사주들 집안의 군 면제자 무리를 언급하지 않는다.

여야를 함께 뭉뚱그려 비난한 뒤 "민주투사까지 제 몸에 일부러 상처를 내 병역 의무를 피해갔다"고 강조한다. '민주투사' 가운데 과연 얼마나 "일부러 상처를 내" 병역을 기피했을까. 지극히 예외적인 극소수임을 모르는 걸까. 아니면 알면서도 '민주투사'들을 싸잡아 매도하려는 불순한 깜냥일까.

그래서다. 나는 "살아갈 날이 살아온 날보다 훨씬 짧을 것이 분명한" 강 주필에게, "나라의 장래와 관련한 상서롭지 못한 예감에 몸을 뒤척이는 일이 부쩍 잦아" 고민하는 〈조선일보〉 주필에게 진정으로 권하고 싶다.

다름 아닌 〈조선일보〉부터 개혁하라. 보라. 강 주필이 그런 글을 쓴 바로 같은 날 〈조선일보〉는 "학생인권조례로 '촛불 홍위병' 키워보겠다는 건가" 제하의 사설을 내보낸다. 학생들의 인권을 보장하려는 시민사회의 움직임을 일러 '촛불 홍위병'으로 키우려는 의도라고 살천스레 몰아치는 사설, 바로 그 사설을 책임지는 인물이 주필 강천석 아닌가?

강 주필은 "대한민국을 나라다운 나라로 다시 세우려면 이 나라의 '위'와 '아래' 어느 쪽부터 손을 대야 할지는 너무도 자명하다"고 결말을 맺었다. 과연 그러한가. 무엇이 자명한가. 아래로부터 손을 대려고 애면글면 헌신해온 사람들에게 언제나 붉은 색깔을 덧칠해온 신문이 바로 〈조선일보〉 아니던가.

그렇다. 강 주필이 비장하게 고민을 털어놓을 때가 결코 아니다. '우국지사' 강천석이 지금 대한민국을 위해 할 일이야말로 자명하고 절박하다. 자신이 주필로 앉아 있는 〈조선일보〉부터, 논설위원실부터 손대라. (2010. 07. 02)

07

올곧은
저널리즘이 그립다

'밥벌이'로 기자를 할 수는 없다

맞다. 〈조선일보〉는 친일신문이 아니었다. 일본 언론, 아니 일본제국
주의 신문이었다. 더러는 너무 심한 게 아니냐고 눈 흘길지 모르지만
내가 그렇게 쓴 이유가 있다. 고백하자면 나 자신이 일본인 기자와 친
하게 지내고 있다. 그의 이름은 가와세 순이치. 일본의 오래전 서울이
던 나라에서 발행되는 〈나라신문〉의 기자로 13년 넘게 활동했다.

내가 그를 알게 된 사연은 단순하다. 언론개혁에 대해 쓴 책을 그가
일본어로 번역한 게 5년 전이다. 그 뒤 5년 넘게 그를 만나고 있다.
그는 일본인에 대한 나의 선입견을 말끔히 씻어주었다. 그는 일본 언
론인 가운데 최초로 재일동포 차별을 특집기획기사로 고발한 기자다.
1970년대 중반이었다. 얼마 전 오사카에서 다시 만났을 때, 그에게

왜 기자직을 그만두었는지 조심스레 물었다.

"어느 날 문득 내가 저널리즘보다는 단순한 직업으로 기자를 하고 있다는 사실을 발견했습니다. 그래서는 안 된다고 생각했어요. 사표를 냈습니다."

짧은 대답이었지만 그 안에 많은 고뇌가 함축되어 있었다. 밥벌이로 기자를 할 수는 없었기에 사표를 냈다는 그의 말에 나는 문득 한국의 제도언론 기자들, 특히 〈조선일보〉〈동아일보〉〈중앙일보〉 기자들을 떠올렸다.

신문사를 나온 그는 〈해방출판사〉로 자리를 옮겼다. 하지만 일본 내 부락해방운동에 투신하면서 출판사 일도 비정규직을 선택했다. 나는 왜 그가 한국의 언론개혁에 대해 쓴 책을 일어로 출간(2004년)했을 때, 일본신문노동조합연합 간부들을 모은 자리에서 출판기념 강연회를 열었는지를 비로소 절실하게 이해할 수 있었다. 일본의 언론개혁에 불을 지펴보려는 안간힘이 아니었을까. 현재 그는 인터넷 신문을 애면글면 운영하며 일본 사회 내부의 양심을 대변해가고 있다.

비록 신문사 기자직은 오래전에 버렸지만 가와세 순이치야말로 일본에서 기자정신을 올곧게 지닌 언론인이 아닐까. 이미 60대로 들어선 지금도 언제나 무거운 가방을 들고 소외받고 차별받는 사람들이 있는 곳(재일동포도 그 가운데 하나다)을 찾아다닌다(그도 나처럼 운전면허가 없다).

그래서다. 나는 일본 제국주의 언론이었던 〈조선일보〉를 친일언론으로 불러서는 안 된다고 확신한다. 제국주의자들이 아닌 대다수 일본 민중, 그리고 그들을 대변하는 양심적 기자와 지식인들이 있기 때문이다.

가와세 순이치가 기자직을 그만둔 이유를 내게 말했을 때, 사실은

'저널리즘' 앞에 수식어를 붙였었다. "당신이 강조해온 저널리즘"이었다. 솔직히 남우세스러웠다. 한국 저널리즘의 오늘이 떠올랐기 때문이다.

하지만 이 글을 쓰는 지금 한국의 기자 사회에도 희망이 피어나고 있다는 사실을 새삼 발견하고 있다. 2009년 12월 8일에 열린 한국기자협회장 선거에서 해직기자인 우장균 기자가 선출됐다. 반가운 일이다. 더구나 그가 기자들 사이에 '화목'을 강조한 상대후보와 맞서 이겼다는 사실에 주목하고 싶다.

한국기자협회가 죽은 저널리즘을 살려내는 데 벅벅이 앞장서기를 기대하는 사람은 비단 나만이 아닐 터다. 바로 그 점에서 나는 일본제국주의 신문이었던, 지금도 진실을 호도하면서 왜곡을 일삼는 〈조선일보〉에 맞서 일본인 전직 기자 가와세 순이치와 나란히 서 있다. 나 자신 전직 기자로서. (2009. 12. 09)

박근혜에 덮인 강기갑의 절박한 제안

신문과 방송이 온통 세종시에 집중하고 있다. 이명박 정권 비판의 대표주자가 박근혜인 것처럼 떠오르는 생게망게한 일이 벌어지고 있다. 박근혜의 한마디 한마디가 대서특필된다. 그 한마디에 담긴 의미를 설명하는 해설기사가 따라붙는다.

물론 세종시는 비켜갈 수 없는 문제다. 실제로 이명박 정권이 작심하고 '행정도시 백지화'에 나섰고, 박근혜는 결기를 세우며 반대하고 있다.

어떻게 보아야 옳을까. 먼저 세종시를 둘러싼 쟁점을 분명하게 짚고 갈 필요가 있다. 수도권의 밀집과 지역균형발전을 위해 '행정도시 세종'보다 더 나은 대안이 있다면, 얼마든지 수정해도 좋다. 하지만 그런 대안도 없이 대기업에 헐값으로 '땅 특혜' 주는 방식의 개발은 옳지 못하다.

문제는 세종시를 둘러싼 쟁점에서 2012년 대통령 선거를 염두에 둔 정치적 이해관계가 충돌하는 데 있다. 세종시 원안을 백지화하려는 이명박 대통령과 '친이세력'의 정치적 의도는 충분히 짐작할 수 있다. 박근혜가 반발하는 이유도 같은 맥락이다. 자유선진당 또한 충청남도 지역당으로서 위상이 흔들릴 위기에 몰렸다.

바로 그렇기에 세종시가 실체 이상으로 부각되는 것을 경계해야 할 의무가 책임 있는 저널리즘에 있다. 〈조선일보〉〈동아일보〉〈중앙일보〉에 그런 기대를 하기는 말 그대로 나무에 올라가 물고기 잡는 꼴이다.

하지만 적어도 진보 정치세력과 진보를 표방하는 언론은 냉철해야 옳다. 바로 그 점에서 민주노동당 강기갑 대표의 신년연설은 주목할 만하다. "지금 우리 국민들은 일자리, 물가, 부동산으로 대표되는 최악의 민생3고에 휩싸여 있다"며 민주노동당은 민생 위기의 시대를 넘어서기 위해 "시급한 5대 과제 해결을 위해 전당적 노력을 다하겠다"고 밝혔다. 강 대표가 밝힌 첫째 목표는 전국민고용보험제다. 강 대표의 발언을 직접 들어보자.

"지금 민생안정을 위한 최대 과제는 노동자의 고용안정입니다. 사실상 실업자가 330만 명에 달하는 고용빙하기라고 합니다. 그러나 현행 고용보험법은 실업급여의 광범위한 사각지대가 존재하여 사회안

전망 구실을 못하고 있습니다. 실업부조제도를 도입하여 실업자의 최소 생존권을 보장하고, 850만 비정규직 노동자와 100만 청년실업자, 600만 자영업자에게도 고용보험 혜택이 주어져야 합니다."

당에 대한 호오를 떠나서 가장 적실하고 절박한 민생 대안 아닌가. 강 대표는 이어 "대학등록금 상한제와 후불제를 통해 무상교육 확대와 반 값 대학등록금을 현실화"하겠다고 밝혔다. 1인당 1년 의료비가 100만 원을 넘지 않도록 모든 진료의 건강보험화, 사회(공공임대)주택 20퍼센트 쿼터제 도입, 아동수당 지급, 기초노령연금 인상도 제시했다.

어떤가. 의지만 있다면 얼마든지 현실로 전환할 수 있는 정책 대안 이다. 이명박 정권은 "글로벌 금융위기에서 우리 경제가 가장 빠른 회복세를 보였다"고 언죽번죽 자화자찬하지만 경제지표가 또렷하게 보여주듯이 일자리 불안은 심각하다.

현재 이명박 정권의 정책으로 고용 불안을 해결할 가능성은 보이지 않는다. 그럼에도 전국민고용보험제를 도입하자는 한국의 제3당 대표의 새해연설을 대한민국의 거의 모든 신문이 단 한 줄도 보도하지 않는다. 과연 그래도 좋을까. 진보정당의 정책 대안에 진보언론의 관심이 더 절실한 이유, 진보언론의 책임이 더 무거운 까닭이다. (2010. 01. 14)

KBS, 왜 '국민의 방송'인가

왜 국민의 방송인가. 전국언론노동조합 KBS본부가 파업출정식에서 스스로 던진 '화두'다. 기실 KBS가 걸어온 길을 톺아보면 국민의 방송이라는 데 선뜻 동의하기 어렵다. 특히 대선 당시 이명박 후보의 특보가 사장 자리에 앉았기에 더 그렇다. 시청자 사이에 '땡이뉴스'라는 우스개가 퍼져갈 정도다. 더러는 과장이라고 눈 흡뜰지도 모르겠다. 하지만 '땡전뉴스'와의 사이에 놓인 30년 세월을 감안해보라. 결코 부풀리기가 아니다. 이 대통령이 어린이날 행사에서 찧은 엉덩방아까지 '찬양'하는 보도에선 이승만의 방귀에 "각하 시원하시겠습니다"며 부닐던 장관의 구린내가 묻어난다.

국민의 방송이 아니었는데도 시청자들이 KBS의 그 '참칭'을 용인해온 까닭은 간명하다. 국민으로부터 수신료를 받는 공영방송이기 때문이다. 문제는 국민의 방송이 소임을 다하지 못할 때 불거진다. 그래서다. 언론노조 KBS본부가 파업에 들어갈 때, KBS 경영진의 반응은 차라리 놀랍다. "30년 숙원인 수신료 현실화를 위해 전사적 역량을 기울이는 중차대한 시기"에 파업은 '해사행위'란다.

국민의 방송을 '권력의 방송'으로 만들어놓고 언죽번죽 수신료는 대폭 올리겠다는 부라퀴들을 어떻게 이해해야 옳을까. 그뿐인가. 법적 절차를 모두 밟은 파업을 방송 자막을 통해 '불법'으로 왜곡한다. 국민을 시들방귀로 여길 때나 가능한 작태들이다.

기존의 KBS노조도 어금지금하다. 알다시피 기존 노조와 '전국언론노동조합 KBS본부'는 다른 조직이다. 대통령 특보였던 인물이 사장으로 들어올 때 기존 노조가 미온적으로 대처했다고 판단한 사람들이 새로 결성한 노조가 언론노조 KBS본부다. 새 노조와 달리 기존 노조는 수신료를 논의하는 이사회 회의실 앞에서 인상을 요구하며 시위를 벌였다. 인상에 반대하는 이사들은 즉각 사퇴하라고 압박까지 했다.

기존 노조도 공정성 시비를 마냥 모르쇠할 수는 없었을까. "특단의 대책을 세우도록 강력한 주문을 할 예정"이라고는 밝혔다. 하지만 왜 '예정'인가. 더구나 특보 출신의 사장에게 '주문'해서 방송이 달라지리라 믿을 만큼 순진한가. 다름 아닌 새 노조의 파업이 바로 그 공정 방송을 세우려는 '특단의 대책'이라는 생각은 들지 않는가.

기존 노조로선 자신을 '어용'으로 비판하는 시민사회에 발끈할 수 있다. 하지만 찬찬히 짚어볼 일이다. 특보 출신이 '국민의 방송' 사장으로 오는 걸 막지 못한 책임은 결코 가볍지 않다. KBS노조의 전통에 비춰보아도 그렇다. 그럼에도 수신료 인상에 앞장서는 자신의 모습을 거울에 비춰보라. 무엇이 보이는가. 왜 새 노조가 국민 앞에 반성문을 쓰며 애면글면 파업에 돌입했는가를 성찰하고 연대에 나설 때다.

파업에 참여한 방송인들도 다짐했듯이 KBS를 국민의 방송으로 세우는 길은 탄탄대로가 아니다. '대장정'이다. KBS 역대 사장은 지금까지 모두 정권과 닮은꼴이었다. 그 긴 고리를 끊으려면 내부 구성원들이 마음을 다잡아야 한다. 이미 새 노조의 파업을 왜곡하는 무리는 '정치적 접근'으로 언구럭부리고 있다.

참으로 국민의 방송을 구현하겠다는 대장정의 출발점이 되려면 파업에 기꺼이 몸 던지겠다는 옹찬 결의가 구성원 사이에 넘실대야 한다. 바로 그 점에서 파업은 '학교'다. KBS 새 노조가 국민의 방송을 일궈가겠다는 결기를 곧추세워간다면, 대장정에 함께할 국민은 많다. 국민의 방송이기 때문이다. (2010. 07. 12)

'악어' 기자들의
눈물 어린 걱정

민주노동당 '이미지' 걱정하는 악어들

악어들이 나타났다. 민주노동당을 에워싸고 있다. 지지율 제3당인 공당을 압수수색하는 악어만이 아니다. 공당의 사무총장에게 무람없이 체포령 내리는 악어만도 아니다. 민주노동당을 걱정하는 악어들도 곰비임비 몰려든다. 민주노동당의 '도덕성'이 '치명타'를 맞았다며 저마다 눈물을 흘린다. 생게망게한 풍경이다.

보라. KBS는 민주노동당의 "도덕성 타격"을 걱정한다. 〈9시 뉴스〉 앵커는 말한다. "민노당은 경찰 수사에 정치적 의도가 있다고 반발하지만 속마음은 편치 않습니다. 정치개혁과 도덕성을 내세워왔다는 점에서 후폭풍을 우려하고 있습니다."

이어 기자가 등장한다. "민노당은 4만여 명의 자발적 당비 납부로

당을 운영하고 있다고 하지만 왜 미등록 계좌를 사용했냐는 점에서 의혹을 받고 있습니다. 특히, 노동자 정당으로서 기존 정치권과 차별을 선언하고 깨끗한 정치, 투명한 정치를 표방해왔다는 점에서 도덕성에 치명적인 타격을 받을 것으로 우려하고 있습니다."

〈조선일보〉와 〈동아일보〉는 사설로 '민노당 불법계좌'를 공격한다. 〈조선일보〉 사설("민노당이 불법계좌로 받은 53억 누가 냈나")은 "누구보다 깨끗한 정당이라고 외쳐왔던 만큼 자신의 도덕성 증명을 위해서라도 '돈 낸 사람을 감춰주려는 명의세탁용 계좌'라는 의혹 여부는 가려야 하지 않겠는가"라고 부르댄다.

〈동아일보〉 사설은 제목부터 '압권'이다. "민노당, 불법이 그리도 거룩한가" 제하의 사설은 "민주노동당은 당헌에서 자유 평등 해방을 최고의 가치로 내걸고 '진정한 민주주의를 정착시키기 위해 투쟁할 뿐만 아니라 당내에 민주주의를 엄격히 적용하고 실현시키기 위해 노력할 것'이라고 선언한 이른바 진보 정당이다"라는 문장으로 시작한다. 이어 '도덕성'을 질타한다. "조직적인 불법행위"에 나섰다거나 "당비 외의 불법자금을 모으고 있을 가능성"을 제기한다. 〈중앙일보〉는 이미 하루 전에 1면 기사를 통해 "민노당, 불법자금 55억 돈세탁 혐의"를 보도했다.

저들은 검찰과 달리 정치 이념과 도덕성 손상을 들먹이며 눈물을 흘린다. 그 눈물에서 악어를 떠올리는 이유는 명확하다. 악어는 먹이 앞에서 침샘과 이어진 눈이 젖어들어 '눈물'을 흘리는 것처럼 보인다. 민주노동당 이미지를 걱정하는 체하며 이미지에 마구 먹칠하는 자신들을 거울에 비춰보기 바란다. 악어가 보이지 않는가.

지금 민주노동당이 '마녀사냥' 당하는 출발점은 전교조의 극소수 교사와 공무원노조의 극소수 공무원이 낸 당비다. 이른바 '불법계좌' 니 '돈세탁'이라고 악어들이 흥분하는 통장에 대해서도 민주노동당 은 이미 해명했다. 선관위 등록 전부터 쓰던 통장이고, 들어온 돈이 고스란히 모두 선관위 통장으로 들어갔다고 밝혔다. 민주노동당이 통 장을 기자들에게 보여주며 사실관계를 밝혔는데도 의혹을 침소봉대 하며 '도덕성 치명타'를 걱정하는 저 악어들의 눈물은 얼마나 살천스 러운가. "불법이 그리도 거룩한가"라고 묻는 〈동아일보〉는 유치의 극 단이다.

명토박아둔다. 교사와 공무원의 정당 활동을 금지한 현행법은 이명 박 정권이 언제나 내세우는 선진국 대다수 나라에선 아예 없는 후진 국의 법 조항이다. 이른바 중립 문제도 마찬가지다. 교사와 공무원이 자신의 직무를 이용해 특정 정당을 선전해대는 일, '보수'를 자처하 는 수많은 고위직 교사와 공무원들이 줄곧 해왔던 바로 그 언행이 문 제라면 문제여야 마땅하다. 일선 교사와 공무원이 직무와 무관하게 민주시민으로서 누려야 할 권리까지 내놓고 처벌하는 일은 민주주의 를 후퇴시키는 작태다.

그럼에도 교사와 공무원이 당비 1만 원을 낸 증거를 잡겠다며 공 당을 압수수색하고 사무총장 체포령을 내리고 불법이니 돈세탁으로 몰아가는 저 악어들에게 파충류 이상의 뇌를 기대하기란 과연 난망 일까.

본의와 달리 악어로 '활약'하는 일선 기자들의 성찰을 촉구한다. 사태의 본질을 정녕 모르는가? 전교조와 공무원노조를 정조준한, 민

주노총과 진보정당을 겨냥한 '사냥'임을 꼭 일러주어야 알 수 있는가. (2010. 02. 11)

멋대로 하는 법대로 이중잣대

다시 창을 연다. 사실을 보고 싶어서다. 진실을 나누고 싶어서다. 무릇 현대사회에서 미디어는 창이다. 우리는 신문과 방송을 통해 세상을 본다. 문제는 신문과 방송이 보여주는 창이 투명하지 않다는 데 있다. 언론이 보여주는 세상을 있는 그대로 믿을 때, 자신의 삶을 주체적으로 살아가기 어렵다. 창이 투명하지 못할 때 사실은 비틀리고, 진실은 뒤틀릴 수밖에 없기 때문이다.

3월 8일 민주노동당 전직 사무총장과 집행위원장이 경찰에 자진 출두했다. 그들은 출두하며 밝힌 성명에서 "매월 당원 1인당 1만 원의 당비 또는 후원금으로 운영되는 가장 깨끗하고 투명한 정당"이 민주노동당이라며 "불법 정치자금 수수로 흑색선전하고 전 현직 당 간부들에게 체포영장을 발부, 강제 소환조사하는" 공안당국에 정면으로 맞섰다. 성명은 당이 "매월 소액의 당비, 후원금을 내는 수만 명의 당원, 후원자들의 직업과 신분을 일일이 알 수도 없다"며 "당원과 후원자, 지지자들의 신상정보"를 모두 캐겠다고 나선 공안당국을 비판했다. 민주노동당 마녀사냥으로 지면을 채워왔던 언론들이 성명을 모르쇠한 것은 물론이다.

여기서 검찰과 경찰이 집요하게 전국교직원노조와 전국공무원노조를 탄압하는 현실을 언론이 어떻게 보도해왔는가를 객관적으로 짚어 보자. 대다수 신문과 방송은 전교조와 전공노의 일부 조합원이 민주노동당을 후원한 것은 공무원 정치활동을 금지한 법을 위반했으므로 엄벌에 처해야 한다고 여론을 몰아갔다. 전형적인 '법대로'다. 검찰과 경찰이 전교조·공무원노조 탄압은 물론 민주노동당을 압수수색하고 당 사무총장에게까지 체포령을 내렸을 때도 언론은 '법치주의'를 내세워 옹호했다.

하지만 교사와 공무원의 정당가입을 금지하는 법은 이명박 정부가 언제나 강조하는 '선진국'에는 없다는 사실에 주목할 필요가 있다.

따라서 좋은 언론이라면 선진국에선 찾아볼 수 없는 악법의 문제점을 독자와 시청자들에게 정보 차원에서 알려주고, 국회에 의석을 가진 정당까지 압수수색하는 권력의 무모함을 견제해야 옳다. 이는 민주노동당 차원의 문제가 아니기 때문이다. 야당의 문제이자 민주주의 문제이기 때문이다.

그런데 현실은 어떤가. 집권당인 한나라당 중견 의원들이 현직 교장과 교사들로부터 후원금을 받은 사실이 민주노동당 기자회견 과정에서 증거와 함께 드러났을 때를 보자. 검찰과 경찰은 현재까지 수사 의지를 전혀 보이지 않고 있다. 저들이 말끝마다 부르대는 '법대로'에 따른다면 명백한 수사대상이다. 법제처는 2005년에 공무원의 후원금 기부는 국가공무원법 위반이고, 개인에 대한 후원도 마찬가지라고 해석한 바 있다.

그럼에도 검찰과 경찰의 태도는 민주노동당을 압수수색하던 서슬과 비교할 때 참으로 대조적이다. 더 큰 문제는 언론이다. 검찰과 경찰의 '법대로'가 이중잣대라는 사실을 비판해야 마땅한데도 대다수 신문과 방송은 모르쇠다. 한나라당 의원들이 교장과 교사들로부터 후원금을 받았다는 사실조차 아예 보도하지 않는다. 과연 그래도 좋은가.

악법을 바꿔가는 여론 형성까지 저 몽매한 신문사들에 기대하기는 어렵다고 볼 수도 있다. 하지만 언론이 '법대로'를 주장하며 '멋대로' 이중잣대를 들이대는 일마저 우리가 모르쇠한다면, 한국의 민주주의는 더 뒷걸음칠 수밖에 없다. (2010. 03. 09)

09
언론에 흐르는
'네오콘의 피'

북은 왜 남쪽 언론을 비판하나?

21세기 첫 10년대가 지났는데도 한국사회에서 북쪽을 이야기하기란 여전히 자유롭지 못하다. 북쪽에 대해 논의하며 비판이 없으면 곧장 색깔 잣대를 들이댄다. 국가보안법은 단순히 법으로 존재하는 게 아니라 수많은 사람들 내면에 깊숙이, 그것도 시퍼렇게 살아 있다.

하지만 그럼에도 쓴다. 정보의 편식은 그 누구에게도 도움이 되지 않기 때문이다. 〈통일뉴스〉에 따르면 최근 북쪽의 언론인단체인 조선기자동맹은 남쪽 언론을 신랄하게 비판하고 나섰다.

조선기자동맹 중앙위원회의 대변인 담화(3월 29일)는 특히 〈조선일보〉와 〈동아일보〉를 거론하며 남쪽 언론이 "반공화국 모략선전의 돌격대"라고 주장했다. 담화는 "온 겨레의 지향과 염원에 맞게 북남 관계를 개선해나가려는 우리의 원칙적이며 정당한 입장과 성의 있는 노력을 악랄하게 헐뜯고 있다"고 단언하고 이들 언론이 심각해져만 가는 남북 관계는 외면한 채 탈북자단체들의 말을 받아 반북선전에 매달리고 있다고 비판했다.

더 눈여겨볼 대목은 〈조선중앙통신〉의 보도다. "메가폰 전쟁의 검은 내막" 제하의 기사는 "우리나라에 '급변사태'가 임박한 듯한 인상을 조성하려는 각종 '보도'들이 난무하고 최고수뇌부의 건강에 대해서까지 이러쿵저러쿵 하는 낭설이 나돌고 있다"며 "'화폐개혁 실패'로 인한 식량난, 경제난이 지난 1990년대보다 더 심각하다는 '분석평가'들이 나오고 있다"고 보도했다.

기사는 이어 "이런 보도들이 미국과 일본, 남한에서 나온다"며 "이 너절한 흑색선전 뒤에는 우리나라에 투자가 들어오는 것을 달가워하지 않는 세력이 있다. 대조선 투자를 가로막음으로써 경제건설에 집중해 인민생활을 향상시키려는 우리의 노력을 방해하자는 데 그 목적이 있는 것"이라고 주장했다.

이 대목에 눈 돌려야 할 이유는 북쪽이 지금 "인민생활 향상"과 "경제건설에 집중"하고 있으며 외국인 투자를 바라고 있다는 사실이 드러나고 있어서다.

기실 북은 이미 2010년 신년을 맞아 "경제부흥은 평화로운 환경을 절실히 요구하고 있다"고 밝혔으며 "평화공존의 새 시대를 개척하려"는 "조선의 호소는 진심"이라고 강조한 바도 있다. 서해에서 대규모로 벌어진 한·미 합동군사훈련이 상징하듯이 그 호소가 외면받고 있는 게 엄연한 현실이다.

북이 외국인 투자를 기대하며 경제건설에 집중하려는 의지, 남북대화와 교류는 물론 북미관계 정상화를 위해 모든 힘을 쏟고 있다는 사실을 남쪽의 대다수 국민은 모르고 있다. 여론시장을 독과점한 신문사들의 지면에 반북보도만 어지럽게 춤추기 때문이다. 과연 그래도 좋은지 찬찬히 짚어볼 일이다. 북에 대한 호오를 넘어선 문제다. (2010. 04. 01)

한국 언론은 왜 차베스가 싫을까?

올리버 스톤. 할리우드 다큐멘터리의 거장이다. 그가 새 영화 〈국경의 남쪽〉에서 우고 차베스 베네수엘라 대통령을 있는 그대로 담았다. 스톤 감독은 미국 정부와 언론이 그를 '악마'로 몰아가고 있다고 날카롭게 비판했다.

제66회 베니스 국제영화제에 출품된 〈국경의 남쪽〉은 차베스를 히틀러나 무솔리니 따위로 묘사하는 미국 언론을 통렬하게 고발했다. 영화 개봉에 맞춰 참석한 차베스는 관중들의 기립박수를 받았다. 환호하는 사람들 사이로 '레드카펫'을 밟은 그는 꽃 한 송이를 던졌다. 일찍이 조지 부시를 '악마'로 부른 차베스는 버락 오바마에 대해서는 호의적으로 평가하는 여유를 보이기도 했다.

그런데 이상하다. 〈한겨레〉와 〈경향신문〉의 자세한 보도(2009년 9월 9일자)와 달리 저마다 한국 언론을 대표한다는 〈조선일보〉 〈동아일보〉 〈중앙일보〉는 모르쇠다. 흥미로운 사실은 같은 날 〈동아일보〉의 엉뚱한 보도다. 이 신문은 "케네디 2세 불출마는 차베스 때문? / 자선단체 이끌며 수천억 원대 석유 지원 받아" 제하에 다음과 같이 썼다.

에드워드 케네디 의원의 타계로 공석이 된 미국 매사추세츠 주 연방 상원의원 선거에 출마가 유력시됐던 그의 조카 조지프 P 케네디 2세가 7일 불출마를 선언했다. 불출마 배경에 우고 차베스 베네수엘라 대통령과 케네디 2세의 관계가 작용했을 가능성이 조심스레 제기되고 있다.

로버트 케네디 전 상원의원의 장남이자 6선 연방 하원의원 출신인 케네디 2세는 1979년 매사추세츠 주 저소득층에 무료로 난방용 석유를 공급하는 비영리 자선단체인 '시티즌스에너지'를 만들었다. 케네디 2세의 정치적 발판이기도 했던 이 단체는 지금은 미국 23개 주 20만 가구에 무상으로 석유를 공급하는 큰 조직으로 컸다. 흥미로운 점은 이 단체에 석유를 무상으로 대주는 주요 공급원이 바로 차베스 대통령의 베네수엘라라는 점이다. 남미의 '반미(反美)' 바람을 이끄는 차베스 대통령은 베네수엘라 국영 석유회사인 '시트고 페트롤리엄'을 통해 2005년부터 시티즌스에너지에 석유를 무상으로 주도록 하고 있다. 지난 2년간 시트고 사가 제공한 석유는 8300만 배럴에 달한다.

미 일간지 보스턴글로브는 케네디 2세가 불출마를 선언하기 하루 앞서 이런 내용의 기사를 게재하면서 "(그와 차베스의 관계가) 그의 출마 및 선거운동에 가장 큰 장애가 될 수도 있다"고 보도했다. 이 신문은 "진보적인 매사추세츠 주에서 케네디 2세의 '차베스 커넥션'에 영향받을 유권자는 많지 않겠지만 공화당 측이나 당내 보수파가 보기에는 중요한 이슈가 될 것"이라고 전했다.

어떤가. 기실 이 기사를 거꾸로 읽어보면 차베스를 새롭게 볼 수 있다. 차베스가 미국 23개 주의 가난한 20만 가구에 무상으로 석유를 지원해주는 사실을 발견할 수 있기 때문이다.

미국 언론의 차베스 보도는 스톤의 고발처럼 살천스런 왜곡으로 이어져왔다. 그런데 생게망게한 일이다. 백번 양보해서 미국 언론은 '국익'을 위한다고 치자. 그렇다면 〈조선일보〉 〈동아일보〉 〈중앙일보〉는 왜 그럴까? 왜 차베스를 싫어할까? 그들의 핏줄에 미국 '네오콘'의 피가 흐르는 걸까? 정말 궁금하다. (2009. 09. 10)

진보, 민주화세력의 가면?

"이제 가면을 벗을 때가 됐다." 상대를 이중인격으로 몰아세우는 무례한 언사다. 2011년 3월 〈동아일보〉 주필은 "입만 열면 인권을 외치는 이 땅의 이른바 진보 민주화세력"을 겨냥해 그렇게 썼다. 그는 무람없이 정죄한다. "당신들은 더 이상 민주화세력도, 진보세력도 아니다."

그 칼럼을 읽으며 새삼 세월의 변화를 실감했다. 어느새 아득한 추억처럼 빛바랬지만 한때 그 신문은 한국 언론의 희망이었다. 1970년대 유신체제에 용기 있게 맞섰던 기자들 130여 명이 대량 해직된 사건만 두고 하는 말이 아니다. 1980년대 중반에 접어들면서 〈동아일보〉는 전두환 정권과 맞서기 시작했다.

신문 지면에 '김중배 칼럼'이 나오는 요일이면 독자들은 감동에 젖어 읽었다. 다른 언론사의 젊은 기자들도 그 신문을 찾았다. 〈동아일보〉

내부에서도 해직사태 이후 해마다 들어온 수습기자들 가운데 민주언론의 의지가 또렷한 젊은이도 많았다. 그 시기 〈동아일보〉는 전두환 정권이 서울대생 박종철을 고문해 죽인 사건을 집요하게 보도해갔다. 김중배 논설위원이 쓴 "하늘이여, 땅이여, 사람들이여" 제하의 칼럼은 민주시민들을 거리로 불러들였다.

그런데 어떤가. 작금의 〈동아일보〉는 전혀 다르다. 언론의 본령이 '권력 감시'에 있다는 언론학 원론을 새삼 조곤조곤 들려주고 싶을 정도다. 〈조선일보〉보다 한 술 더 뜬다는 말은 이미 언론계 안팎의 상식이 되었다. 안타까운 일이다. 지금 그 신문에 칼럼을 쓰고 있는 대다수 기자가 1980년대 중반에는 적어도 지금처럼 글을 쓰진 않았다.

왜 그럴까. 왜 그렇게 변했을까. 언론계의 '명가'로 불리던 신문사와 그 속에서 일하는 기자들이 조락한 모습은 언론과 대한민국의 내일을 위해 깊이 성찰해볼 사안이다.

더 말할 나위 없이 여기에는 가장 큰 원인이 똬리틀고 있다. 신문사 내부의 봉건적 구조가 그것이다. 뜻있는 언론인들과 민주시민들이 언론개혁운동을 벌여온 이유이기도 하다. 아직 사주의 '황제식 경영'은 바뀌지 않았고, 언론개혁은 여러 이유에서 명백히 후퇴하고 있다. 다만 구조적 문제가 모든 것을 설명할 수는 없다. 기사를 쓰는 기자 개개인의 책임도 엄연히 존재하기 때문이다.

예컨대 기자 시절 초기의 글과는 달리 진보·민주세력에게 날선 칼날을 휘두르는 칼럼을 노상 쓰는 언론인들의 글에는 공통점이 있다. 바로 '진보·민주세력=친북·종북세력'이라는 등식이다. 들머리에 소개한 〈동아일보〉 주필이 쓰는 칼럼은 거의 모든 주제가 '김정일 체제' 비판이다. 언론인으로서 그의 거주지가 서울이 아니라 평양인가 싶을 정도다. 물론 그의 대북 비판이 국내 상황과 무관하진 않다. 비판의 칼끝은 진보·민주세력을 겨누고 있다. 그는 2011년 3월 현재 "한국의 민주화세력이 눈을 돌려야 할 곳이 어디인지는 자명하다"며 "북한이다"라고 단언한다. 이어 "그럼에도 남한의 진보라는 사람들은 북한의 민주화를 위해 어떤 행동도 할 생각이 없다"고 개탄하며 공격한다.

〈동아일보〉 주필은 물론 진보세력을 '훈계'하는 칼럼을 즐겨 쓰는 〈조선일보〉 〈중앙일보〉의 언론인들에게 명토박아둔다. 대한민국의 모든 진보·민주세력이 '김정일 체제'를 찬성한다는 판단은 너무 거칠고 사실도 아니다. 터놓고 말하면, 기자로서 공부를 하지 않는 데서 오는 무지에 지나지 않는다.

무릇 무지는 만용으로 이어지게 마련이다. "북한의 민주화를 위해 어떤 행동"을 촉구하는 언론인들은 자신들의 논리에 동조하지 않으면 서슴지 않고 '종북세력'으로 몰아친다. 과연 그러한가? 아니다. 그런 식의 황당한 딱지붙이기는 신자유주의를 거론하는 어느 언론인의 칼럼에서도 확인된다. 가령 신자유주의를 비판하는 진보세력을 겨냥해 "주체사상이 더 좋은가, 신자유주의가 더 좋은가"라는 황당한 질문을 던진다. 솔직히 궁금하다. 과연 진심으로 그렇게 생각하고 있는 걸까? 그렇게만 보기엔 젊은 시절에 본 그의 얼굴이 지워지지 않는다.

새삼 말할 가치도 없지만, 신자유주의와 주체사상 사이에 아무것도 없는 게 아니다. 수많은 대안들이 있다. '멸공' 아니면 '종북'이라는 논리도 마찬가지다. 상대에게 색깔을 들씌우는 반민주적 사고의 연장이다.

더러는 그 또한 '표현의 자유' 아니냐고 반문할 수 있다. 하지만 그렇게 넘기기엔 현실이 너무 엄중하고 언론의 영향력이 너무 크다. 보라. 휴전선 앞에서 김정일 체제를 무너뜨리자고 선동하는 유인물을 대량으로 풍선에 실어 보내고, 대규모 화력을 집중한 한·미 합동군사훈련이 곰비임비 이어지면서 북은 '불바다'를 위협하고 나섰다. 그런 상황에서 '북한 민주화를 위한 어떤 행동'을 마구 선동하는 행태가 과연 성숙한 자세인가?

저마다 언론사를 '대표'하는 논객들이 극우단체 수준의 거친 논리를 칼럼으로 써대는 모습을 보며 혹 그들이 '알리바이'를 찾고 있는 것은 아닌지 의심하지 않을 수 없다. 삼성 재벌의 비리나 비정규직의 고통, 신자유주의가 불러온 양극화를 거론하지 못하거나 깊을 생각도 없으면서, 그 이유를 한국 사회에 '발호하고 있는 종북 세력' 탓으로 돌리려는 '합리화 심리'가 읽히기 때문이다.

그래서다. 지금 여기서 우리 사회가 풀어가야 할 문제를 애면글면 의제로 설정하며 동분서주하는 사람들 앞에 그들이 조금이라도 겸손한 자세를 보이기를 진심으로 당부하고 싶다. 진보·민주세력을 싸잡아 '종북주의' 따위의 색깔을 살천스레 들씌우거나 가면을 벗으라며 부르대는 자신의 얼굴을 찬찬히 거울에 비춰보라. 누가 보이는가? 젊은 날의 순수한 영혼은 어디로 갔는가? 그만하면 많이 누렸다. 이제 가면을 벗을 때가 됐다. (2011. 03. 14)

10
공정사회의 '공정'이
공허한 까닭

특채 고발하는 언론사엔 특채 없을까?

판도라 상자가 열렸을까. 고위 공직자들의 딸과 아들이 특채로 공직에 앉은 사례가 곰비임비 불거지고 있다. 왜 저들이 축배를 들며 "이대로!"를 부르댔을까 새삼 이해할 수 있다.

불똥은 지자체로 번지고 있다. 좋은 일이다. 청년실업자들이 피눈물 쏟고 있을 때, 가지고 누리는 자들의 자녀가 특채되는 비리는 고발돼야 마땅하다.

오죽했으면 〈조선일보〉〈동아일보〉〈중앙일보〉까지 현대판 음서제도를 보도하는 데 나섰을까. 특히 〈중앙일보〉는 전 감사원장 딸의 특채를 대대적으로 부각하고 나섰다. 이 신문의 "새치기 특채비리, 과연 어디가 끝인가" 제하의 사설(2010년 9월 10일자)은 "음습한 현대판 음서(蔭敍)의 뿌리가 넓고도 깊게 뻗어 있는 것"이라고 개탄한다. 사설은 "외교통상부 특채 비리는 빙산의 일각이었다"고 단정한 뒤 "지방자치단체의 실상은 더욱 가관"이라고 비판한다.

같은 날 〈동아일보〉 사설은 더 나아간다. "더 썩은 지자체 인사비리, 전면 수술하라" 제하의 사설은 "불공정한 인사비리가 더 심각한 곳은 지방"이라고 단언한다. 채용은 물론이고 승진과 보직에 이르기까지 3박자 인사비리가 만연해 있다고 꾸짖는다. 유명환 전 외교통상부 장관의 딸 특채는 약과로 보일 정도란다. 경기 성남시에 딸린 출자기관들에 전·현직 시장과 구청장의 자녀나 친인척 20여 명이 특채됐고, 경기 부천과 광주 시설관리공단에도 전 시장 사위 등 20여 명이 공채 또는 특채로 입사했다고 고발한다.

서울 강북구 도시관리공단에는 이사장의 조카, 강원 철원군에는 군수의 딸, 부산 사하구에는 구청 국장의 딸이 일하고 있다. 심지어 "승진이나 보직과 관련한 지자체장들의 매관매직이 선거비용을 뽑는 수단으로 전락해 5급 행정직은 5000만 원, 5급 기술직은 1억 5000만 원에 거래된다는 폭로까지 나왔다"고 개탄한다.

독과점 신문들이 지자체의 인사 비리를 고발하는 보도와 논평은 바람직하다. 옳은 일이기도 하다. 다만 '더 썩은 곳'은 지자체라고 몇몇 언론이 단정하는 데 다른 의도는 없을까 짚어볼 필요는 있다.

지자체 썩은 곳을 도려내자는 데 반대하려는 게 전혀 아니다. 지자체는 지자체대로 구린 곳을 드러내되 이른바 '중앙 부처'의 특채 현황도 더 낱낱이 파헤쳐야 옳다. 비단 외교통상부만 특채의 구린내가 진동했으리라고는 아무도 생각하지 않는다.

기실 더 썩은 곳, 더 구린 곳은 대한민국에 하나둘이 아니다. 틈날 때마다 '사회의 목탁' 따위로 공익기관임을 언죽번죽 자부하는 신문과 방송사들은 어떤가. 사주의 아들이나 친인척이 기자로 특채되거나 사장으로 초고속 승진하는 꼴이야말로 가관 아닌가. 저들이 "특채 비리가 사회 전반에 만연돼 있다니 실로 놀랍고 개탄스러운 일"이라고 흥분하는 풍경은 남세스러움을 넘어 위선 아닐까.

그렇다. 지자체가 더 썩었다며 그쪽으로만 눈길을 돌릴 때가 아니다. 서울을 비롯한 모든 지역에, 대한민국 공직 전반에, 노동시장 전반에 진동하고 있는 썩고 구린 곳을 벅벅이 밝혀야 할 때다. 블로그와 트위터, 페이스북으로 개개인이 알고 있는 진실들을 터놓고 나눌 때다. 작은 혁명에 나설 때다. (2010. 09. 10)

이명박의 향기, 전두환의 향수

웃음이 툭 터진다. 하릴없는 실소다. '공정한 사회'라는 말이 갑자기 대한민국에 넘쳐나서다. 기실 신자유주의 체제의 대안을 연구해오면서, 이 땅에 공평과 정의가 숨 쉬는 사회만 구현될 수 있다면 더 바랄 게 없다고 생각해왔다. 공평하고 정의로운 사회, 다름 아닌 '공정한 사회'의 사전적 풀이다. 기실 공평과 정의를 신문과 방송이 의제로 설정하기를 언론운동을 벌여오며 얼마나 촉구해왔던가. 그래서다. 2010년 8월 15일 이명박 대통령의 광복절 경축사 이후 돌연 '공정한 사회'가 넘쳐나는 '미디어의 오늘'에 쓴웃음이 나온다.

어떤가. 과연 오늘 미디어에서 유행하는 '공정한 사회'가 대한민국에 말뜻 그대로 공평하고 정의가 넘실대는 새로운 사회를 불러올 수 있을까? 공정한 사회를 부르대는 이명박 대통령도, 그것을 보도하는 언론도 아마 그 물음 앞에서 남몰래 도리질할 터다.

그래서다. 에두르지 않고 한마디로 쓴다. 구리다. 출범부터 '친기업'을 내걸고 철저히 기득권세력의 이익을 증진해온 이명박 정권이 언죽번죽 '공정한 사회'를 내건 속내를 간파하지 못한다면 기자가 아니다.

물론 공정한 사회 '덕분'에 썩고 구린 국무총리·장관 후보자들은 줄줄이 사퇴했다. 하지만 사태의 핵심은 온갖 정보를 사전에 받고도 이명박 대통령이 그들을 발탁한 데 있다. 분노하는 여론에 밀려 공직 후보자들이 물러났을 따름인데, 마치 그것이 이명박 정권이 '공정한 사회'를 실현하려는 의지처럼 보이는 현상은 미디어가 조장한 착시다.

비단 인사만이 아니다. 공정한 사회를 이룰 수 있는 구체적 정책수단이 많은데도 모르쇠하고 있지 않은가. 여기서 이명박 정권이 내건 '공정한 사회'가 얼마나 구린가를 새삼 정색을 하며 논의할 필요는 없을 성싶다.

다시 문제는 언론이다. 정권이 내건 '공정한 사회'에서 모락모락 피어나는 구린내가 언제나 '공정한 언론'을 자부하는 한국 언론에서 폴폴 나기 때문이다.

나는 지금 언론이 이명박 정권의 '공정한 사회' 이데올로기를 감시하고 견제하지 못해 구리다고 비판하는 게 아니다. 언론의 구린내가 진동하는 곳은 이명박 정권의 허울뿐인 '공정한 사회'론마저 자신들이 지닌 기득권을 침해하지 않을까 우려하는 데 있다.

대표적 보기가 '전통'을 자랑하는 〈조선일보〉다. 이 신문은 "공정한 사회를 만들어야 한다는 이 대통령의 인식에는 공감한다"고 마치 선심 쓰듯 밝히면서도 "대통령이 생각하는 공정한 사회의 개념"이 정확히 무엇인가를 사설로 따지고 나섰다. 이어 대통령의 '공정한 사회' 발언을 겨냥해 "좌파 정권들이 보수 세력을 공격하는 무기로 써 왔던 '기득권자'라는 단어를 그대로 빌려온 것은 정치적 감각을 결여한 선택"이라고 훌닦았다.

문제의 심각성은 기득권에 연연하는 저들이 틈날 때마다 자신을 '공정한 언론'으로 언죽번죽 치장하는 데 있다. 〈조선일보〉〈동아일보〉〈중앙일보〉의 차장 이상급 기자들이 두루 가입해 있는 관훈클럽이 '21세기 한국 언론의 좌표'로 낸 보고서는 우리 언론의 공정성을 누구보다 역설하고 있다. 보고서에 따르면 공정한 언론은 "어떠한 편견이나 선입관 또는 잘못된 관점을 지녀서는 안 된다는 것을 의미하는 동시에 사회 소수계층의 의견을 대변하고 그들의 이익을 옹호해주어야 한다." 곧이어 "언론이 소수의 의견이나 이익을 대변하고 옹호해야 한다는 것은 진정한 민주주의의 미덕이 소수의 권리를 지속적으로 보장해주어야 한다는 데서 비롯"된다고 부르댄다. 심지어 이 보고서는 "한국 언론은 중산층을 주된 소비자로 상정하고 있는 한편 언론인 자신들도 중산층에 편입되어 있어 주로 중산층의 의견을 대변하고 그들의 이익을 옹호"한다면서 "그 결과 자연스럽게 소수 계층의 의견과 이익은 구조적으로 배제"되고 있다고 분석한다.

어떤가. 저 부자신문들이 주창하는 공정이 이명박 정권의 공정과 기막히게 닮은꼴 아닌가. 실체와는 전혀 달리 번지르르한 말의 구린 내가 공통점이다. 진정성이 전혀 다가오지 않는다. 서울 용산에서 참혹하게 숨진 철거민들에게 마녀사냥을 일삼던 자들이나 비정규직 노동자들이 애면글면 생존권을 요구하는 싸움을 살천스레 짓밟아온 자들이 누구였던가. 〈조선일보〉와 그 아류들이 아니었던가.

오해 없기 바란다. 나는 한국 언론이 신자유주의와 분단체제 아래서 찌들어가는 민중의 삶에 희망을 보여주길 기대하는 게 아니다. 새로운 사회의 꿈을 잃어버린 겨레에게 언론이 빛이 되어야 한다는 주장은 뜬금없는 요구일 터다.

하지만 적어도 21세기 좌표로 스스로 공언한 '언론의 공정성'은 최소한 지켜야 옳지 않은가. 차라리 그런 보고서를 내지 않았다면 모를 일이다.

명토박아둔다. 공정한 사회, 공정한 언론은 말뜻만 보면 향기가 넘친다. 하지만 2010년 가을, 대한민국에서 그 '향기'는 구린내다. 1980년 '정의사회 구현과 복지국가 건설'을 '향수'로 뿌렸던 전두환 정권의 피비린내에 견주면 그래도 구린내가 낫다고 자위하기엔 너무 쓸쓸하지 않은가. 옹근 30년의 세월이. 민주공화국 대한민국이.

(2010. 10. 07)

11
황색저널리즘보다 추한
'정론지'

박근혜가 솔깃할 '10·26의 비밀'

참 남세스럽지만 쓴다. 기가 막혀서다. 발기가 안 돼 대통령을 죽였다
는 기상천외한 주장이 무슨 '도색 잡지'에 실린 게 아니기 때문이다.
말끝마다 한국을 대표하는 '고급지'라는 신문의 인터넷판에 대문짝
만하게 실려서다. 그 앞에선 '황색저널리즘'이라는 말도 차라리 우아
할 정도다.

　'정통 뉴스사이트'를 자처하는 〈중앙일보〉 인터넷판은 "새로 드러난
10·26 비밀, 김재규의 '잃어버린 남성'"이라는 제목을 시커멓게 머리
로 내걸었다. 그 옆에는 고(故) 김재규의 사진을 큼직하게 편집했다. 주
제목 아래엔 "50세에 치료불가 발기부전, 간경화 겹쳐 스트레스⋯⋯'사태
유발'"이라는 부제를 달았다(이 글을 쓴 뒤 다시 들어가니 어느새 편집을 바꿨다).

11 황색저널리즘보다 추한 '정론지' **263**

〈중앙일보〉의 '논설위원·정치 전문기자'가 쓴 이 기사는 "새로 드러난 10·26 비밀" 제하의 칼럼이다. 나는 지금 그 '논설위원 겸 정치전문기자'의 글을 놓고 시비 거는 게 아니다. 그 칼럼을 〈중앙일보〉 인터넷판이 대대적으로 부각하고 나섰기 때문에 쓴다.

인터넷판 머리에 오른 칼럼은 들머리에서 "해마다 가을이 되어 10·26이 찾아오면 나는 오래된 의문에 빠지곤 했다. 쿠데타 같은 치밀한 대책도 없이 김재규는 왜 그렇게 무모하고 우발적인 일을 저질렀을까. 그는 왜 자신의 죽음을 향해 코뿔소처럼 돌진했을까. 얼마 전 나는 김재규가 숨겨놓았던 비밀을 찾을 수 있었다"고 주장한다.

이어 김재규의 주치의를 만나 '증언'을 들었단다. 칼럼은 그 주치의가 "김 부장은 발기불능으로 스트레스와 우울증을 겪었을 것이다. 이런 심리상태가 10·26 같은 과격한 행동을 우발적으로 저지른 원인 중 하나가 될 수 있는 것"으로 분석했다고 언죽번죽 전했다.

묻고 싶다. 과연 그것이 10·26의 비밀인가? 아무리 주관적 의견이 들어가는 게 칼럼이라고 하지만, 〈중앙일보〉가 대대적으로 부각해 편집한 정치 전문기자의 칼럼은 지나치게 도색적이고 사실관계도 자의적이다. 아무리 30년이 흘렀다고 하더라도 역사적 평가는 사실에 근거해야 옳다. 아니, 30년이 흐르면서 무슨 일이 일어났는지조차 정확히 모르는 젊은 세대가 커나가고 있기 때문에 더욱 그렇다.

1979년 10월 26일, 김재규는 결코 '무모하고 우발적'으로 박정희를 쏜 게 아니다. 물론 쿠데타를 일으킬 생각도 없었다. 김재규는 부마항쟁에 나선 민주시민들을 탱크로 깔아버리겠다는 경호실장 차지철과 그를 두남둔 박정희를 죽여야 대규모 유혈사태를 막을 수 있다고 판단했다. 관례가 된 낯부끄러운 술자리에서 총을 쏜 이유다.

그런데 느닷없이 발기부전이 10·26의 새로운 비밀이다? 이른바 의료인의 양식을 벗어난 그 주치의의 '증언'을 보아도 상식에 맞지 않는다. 발기불능 진단을 받은 김재규가 왜 하필이면 2~3년 뒤에 총을 쏘았겠는가. 조금만 성찰해도 알 수 있는 걸 도색잡지처럼 편집한 이유가 과연 무엇일까? 그것을 이미 시작된 '박근혜 줄서기'라고 본다면, 나만의 과민반응일까? 그 보도를 가장 좋아할 사람은 박근혜일게 틀림없기 때문이다.

그래서다. 남우세스럽지만 명문화해서 〈중앙일보〉에 묻는다. 발기부전으로 대통령을 쏘았단 말인가? 다시 고급지를 주창해온 홍석현 발행인에게 묻는다. 아무리 한국 저널리즘이 추락했다고 하더라도 너무 추하지 않은가. (2010. 10. 25)

대한민국 기초 흔드는 두 쟁점

난장판이다. 대한민국 정계를 보라. 벌집을 쑤셔놓은 듯하다. 여야가 정면으로 충돌하고 있는 쟁점이 곰비임비 불거진다. 4대강 예산, 대포폰, 기업형슈퍼마켓(SSM), FTA······.

어떤가. 먹고살기에 바쁜 시민들로서는 선뜻 살갗으로 다가오지 않거나 온전히 이해하기 어려운 말이다. 살림살이는 무장 악화되는데 정치판은 뭘 하는 건지 울뚝밸이 치밀 법하다. 한 가지는 분명하다. 국회에서 말싸움, 몸싸움 벌이는 정치인들에 대한 불신이 그것이다. 정치하는 놈들은 죄다 도둑놈이라는 말은 언제나 되풀이되는 타령이다.

하지만 난장판을 한 뼘만 더 들여다보자. 과연 난장판의 책임은 어디에 있는가. 나는 정치인 못지않게, 아니 그 이상으로 언론인에 있다고 판단한다. 아무리 선입견을 씻고 보아도 그렇다. 더러는 내게도 색안경을 끼고 볼 〈조선일보〉〈동아일보〉〈중앙일보〉 기자들을 위해 미리 인용한다.

"남이 하는 말을 옮겨주는 것이 언론이긴 하지만 옮겨주는 것만이 능사가 아니다. 거짓을 말하는 사람이 있고 진실을 말하는 사람이 있다."

누구의 말일까? 〈조선일보〉에서 기자, 정치부장, 편집국장, 부사장으로 39년을 일했던 '보수 언론인'의 상징적 존재, 안병훈의 말이다. 그는 자신이 언론사에 있을 때는 미처 몰랐다며, 언론의 중요성을 새삼 절감했노라고 토로한 바 있다. 나는 "진실을 말하는 사람"과 "거짓을 말하는 사람"을 구분해야 옳다는 '보수 언론인 안병훈'의 말에 전적으로 공감한다.

4대강 예산, 대포폰, SSM, FTA. 하나하나가 가볍게 넘길 수 없는 쟁점이지만, 발등의 불로 떨어진 대포폰과 FTA를 보기로 짚어보자.

단순히 남이 하는 말을 옮겨서는 안 될 대표적 보기가 이른바 '대포폰 논란'이다. 가령 〈동아일보〉는 사설에서 대포폰을 '차명폰'으로 표기하고 나섰다. 청와대와 한나라당의 '오리발'을 고스란히 받아들인 셈이다. 청와대에 있는 '혐의자'가 자신이 아는 사람의 명의를 빌린 것은 아니므로 차명폰보다 대포폰이 옳다는 주장을 굳이 〈동아일보〉에 건네고 싶진 않다. 차명폰인가, 대포폰인가는 말 그대로 지엽적 논란이기 때문이다. 기실 대다수 신문과 방송이 쓰고 있는 '대포폰 논란'이란 말도 옳지 못하다.

명토박아두거니와 사태의 핵심은 이명박 정권의 '불법사찰—범죄은폐'다. 차분히 톺아보라. 국무총리실이 불법으로 민간인을 사찰했다. 그런데 그 불법에 청와대가 개입한 사실이 드러났다. 더구나 청와대는 검찰 수사과정에서 자신들이 개입한 사실을 은폐하기 위해 대포폰을 사용하며 증거를 인멸했다. 황당한 자들은 청와대에만 있지 않다. 검찰은 그 모든 사실을 알고도 서둘러 수사를 종결했다. 국회에 출석한 법무장관은 아무 문제가 없다고 언죽번죽 주장했다.

자, 묻고 싶다. 과연 이게 민주주의 국가에서 가당키나 한 일인가? 과연 이게 중계식 보도로 그칠 사안인가? '차명폰' 따위로 언구럭부릴 일인가?

이명박 정권이 불법으로 민간인을 사찰하고 그것이 드러나자 조직적으로 범죄 사실을 은폐하기 위해 또 다른 범죄를 저지른 사건이다. 이명박 대통령이 정녕 몰랐다면, 당장 진상규명에 나서서 청와대 관계자들과 법무장관, 검찰총장에게 엄히 책임을 물을 일이다. 만일 알고도 시치미 떼고 있는 것이라면, 대통령 자신이 그 자리에 계속 앉아 있어서는 안 될 중대한 사안이다. 그렇다. 언제나 '법치주의'를 들먹이는 수구세력의 부르대기에서 말을 빌린다면 이 사안이야말로 '대한민국의 국기를 흔드는' 사건이다. 보수언론과 진보언론의 '차이' 문제로 접근할 사안이 결코 아니다. 굳이 나누어야 한다면 보수언론이 더 파고들어야 할 사건이다.

대한민국의 국기를 흔드는 쟁점이 또 있다. 바로 한·미 FTA다. 보라. 미국의 요구로 사실상 재협상이 진행되고 있다. 재협상은 절대로 불가능하다고 국민에게 공언했던 이명박 정권은 미국의 요구대로 지금 재협상을 벌이고 있다. 묻고 싶다. 과연 그게 보수의 가치인가? 국가의 모멸을 자처하는 통상정책 앞에서 참된 보수인사의 개탄을 허튼소리일망정 듣고 싶다. 하지만 전혀 들려오지 않는다.

다만 조금의 부끄러움은 남아서일까, 그저 남세스러워서일까. 재협상은 아니라고 주장한다. 그래놓고 '밀실 협상'도 서슴지 않는다. 〈조선일보〉〈동아일보〉〈중앙일보〉에서 그 문제점을 지적하는 기사나 논평을 찾아보기 어렵다. 2007년 4월, 노무현 정권이 미국과 자유무역 협정문에 합의했을 때와는 세계 금융위기로 상황이 확연하게 달라졌는데도 그 변화를 짚지 않는다. 노 정권이 체결한 협정을 지금 민주당 일각이 반대하는 것은 옳지 못하다는 정치적 공격이 버젓이 '정론'을 자처하는 신문의 사설로 나온다. 세 신문에 차별성이 있다면, 2008년처럼 '좌파세력'에게 빌미를 주지 않도록 재협상에 성공하라는 주문이 있거나 없거나 정도다.

이명박 정권의 '불법사찰-범죄은폐'와 '한·미 FTA 재협상'은 당장 대한민국이 풀어야 할 국가적 쟁점이다. 오해 없기 바란다. 나는 여기서 언론이 어느 한쪽을 편들어야 한다고 주문하는 게 전혀 아니다. 여론을 독과점한 신문과 방송들이 청와대와 한나라당의 대변자가 되었다고 비판하는 것도 아니다.

오직 언론의 본령인 진실과 공정을 지키라고 요구할 뿐이다. 새삼스런 말이지만, 진실은 보수와 진보를 넘어서 있다. 정파의 색안경에서 벗어나지 못할 때 한국 저널리즘은 더 이상 설 땅이 없다. 경고한다. 이미 대한민국 정계보다 언론계가 더 난장판이다. (2010. 11. 10)

대통령 묘 모욕 '배후' 있다

얼굴보다 마음에 주름살을 준다. 몽테뉴가 늙음에 준 경고다. 노무현 전 대통령의 묘역에 인분을 퍼부은 60대를 보며 문득 떠올랐다. 무릇 무덤을 만나면 누구나 삼가게 마련이다. 백인이 인디언을 마구 학살했던 시기에 미국의 작가 어빙은 설령 원수였어도 무덤 앞에선 회한을 느끼게 된다고 토로했다.

그런데 경상북도에서 살아온 60대는 어느 순간 울뚝밸이 치민 게 아니었다. 일주일에 걸쳐 차근차근 준비했다. '노무현 그대 무덤에 똥물을 부으며'란 제목으로 유인물까지 만들어왔다. 노무현재단과 야당들이 조직적 배후를 밝히라고 요구한 이유다.

수사를 지켜봐야겠지만, 60대에게 행동을 직접 지령한 배후는 없을 성싶다. 다만 '검은 그림자'로서 배후는 있다. 보라. 그가 뿌린 유인물은 노 전 대통령이 "전교조·전공노·민주노총 같은 좌파세력들이 생성되도록 도와 청소년들의 정신을 세뇌시키고, 국가 정체성을 혼돈에 빠뜨렸으며, 국민을 불안하게 했다"고 부르댔다.

찬찬히 톺아볼 일이다. 대체 참여정부가 "전교조·전공노·민주노총"을 언제 어떻게 도왔는가. 사실과 전혀 맞지 않는 주장이다. 그럼에도 왜 그렇게 생각하고 야만을 저질렀을까? 다시 유인물을 짚어보자. 어디선가 많이 듣던 이야기 아닌가. 참여정부를 틈날 때마다 '좌파'로 몰고 '국가정체성'을 들먹여온 '조직'이 떠오르지 않는가?

비단 노 전 대통령만이 아니다. 그들은 김대중 전 대통령에게도 색깔을 덧칠해왔다. 바로 언론시장을 독과점한 신문들이다. 이미 김 전 대통령의 현충원 묘역에도 누군가 불을 질렀다. 당시 경찰은 '용의자'를 찾겠다고 부산떨었지만 흐지부지됐다. 과연 그래도 좋은가? 김대중 묘역을 방화한 날 현충원 안에서 자칭 '애국' 단체들 이름으로 유인물이 열여섯 장이나 발견됐다. 묻고 싶다. 이명박 대통령이 조금만 눈길을 보냈어도 과연 경찰이 현충원 안에서 일어난 방화범을 찾지 못했을까?

구렁이 담 넘듯 수사에 마침표를 찍으면서 또 다른 대통령 무덤에도 똥물을 뿌리는 만행이 일어났다. 김대중 묘역에서 발견된 유인물 내용도 독과점 신문의 논리와 어금지금했다.

저들이 저지른 야만의 '배후'로 독과점 신문을 짚은 데는 근거도 있다. 〈조선일보〉〈동아일보〉〈중앙일보〉의 인터넷판에 뜬 '무덤 모욕' 기사 아래에는 그 신문의 독자들이 쓴 댓글이 주렁주렁 달려 있다. 역겹지만 현실을 직시하기 위해 몇 대목 옮긴다.

"똥물도 아깝다. 파헤쳐 북조선 그의 조국으로 보내라." "내가 하고픈 마음 대신 행동해주신 분!" "지난 5년의 쌓인 스트레스를 만분지일만큼이나마 국민에게 풀어준 사건." "인분 뿌린 정 선생님에게 찬사를. 매우 용기 있는 어른으로서 매우 잘하신 일." "정말 장한 일, 이 땅에 좌빨 분자가 사라지는 그날까지……."

하나 둘이 아니다. 저주의 주문이 줄줄이 이어진다. 김대중 묘역을 불 질렀을 때도 그랬다. "노무현이랑 같이 길이길이 한국현대사의 악의 축으로 남겨야 한다"고 부추겼다. 심지어 저 빛나는 오월항쟁까지 지역감정으로 폄훼하는 글도 올랐다.

옷깃을 여미며 묻는다. 누구일까? 과연 누가 저들의 마음에 저토록

험상궂은 주름살을 살천스레 파이게 했을까?

마음을 가라앉히고 김대중-노무현 두 대통령의 눈으로 바라보자. 당신의 무덤을 모욕한 무리를 어떻게 볼까. 연민 아닐까? 김 전 대통령은 숨을 거두기 직전까지 '행동하는 양심'을 호소했다. 경북의 60대가 똥물을 뿌린 바로 그 돌비석에는 노 전 대통령의 글이 새겨져 있다. "민주주의 최후의 보루는 깨어 있는 시민의 조직된 힘입니다."

60대 마음에 사실과 전혀 달리 증오의 주름살이 가득한 데에는 그가 평생 읽어왔을 언론이 배후로 똬리틀고 있다. 그 60대 앞에서 연민과 더불어 언론개혁이 얼마나 절실한 시대적 과제인가를 새삼 절감하게 된다. 기실 언론개혁은 두 대통령이 남긴 미완의 숙제 아닌가.

(2010. 11. 18)

노무현을 이을 또 다른 '바보'의 등장을 희구한다.
더 사랑하는 일밖에 사랑을 치유하는 약은 없을지니,
새로운 바보가 갈라진 민주—진보세력을 통합하고
신자유주의와 분단체제를 넘어서겠다는 의지와 정책으로 충만하기를.

PART 4 미래

우리에게 희망은 있는가

01
민주주의를 생각하는 국민

'새로운 바보'를 기다리며

사랑을 치유하는 약은 없다. 숲에서 생활한 사회사상가 헨리 소로의 경구다. 누군가를 사랑한 사람이라면, 더구나 사랑하는 그 사람을 더는 만날 수 없다면, 소로의 그 말이 시퍼렇게 피멍든 가슴으로 파고들 터다.

　'노무현을 사랑하는 사람들의 모임(노사모)'은 사랑이 정치와 어떻게 결합할 수 있는가를 웅변으로 가르쳐주었다. '바보'를 사랑한 '바보들'의 열정은 집권으로 열매를 맺었다. 그랬다. 노사모는 한국 정치사의 새로운 지평을 열었다.

　고인의 비극이 옹근 1년을 맞는 지금, 눈을 감으면 집권 뒤 처음 열린 노사모 총회의 풍경이 싱그럽게 펼쳐진다. 2003년 5월이었다. 초청강사는 두 사람, 나와 유시민이었다. 연단에 올랐을 때 마주친 눈빛들을 잊을 수 없다. 새맑은 얼굴들 가득 2002년 내내 자신의 모든 걸 아낌없이 바친 이들의 웅숭깊은 사랑이 넘실댔다. 나는 노무현을 사랑하는 방법이 대통령이 되기 전과 달라야 하며 바보 노무현이 올곧게 걸어갈 수 있도록 비판을 아끼지 말아야 한다고 강조했다. "나는 노무현을 사랑한다, 하지만 민중을 더 사랑한다"고 강연을 마쳤다.

며칠 뒤 한 참석자로부터 내가 강연장을 나온 뒤 연단에 오른 유시민이 날을 세워 나를 비판했다는 이야기를 들었다. 뜻밖이었다. 그에게 호감을 지니고 있어서만은 아니었다. 대통령이라는 권력의 정점을 바라보는 눈이 정치인과 언론인은 다를 수밖에 없다는 사실을 새삼 실감했다.

대통령이 되기 전, 바보 노무현과의 첫 만남은 한겨레신문사 주변의 대중식당이었다. 자리를 주선한 이기명 당시 후원회장은 그때만 하더라도 순박했다. 아무튼 노무현과 한국 정치판 전반을 비롯해 언론개혁을 주제로 대화했다. 언론개혁에 대한 그의 생각이 다소 거칠게 느껴져 정책을 '무기'로 한 전략적 접근을 주문했다. 그 뒤 몇 차례 전자우편을 주고받았다. 내가 언론3단체로부터 '통일언론상'을 받을 때 수상식에 참석해 작은 꽃다발을 건네던 그의 순수한 표정이 지금도 생생하다. 그가 대통령이 되어 한겨레신문사 논설위원실에 들렀을 때, 나는 적어도 후보로서 내건 공약은 우직하게 실천해가리라 믿었기에 '건강'만을 당부했다.

하지만 언론개혁을 바라보는 그의 시선은 여전히 정교하지 못했다. 그래서다. 취임 한 달이 지났을 때 〈한겨레〉에 "바보 노무현"(2003년 4월 4일자) 칼럼을 썼다.

바보. 노무현 대통령을 이름이다. 윤똑똑이들이 넘치는 정치판에서 그는 '바보'였다. 그래서다. 민중은 아낌없이 사랑했다. '바보 노무현'을 대통령에 앉혔다. 누군가를 사랑해본 사람은 안다. 바보란 말에 담긴 정감을. 참으로 바보가 아니기에 따옴표를 붙인다. 비단 사랑만 녹아 있지 않다. 늘 올곧게 걸어가라는 소망이 서려 있다. 하지만 그 사랑을 노 대통령은 배신했다. 보라. 파병안의 국회통과를 호소하며 미국 제국주의자들의 침략전쟁에 용춤 추는 풍경을. …… 집권 초꼬슴부터 엇나가는 그를 비호할 때가 아니다. 김대중 정권을 두남둔 결과는 참담한 몰락이었다.

노 대통령에 비판 칼럼을 곰비임비 써가면서 그가 올곧게 걸어가길 소망했다. 과거와 달리 대통령에게 언론인이 먼저 사적인 전자우편을 보내기란 적절치 않았다.

하지만 그는 무장 엇나갔다. 급기야 한·미 FTA를 추진하겠다고 나섰다. 격하게 비판 칼럼을 쓰자 청와대에서 전화가 왔다. 대통령의 '고위 측근'과 청와대 근처에서 마주했다. 대화 초반에 그는 "대장(그가 대통령을 부른 호칭)에게 손 위원을 통일부 장관으로 추천했다"고 밝혔다.

나는 대통령이 나를 장관으로 선택할 리도 없겠지만, 설령 선택하더라도 한·미 FTA를 추진하는 정부에서 장관할 생각은 없다고 답했다. 그런 이야기 듣고 싶어 온 게 아니라며 한·미 FTA를 강행하는 이유가 무엇인지 물었다. 망설이던 그는 비보도(오프더레코드)를 전제로 자신도 반대했지만 "(대장이) 감이 참 좋다"며 확고한 의지를 밝혔다고 전했다. 이어 "대장이 '정치적 감'을 말할 때는 막을 수 없다는 사실을 뜻한다"고 설명했다.

가능한 비보도 약속을 지키려 했다. 하지만 노무현을 위해서라도 덮어둘 문제가 아니라는 판단이 그 약속의 효력을 시나브로 무력화했다. 한 달이 넘어서 칼럼에 "곧추 보기 바란다. 한·미 FTA가 어떻게 강행되고 있는지를. 대통령의 '정치적 감'으로 공화국의 운명을 욜랑욜랑 결정했다"고 썼다. 대통령에 대한 그의 충성을 의식해 더는 자세히 쓰지 않았다. 신문이 나오자 노사모라고 밝힌 독자가 '우리 노짱'이 설마 감으로 그랬겠느냐며 힐난했다.

그랬다. 기자가 된 뒤 여섯 명의 대통령을 보았지만 사사로운 '친분'이 있었던 정치인은 오직 노무현이었다. 하지만 짧은 인연이었다. 민중의 사랑을 한 몸에 받았으면서도 민중과 더불어 개혁을 밀어붙이지 않는 대통령을 이해할 수 없었다.

내가 가야 할 길은 또렷했다. 신자유주의와 분단체제의 대안을 만드는 싱크탱크(새로운사회를여는연구원) 창립에 나서며 〈오마이뉴스〉와의 인터뷰에서 "삼성경제연구소가 경쟁상대"라고 밝힌 이유도 참여정부의 과도한 삼성 의존이 어떤 폐단을 빚고 있는지 목격했기 때문이다.

결국 한·미 FTA로 상징되는 신자유주의 정책으로 민주-진보세력은 분열됐다. 그의 뒤를 이은 이명박 정권이 국회에서 한·미 FTA를 비준하겠다고 불을 켜는 살풍경 앞에서, 삼성의 품에 안긴 FTA 협상 대표 앞에서, 유감이지만 다시 그 시절을 맞더라도 언론인으로서 나의 선택은 같을 수밖에 없음을 확인했다.

바보 노무현과 대통령 노무현을 사랑하는 방법은 달라야 한다고 주장했던 나는 이제 고인이 된 노무현을 사랑하는 방법도 달라야 옳다고 생각한다. 무엇일까? 대통령 노무현이 구현하지 못한 바보 노무현의 뜻을 온새미로 실현하는 길 아닐까? 퇴임 뒤 노무현이 미국의 금융위기를 보며 한·미 FTA와 신자유주의에 대해 다시 성찰하는 모습을 보였기에 더 그렇다.

노무현이 역사의 인물이 된 지금 나는 다시 헨리 소로의 경구를 떠올린다. 소로는 사랑을 치유하는 약은 없다는 말에 '치유책'을 덧붙였다. "있다면 더 사랑하는 것뿐이다." 신자유주의와 분단체제로 고통받는 민중 앞에 또 다른 '바보'가 정치무대에 등장하길 갈망하는 까닭이다.

새로운 바보가 갈라진 민주-진보세력을 통합하고 신자유주의와 분단체제를 넘어서겠다는 의지와 정책으로 충만하기를 기대한다. 더 사랑하는 일밖에 사랑을 치유하는 약은 없다. (2010. 05. 27)

'빨갱이 김대중'과 부산대 여학생 편지

말 꺼내기도 싫지만 현실을 직시할 때다. 김대중 전 대통령의 묘소를 파헤치겠다며 '서명운동'까지 벌이는 저들을 보라. 저들처럼 막무가내는 아니지만 적잖은 사람들이 '김대중=빨갱이'라는 인식에서 벗어나지 못하고 있다. 정당성 없는 기득권 세력이 영남 지역을 이용해 오랜 세월 '세뇌'해온 결과다.

보수와 우익을 자처하는 저들의 행태를 보며 2009년 9월 초순에 부산대학교를 찾았을 때가 떠올랐다. 부산대학교 총학생회 초청으로 민주주의 강연을 마쳤을 때다. 강연장을 나오는데 한 여학생이 곱게 접은 편지를 수줍은 듯 건네주었다. 서울로 오는 차 안에서 그 편지를 읽었다. '김대중=빨갱이'라는 등식에 사로잡힌 모든 사람들과 그 편지를 나누고 싶다. 전문을 싣는다.

좋은 강연 감사합니다. 항상 생각해왔던 것이 지금으로부터의 고정관념에서부터 벗어나야 한다는 것이었습니다. 단편적으로 아직 "빨갱이 김대중" 하시는 어른들(?). 그들의 자녀들은 자신도 모르는 사이에 이미 고정관념 하에서 이미 지역감정 하에서 정치를 바라보기 때문입니다. 그리고 요즘 학생들 근현대사, 그리고 현재에 대해서 오히려 모르는 것이 좋다고 생각하는 쪽이 대부분입니다. 관심을 가지면 운동권으로 몰고 가는 …….

거기까지 읽었을 때 가슴이 싸했다. 편지 읽기를 멈추고 스쳐가는 차창 밖으로 초가을 들녘을 바라보았다. 우리 근현대사와 현실에 관심을 가지면 "운동권으로 몰고 가는" 기막힌 현실을 새삼 학생의 글로 확인할 때 절망마저 몰려왔다. 하지만 바로 그 다음 대목을 읽어가면서 그 어두운 슬픔은 시나브로 사라졌다.

하지만 우리가 바꿔가야 한다고 생각합니다. 그리고 지금이 가장 좋은 시기인 것 같구요. 대학생들에게 그리고 점점 어린 학생들에게 이런 진실에 대한 강의를 늘리는 게 시급한 것 같습니다. 스스로 알려고 하지 않기 때문입니다.
우리는 정치, 역사는 뒷전으로 하고 공부를 중점, 최고라 생각하는 사회,

부모님들 밑에서 자라와서 정말 전혀 바탕이 없는 역사, 현재 인식에서 오해까지 더해져갑니다. 이런 진실과 문제 제기에 대한 강연을 더 많은 학생들이 듣기를 바랍니다. 강의시간에 적어 두서없고 글씨도 엉망이지만 더 좋은 강의 더 많은 강의 부탁드립니다. 저도 민주주의를 생각하는 국민이 되겠습니다. 경제공부도 하겠습니다.

우리가 바꿔가야 한다는, 민주주의를 생각하는 국민이 되겠다는, 경제공부도 하겠다는 다짐은 얼마나 아름다운가. 무엇보다 "우리가 바꿔가는 데 지금이 가장 좋은 시기"라는 결기가 그렇다. 부산대 여학생의 편지는 민주시민들에게 절실한 '화두'를 던지고 있다. 왜 "지금이 가장 좋은 시기"일까? (2009. 09. 21)

02
청춘의 가슴에는
절망 아닌 희망을

'대학생 보수화'에 절망한 당신에게

적잖은 사람들이 대학생 보수화를 우려한다. 언제부터인가 유행처럼 퍼져간 말이다. 전혀 잘못된 진단은 아니다. 하지만 부분적 진실이 아닐까. 얼마 전 동국대학교의 1학년(09학번)들이 주도해 학습모임을 만들었다며 강연을 요청해왔다.

지하철을 내려 교문 앞에 들어서자 교정에는 강연을 안내하는 긴 줄이 강연장까지 이어져 있었다. 최근에 대학에서 보기 드물었던 정성이 묻어났다. 강연장을 찾아온 총학생회장도 인사말에서 1학년들이 주도해 강좌를 열었다는 사실에 감동을 고백했다. 학생들의 진지한 경청, 뒤이은 질문들은 대학이 조금씩 변하는 게 아닐까라는 기대감을 주었다. 강연을 들었던 1학년 학생이 전자우편을 보내왔다. 20대에게 절망하고 있는 사람들과 나누고 싶은 글이다.

저는 민주주의 위기가 시장권력에 있다고 생각합니다. 노무현 대통령의 말을 빌리자면 시장권력은 정치권력과 달리 국민이 정당성을 부여하지 않았고, 오직 시장에서 승리한 권력입니다. 때문에 패자에 대해서 배려가 없습니다. 또한 우리나라에서 그 권력은 반칙과 특권의 시대에 지어진 권력이기 때문에 시장권력이 정치권력에 앞서는 순간 민주주의의 위기가 찾아오기 마련입니다. 그래서 노무현 대통령은 시장개혁을 위한 시민주권운동의 일환으로 소비자주권운동을 주장했습니다.

그러나 저는 소비자주권운동보다는 노동운동이 이미 해답을 갖고 있다고 생각합니다. 정치하기 좋은 환경, 사람 사는 세상, 반칙과 특권의 시장권력의 개혁. 모두 노동운동에서 시작될 수 있다고 생각합니다. 노동운동을 지지합니다. 아니요, 저의 청년에 담고 싶은 꿈은 노동인권변호사입니다. 때문에 법학과로 전과하기 위해 현재 법학 전공 수업을 듣고 있습니다. 집의 사정이 여의치 않아 로스쿨에 못 가 변호사가 되지 못하더라도 대학에서 배운 법 지식을 노동문제연구소 같은 곳에 들어가 쓰고 싶은 소망이 가득합니다.

사실 제일 묻고 싶은 것은 이러한 소망을 위해서 "앞으로 뭘 해야 할지 알려주세요!"라는 철없는 질문이지만 저는 스스로 내놓아야 할 답인 것을 알기 때문에 이제껏 아무에게도 묻지 않았습니다. 또 앞으로도 묻지 않을 계획입니다.^^ 다만 이런 입에 발린 말은 꼭 한답니다. 장래에 꼭 뵀으면 좋겠다고요. 손석춘 선생님께 힘이 되는 존재로서 혹은 감히 동지로서.^^ 어제 강연을 너무 재밌게 들어서 뭔가 피드백을 드리고 싶어서 메일을 쓰게 됐는데 정리 안 된 생각을 뒤죽박죽 쓰니까 글이 알아보기 힘들 지경이지만 이해해주세요.^^ 그럼 이만 줄입니다.

어떤가. 굳이 편지의 마지막 대목까지 넣은 이유는 똑똑한 대학 1학년생이 갖춘 겸손함까지 나누고 싶어서다. 언젠가 노동인권운동가로 이 땅의 어둠을 밝혀갈 그 청년에게 부끄럽지 않은 동지이고 싶다. (2009. 09. 18)

학습하는 당신이 희망이다

"학습하는 당신이 희망이다." 새로 책을 내면서 쓴 표제다. 내가 생각해도 참 서툰 '말 걸기'다. 입시지옥에서 '학습'이란 말을 지겹도록 들어왔거나 대뜸 '운동권'을 떠올리는 이가 적지 않기 때문이다. 책 읽기를 즐거워하지 않는 세태와도 아귀가 맞지 않는다.

하지만 바로 그렇기에 학습하는 당신이 희망이라는 표제는 더 정당하고 더욱 절실하다고 생각했다. 아무리 돌아보아도 이 절망스런 공화국에서 희망은 학습하는 '당신'에게 있기 때문이다. 여기서 '당신'은 이 글을 읽는 바로 당신이다. 동시에 미국 시사주간지 〈타임〉이 2006년 '올해의 인물'로 선정한 '당신(YOU)'이다. 인터넷이 열어놓은 공간에서 '당신'은 이미 "인류의 삶에 가장 큰 영향을 끼치는 사람"이다.

이 책의 첫 글은 6월대항쟁 20돌을 맞아 2007년 6월 10일 새벽에 써서 인터넷에 띄웠다. 그로부터 2009년 8월 15일까지 옹근 2년 동안 대한민국은 이명박 정권의 등장과 한나라당의 국회 과반의석 확보, 촛불항쟁, 서울 용산참사, 노무현 전 대통령의 비극적 자살, 미디어악법 날치기, 쌍용자동차의 전쟁으로 이어지며 소용돌이쳤다. 이 책은 그 2년 동안 새사연을 비롯해 손석춘의새로운사회 및 〈한겨레〉 〈경향신문〉에 쓴 글들을 모았다. '주권'이라는 일관된 주제가 삶의 현장들을 담은 글에 녹아 있다.

네티즌 대다수가 비관과 낙관, 다시 비관으로 시계추처럼 오간 그 시기를 정확하게 짚어야 할 까닭은 그것이 회고하고 추억하는 과거의 문제가 아니라 대한민국의 미래와 직결되어 있기 때문이다.

2007년 12월 대선 뒤 절망의 담론이 지배하고 있던 2008년 3월 초였다. 서울 용산에서 연 새사연 정기총회에서 '왜 다시 민중인가'라는 제목으로 강연을 하며 "주권운동은 국민 대다수인 민중이 주체가 되어 새로운 경제, 새로운 사회를 열어가는 새로운 정치과정"이라고 강조했다. 바로 그렇기에 곧이어 5월부터 타오른 '촛불 바다'는 내게 경이였고 감동이었다. '헌법 제1조' 노래가 서울 광화문 사거리와 전국 곳곳에서 퍼져갈 때, 더욱 그랬다.

문제의 핵심은 주권을 실현해갈 주체에 있다. '학습하는 당신'을 전면에 부각하며 "저 빛나던 노사모는 어디 갔는가"라고 물은 까닭이다.

촛불항쟁 당시 출간한 《주권혁명》이 이론서라면 《학습하는 당신이 희망이다》는 삶의 구체적 현장을 담으며 주권운동의 방법으로 실/학/연대(실사구시, 학습토론, 연대단결)를 제안한 책이다. 사회 모든 부문에서 주권을 학습하고 토론하는 소모임의 확대를 강조했다. 바로 그것이 "이명박과 박근혜를 넘는 길"이라고 나는 확신한다.

이명박 정권 이후에 박근혜 정권이 들어서는 최악의 시나리오를 막으려면 지금 우리가 무엇을 해야 할까. 답은 자명하다. 촛불항쟁은 2008년 8월에 끝난 게 아니라 시작이기에 더 그렇다. 학습하는 당신이 희망이다. (2009. 10. 19)

어른들에 기 질린 울산 10대의 편지

사실 나는 여느 청소년들과 같은 맥락으로 여태까지는 우리나라의 역사나 정치에 대해 많은 관심을 쏟지 않았었다. 하지만 작년 중순 즈음부터 차츰차츰 그런 것들을 알아가기 시작했고, 나이 터울이 그렇게 두껍지 않은 지인들과 정치를 주제로 삼고, 사회를 주제 삼아서 이야기도 꽤나 했었다. 물론 전체의 극히 일부분이었겠지만, 나름대로 나에겐 적지 않은 도움이 된 것 같기도 했다. 그러다보니 흔히들 말하는 보수 측 세력 쪽으로 치우쳐, 손석춘 선생님이 말씀하신 '진실'을 올바로 보지 못하는 집안 어른들이 답답하기도 했다.

한쪽 면만 보면 안 되는 것이라고 하셨던 아버지의 말씀이 슬쩍 모순이 되는 순간도 더러 있었다. 그럴 때마다 은근히 내 주장을 펼쳐보기도 한 나는 가차 없이 높아지는 아버지의 언성에 매번 기가 질렸다.

그래서 그런지 《순수에게》라는 책은 나에게 엄청난 폭으로 동감을 얻었다. 손석춘 선생님이 (우려하며) 말씀하신 '거부감'이라는 게 그다지 느껴지지 않을 정도였다. 무조건적인 비판은 옳지 않지만, 그렇다고 무조건적인 긍정과 수용 또한 옳지 않다는 것이 와 닿기도 했다. 그간 모르고 있었던 '진실'을 하나하나 읽어가며 내가 얼마나 무심했는지도 단번에 알 수 있었다.

언론과 대중매체의 중요성을 새삼 깨닫기도 해서 은근히 소름이 돋은 것은 말할 것도 없다. 사람들의 생각과 가치관에 뿌리 깊게 영향을 주는 존재란 것이 대부분 민심을 혼란스럽게 하거나 무기력하게 만든다는 우리나라의 현실이 안타깝기까지 했다.

과거의 의병이야기나 광주민주항쟁을 예로 드셨을 때에는 그 안타까움이 배로 늘어나 땅을 적셨던 선조들의 피가 한 순간 머릿속으로 그려졌다. 의병 이야기를 하실 적에는 정당한 반기를 들었음에도 불구하고, 그러니까 내 땅의 내 민족을 위해 무기를 손에 잡았음에도 불구하고 그네들이 구하려 했던 민족이 고자질한 까닭에 학살을 당해야 했던, 의병이 아니라 비도라는 도둑으로 불려야 했던 설움이 떠오르기도 했고, 광주민주화운동 이야기를 하실 적에는 제일 믿을 만한 신문의 잘못된 보도 하나로 인해 개죽음을 당해야만 했던 비운이 떠오르기도 했다.

그리고 손석춘 선생님께서 예로 드시진 않았지만, 현 정부의 미디어법 개정의 의의가 무엇인지 조금쯤은 더 이해가 되었다. 방송의 주도권을 잡음으로 인해서 서서히 국민들을 구석으로 몰아가려는 것이 현실감 있게 다가온 것 같기도 하다.

여기까지 인용이다. 최근 울산의 한 고등학교에 강연을 다녀온 뒤 받은 고등학교 1학년 학생의 감상문이다. 학생들의 독서모임을 꾸려가는 헌신적인 선생님의 노력이 열매를 맺어가는 걸까. 고단했을 터임에도 강연 내내 귀 기울이던 10대들의 맑은 눈빛을 잊을 수 없다.

더구나 그 거칠었을 법한 강연을 훌륭하게 소화한 글을 받았을 때 콧잔등이 시큰했다. 고등학교 1학년의 사고가 얼마나 깊어질 수 있는가를 실감했다. 강연에서 전혀 언급하지 않았는데도 미디어법 개정의 의미까지 간파하는 고등학교 1학년의 모습은 얼마나 당찬가. 내가 받은 글을 민주시민들과 나누고 싶었던 까닭이다. 울산의 그 자랑스런 학생과 선생님 이름을 밝히지 않는 까닭은 차라리 서글프다. 이명박 정권 아래서 혹 피해를 입을까 우려해서다.

아울러 그 고등학교의 또 다른 1학년 학생이 보내온 전자우편도 동시대인과 나누고 싶다. 내 눈시울을 끝내 적신 희망을 잔잔히 나누고 싶어서다.

학교에서는 아무도 해주지 않는 이야기이지만 그 어떤 공부보다도 저에게 참 잘 다가오고 여러 가지 교훈을 느끼게 해준 강연이었습니다. 충격적으로 다가온 것도 감동적으로 다가온 것도 참 많았습니다. 선생님이 많은 어려움과 억울한 일을 겪으셨기 때문에 다른 사람의 아픔을 이해하고 다른 이를 위해 일할 수 있는 게 아닌가 싶었어요.

저도 많은 아픔과 상처를 겪어야 훗날 선생님이 되었을 때 아이들의 힘든 일을 같이 고민해주고 이해해줄 수 있겠지 생각하며 어렵고 아픈 일들도 두려워하지 않기로 했어요. 힘들 때마다 어제 강연 떠올리면서 이겨내고 훌륭한 어른이 될 게요. 나중에 음악선생님이 되면 선생님께 감사하다고 밥 한 끼 꼭 대접하고 싶어요! 항상 건강하시고 아직은 어려운 말이 많지만 선생님 글과 책도 많이 읽고 세상을 제 눈으로 볼 수 있는 사람이 될 게요! 정말 감사해요.

고등학교 1학년인 그 친구에게 꼭꼭 눌러 답장을 보냈다. 꼭 선생님 꿈을 이루라고, 밥 사주겠다고, 연락오기를 기다리겠다고. (2009. 12. 16)

민주주의로 가는
아름다운 발걸음

공무원노조 단결과 저들의 '교활한 사랑'

전국공무원노조, 민주공무원노조, 법원공무원노조가 마침내 하나로 거듭났다. 이명박 정권의 엄포에 더해, 〈중앙일보〉를 시작으로 한 수구언론의 집중 사냥에도 전혀 흔들림 없었다. 이 정권이 공무원 노동자들의 자유로운 투표 행위까지 '엄벌' 운운하며 방해했음에도 89퍼센트 찬성으로 통합을 결의했다. 68퍼센트 찬성으로 민주노총 가입을 결정했다.

저들의 마녀사냥 앞에서도 민주노총 가입을 선택한 조합원들의 용기에 박수를 보낸다. 기득권을 버리고 통합에 찬성한 세 노조 지도부의 결단에 갈채를 보낸다. 새로 출범하는 공무원노조의 앞날은 순탄하지 못하다. 이 정권의 공세 때문이 아니다. 수구세력의 대변자인 수구언론 때문이다.

보라. 대표적 보기가 〈조선일보〉다. 이 신문은 투표 결과가 나온 다음 날 "공무원노조, 전교조가 넘어진 길 그대로 쫓아가나"(2009년 9월 23일자) 제하의 사설을 내보냈다. "공무원노조가 지금 가려고 하는 길은 전교조가 밟아갔던 길"이라고 시작한 사설은 "민노총 산하로 들어간 공무원노조도 조합원들의 외면을 받게 될 날이 올 것이다"로 맺었다.

어떤가. '문장' 자체로만 본다면 참으로 눈물겨운 '사랑'이다. 공무원노조가 "조합원들의 외면"을 받을까 걱정이 가득하다. 기실 공무원노조가 민주노총에 가입하면 망하는 길이라는 논리는 이 신문만의 주장이 아니었다. 저들의 언구력은 교활하다. 만일 그들 주장처럼 공무원노조가 조합원들의 '외면'을 받는다면 그야말로 그들이 바라는 바 아닌가. 정녕 공무원노조가 조합원들로부터 외면받지 않기를 바랄까? 그렇다면 마땅히 압도적으로 찬성한 사실부터 존중할 일이다.

저들은 "공무원노조가 민노총 산하로 들어갈 경우 벌어질 일에 대한 국민 우려에도 다수의 공무원이 그런 선택을 했다"고 거침없이 쓴다. 과연 국민이 우려했는가? 국민에 대한 참칭이다. 새삼 저들의 말살에 쇠살을 꼬집는 까닭은 다른 데 있지 않다. 앞으로도 줄기차게 벌어질 저들의 집요한 공세에 맞서 내부 학습과 밖으로의 여론전을 소홀히 하지 말아야 한다는 교훈을 얻을 수 있기 때문이다.

국민과 전교조 사이에 균열을 이루려고 저들은 수단방법을 가리지 않아왔다. 저들의 '사냥'을 결코 가볍게 보아서는 안 될 이유다. 하나로 단결한 공무원노조가 전교조와 더불어 이 땅의 민주주의를 한 걸음 더 내디디는 데 앞장서기를 기대한다. (2009. 09. 24)

전교조가 참 아름다운 까닭

하나로 거듭난 공무원노조에 수구언론의 날이 무장 시퍼렇다. 앞선 칼럼("공무원노조 단결과 저들의 '교활한 사랑'")에서 지적했듯이 저들은 말끝마다 전교조의 전철을 밟는다고 아우성이다. 공무원노조와 전교조를 싸잡아 매도한다. 실제로 저들의 주장에 알게 모르게 침윤된 사람들도 적지 않다.

전교조에 터무니없는 선입견을 지닌 사람들에게 옷깃을 여미며 묻고 싶다. 당신은 전교조를 얼마나 잘 알고 있는가를. 명토박아 증언한다. 지금 이 순간도 애면글면 참교육에 자신의 시간과 열정을 모두 바치는 선생님들이 학교 곳곳에서 우리 아이들을 가르치고 있다. 누가 뭐래도 내가 전교조를 아름답다 하는 까닭이다.

더구나 개개인 교사들은 자신의 박봉을 쪼개어 진보매체를 구독하고 여러 사회단체의 회원에 가입한다. 새사연도 그 가운데 하나다. 전교조 이경희 연대사업국장은 최근 기관지인 〈교육희망〉에(http://news.eduhope.net) 기고한 글에서 일선 교사들에게 시민사회단체의 후원자가 되자고 호소했다.

찬찬히 짚어볼 일이다. 전교조 밖의 어느 직업단체, 어느 대기업 집단이 그런 호소를 하고 있는가. 그래서다. 이 국장의 양해를 얻어 전문을 올린다. 그 호소가 비단 교사들에게만 해당되진 않아서다. 우리 시대의 모든 사람과 나누고 싶어서다.

가을이 깊어가는 9월입니다. 이번 달은 여러 단체들의 후원행사가 유난히 많이 눈에 띕니다. 후원행사 준비며 한 해 살림을 꾸려나갈 재원이 얼마나 마련될지에 대한 걱정에 마음이 무거울 시민사회단체 활동가들이 눈에 밟힙니다. 이참에 오랫동안 마음에 두고도 풀어놓지 못했던 생각을 선생님들께 말씀드리려 합니다. 이것은 연대 사업을 하면서 갖게 된 책임감의 일부이기도 합니다.

요지부터 말씀드리자면 시민사회단체의 회원이나 후원자가 돼주시기를 제안합니다. 이런 제안을 해야겠다고 생각한 것은 연대 사업을 맡은 후 단체들의 어려움을 조금은 구체적으로 알게 되면서입니다. 재정의 어려움에 허리를 졸라매면서도 한결같은 열정으로 일하는 단체 활동가들의 모습은 참으로 안타깝고 미안했습니다. 이런 상황을 접하기 전까지는 저도 이름이 알려진 몇몇 단체들의 활동에 눈길을 두는 데 그쳤지 그들이 겪고 있는 어려움을 충분히 짐작할 수는 없었지요. 선생님들도 비슷하실 것입니다.

하지만 정권이 바뀌고 단체들이 어려움을 겪고 있다는 소식은 보도를 통해 간간이 접하셨겠지요. 전교조도 어려움을 겪고 있지만 시민단체들도 다르지 않습니다. 정부 정책에 비판적 목소리를 내는 단체들은 예외 없이 갖가지 방법으로 옥죄고 있습니다. 재정지원을 끊어 활동을 못하게 하는 악랄한 방법을 쓰고 있습니다. 시민단체들의 뜻에 공감하며 후원했던 기업들을 압박해 기부를 못하게 하거나 함께하던 사업을 중단하게 하고 있습니다. 시민단체들은 재정위기를 헤쳐나갈 방법을 찾기 위해 고심을 거듭하고 있습니다. 얼마 되지 않는 활동비를 삭감하기까지 한 단체도 있지요. 심각한 단체의 경우는 그나마도 몇 달 밀려 지급하거나 임원들은 급여를 아예 받지 못하는 경우도 있답니다.

단체 활동가들을 만날 때마다, 회의를 위해 다른 단체 사무실을 갈 때마다 미안함과 고마운 마음이 함께합니다. 상대적으로 안정적인 조건에서 일하고 있다는 것이 참 미안합니다. 일은 많아지고 조건은 열악해지는데도 기꺾이지 않고 꿋꿋하게 일하는 모습은 정말 고맙습니다. 단체들의 어려움을 접하면서 전교조 결성 직후 우리가 겪었던 어려움을 떠올리곤 합니다. 선생님들도 기억하시지요? 그때의 어려움과 그 어려움을 견딘 힘이 무엇이었는지를. 해직된 1500여 명 선생님들의 생계비와 조직운영을 위한 비용이 절실하던 때 여러분들이 발벗고 나서 후원회를 만들어 든든한 버팀목이 돼주셨습니다. 전국 각지에서 많은 국민들이 너도나도 후원의 손길을 보내주셨습니다. 그 힘으로 해직선생님들은 춥고 힘든 시기를 견디고 복직할 수 있었습니다. 엄혹한 탄압에도 전교조는 신뢰받는 단체로 활동을 이어갈 수 있었습니다. 되돌아보면 그 후원이 경제적 도움만 준 데 그친 것이 아니었습니다. 후원하신 분들의 정성과 따뜻한 마음은 우리가 열정을 사를 수 있게 하는 근원이었습니다. 오로지 아이들을 위한 교육에 헌신하도록 하는 채찍이었습니다.

시민단체들은 재정 자립과 독립적 운영을 기본 원칙으로 지키고 있습니다. 단체마다 회원 수는 조금씩 다르지만 1000여 명의 회원으로 인건비, 사업비, 경상비 등을 쪼개어 쓰는 단체들이 많습니다. 그러니 활동가들의 활동비 수준이 어떠할지 짐작하실 수 있겠지요. 지역의 단체들은 더 열악한 곳도 많겠지요. 어려움을 겪어본 사람이 어려운 처지를 더 잘 이해할 수 있다 하잖아요.

나 한 사람의 회원가입과 후원이 단체들이 원칙을 올곧게 지키며 우리 사회를 맑게 하는 힘이 됩니다. 활동가들의 힘을 북돋는 자산이 됩니다. 이것이 진정한 연대의 정신 아닐까요?

앞선 제안에 덧붙여 단순히 회원가입에 그치는 것이 아니라 활동에도 관심을 갖고 참여하면 더욱 좋겠다는 말씀을 드립니다. 고백하건대 저도 회원으로서의 역할을 다하지 못하고 있기는 합니다. 소식지를 받아보거나 가끔 홈페이지에 들어가 활동을 훑는 정도에 그치고 있습니다. 소극적 수준에 머물러 있지만 다른 단체들의 활동과 활동가들의 문제의식을 접하면서 많이 배웁니다. 굳어져가는 사고의 틀을 되짚어볼 수 있는 계기가 되지요. 선생님들께서는 학생들을 가르치는 데 많은 얘깃거리를 얻을 수 있지 않을까 싶네요. 물론 이미 활동을 하고 계시거나 학생들에게 시민단체 방문을 해보게 하는 선생님들도 계시다는 것을 압니다. 그러나 더욱 많은 선생님들이 함께하셨으면 하는 바람으로 재정위기 극복을 위해 오늘도 지혜를 모으고 있을 단체들을 떠올려봅니다. 우리의 연대로 더욱 풍성해지는 계절이 된다면 더할 나위 없이 좋겠습니다.

(2009. 09 25)

서른여섯 젊은 교사의 죽음과 부활

서른여섯 살의 때 이른 죽음. 교단에 선 10년 동안 참교육에 열정을 불태운 분이다. 알 만한 사람은 다 아는 고인을 나는 지금 '어느 젊은 교사'라 쓰고 있다. 자신의 이름이 드러나길 원하지 않던 뜻을 존중해서다.

옹근 1년 전이다. 전교조 광명 지회 선생님들과 강연 뒤 나눈 뒤풀이에서 고인과 마주 앉았다. 고인의 얼굴을 또렷이 기억하는 이유는 전교조의 기둥이 될 선생님으로 판단했기 때문이다. 사고의 폭이 넓었고 깊이가 있었다. 자신은 거의 입에 대지 않으면서 삼겹살을 정성들여 굽는 모습도 아름다웠다. 함께 자리했던 선생님들의 맑은 얼굴도 떠오른다.

그래서다. 전교조가 새삼 미덥던 기억이 새롭다. 참교육에 전념하며 결혼도 미뤄온 바로 그 선생님이 몹쓸 병으로 운명했다는 비보를 뒤늦게 접했을 때 한동안 먹먹했다. 갑작스런 부음 앞에 그보다 훨씬 오래 살아온 내 나이가 부끄러웠다.

애오라지 '위안'이 있었다면, 요절한 선생님의 꿈이 '부활'하는 소식이었다. 그 감동을 함께 나누고 싶다. 고인의 형은 전교조 동료들이 모아 건넨, 결코 적지 않은 조의금을 경기지부에 돌려주었다. 아우가 사랑한 전교조 동료들을 위해 써달라고 당부했다. 유족들이 평소 고인의 전교조 활동을 탐탁하게 여기지 않았었다는 사실이 더 가슴을 울린다. 하지만 고인이 남긴 일기를 보며 유족들은 전교조야말로 고인의 사랑이었음을 깨달았단다.

일부나마 접한 고인의 일기는 첫인상 그대로였다. 한 사람의 교사로서, 그 이전에 인간으로서 진솔하게 살아가려는 순수와 열정에 가슴 시렸다.

학교에 첫 출근한 날 일기에서 "아이들은 내 스승이며 친구다. 아이들 속에 꿈이 있으니 아이들을 위해 살아라"라고 다짐한다. 2년 뒤엔 "학교에서 아이들을 만나고 있는 이 일이 진정으로 가르치는 것일까? 솔직히 자신이 없다. 부끄럽다. 나는 이제까지 내 제자들에게 무엇인가를 가르치려는 노력을 해본 일이 거의 없다. 아이들을 관리하고 훈육할 뿐"이라고 자책했다.

고인은 "참 가르침은 참 일이다. 그러므로 나는 가르치는 일이 곧 노동이 되는 선생이자 노동자"라고 토로했다. 바로 그렇기에 "열심히 하는 교사를 보면, 즐거운 일이다"라고 썼다.

그랬다. 그는 이 땅의 참 교사이자 참 노동자였다. 경기지부가 돌려받은 조의금으로 그의 이름을 붙인 장학사업을 벌이겠다고 했을 때 유족들은 완곡하게 고개 저었다. 고인이 자기 이름 들어가는 걸 원하지 않을 터라고 단언했다.

경기지부는 고심 끝에 고인이 평소 학습소모임을 중시한 사실에 주목했다. 고인의 뜻을 살리기 위해 학교에서 학습소모임을 꾸리면 일정 금액을 지원하기로 결정했다. 선생님끼리의 독서모임이든 아니면 학부모와 함께하는 모임이든, 학습모임이면 신청할 수 있다.

동료들은 고인이 "전교조가 단결하지 못하는 모습을 보거나 집회 참석이 저조하거나 참교육을 위한 실천적 노력이 부족할 때 괴로워했다"고 증언했다. 기실 단결을 위해서도, 참교육을 위해서도 학교 현장의 학습소모임 활동은 절박하다. 고인이 교육자의 자질로 '사랑과 지적 호기심'을 꼽은 데서도 학습의 중요성을 확인할 수 있다.

전교조 곳곳에 학습소모임이 곰비임비 꾸려질 때, 바로 그 곳곳마다 고인은 부활하지 않을까. 그의 아름다운 이름을 시린 가슴으로 쓴다. 서/현/수. (2009. 11. 19)

당당하고 올곧은
길을 걷다

한겨레-경향 지국장 부부의 생계 수단

경상북도 문경 점촌. 한나라당 스스로 '텃밭'으로 자부하는 지역이다. 하지만 그곳에서도 민주시민들의 모임은 꿈틀거리고 있다. 2009년 세밑, 문경의 뜻있는 시민들이 송년회를 열었다. 환경운동단체 회원, 전교조 조합원, 노사모 회원을 비롯한 민주시민들이 한자리에 모였다. 그 송년회 자리에서 콧잔등이 시큰했던 이야기를 성탄절 연휴에 독자들과 나누고 싶다.

시국강연에 이어 그 자리에서 곧장 뒤풀이로 들어갔다. 판소리로 한판을 놀며 '오미자막걸리'와 정갈하게 준비된 음식을 나눴다. 이윽고 서로 자기소개에 덧붙여 '다짐'을 밝히는 시간이 곰비임비 이어졌다. 다짐과 더불어 〈바위처럼〉 또는 〈아침이슬〉을 부르는 이도 있었다.

소개가 끝날 무렵이다. 미소를 가득 담고 앞으로 나온 50대 한 분이 '소리통'을 잡았다. 〈한겨레〉 창간부터 20년 넘도록 지국장을 맡아왔다고 밝혔다. 〈한겨레〉 지국장은 그 자리에 참석한 이들이 자신에겐 두 범주로 구분된다고 말했다. 〈한겨레〉를 보는 사람과 그렇지 않은 사람이 그것이다. 사회자가 아직 구독하지 않는 분은 알아서 처신하라고 거들었다.

〈한겨레〉 지국장은 자신의 이름이 본사 사옥 들머리에 창간주주로 올려 있다면서 "만일 한겨레가 건강성을 잃으면 본사로 찾아가 그곳에서 자기 이름을 파겠다"고 다짐해 참석자들을 숙연케 했다.

〈한겨레〉 지국장은 이야기 끝자락에서 몹시 자랑스러운 표정으로 아내를 소개했다. 박수를 받으며 소리통을 잡은 〈한겨레〉 지국장의 부인은 남편이 불편한 몸으로 신문을 배달한다고 토로했다. 이어 자신은 〈경향신문〉 지국장이라고 소개했다. 모인 사람들은 다시 '폭소'를 터뜨렸다. 그분에겐 문경 주민이 〈경향신문〉 독자와 아닌 사람으로 다가오는 걸까.

민주주의를 갈망하며 영남지역에서 부부가 각각 〈경향신문〉과 〈한겨레〉 지국을 운영하는 모습은 인상 깊었다. 마흔이 넘으면 자기 얼굴에 책임을 져야 한다고 했던가. 두 분이 어떻게 살아왔는지를 한눈에 톺아볼 수 있었다.

하지만 바로 다음 말에 나는 하릴없이 목이 메었다. 〈한겨레〉 지국장의 아내인 〈경향신문〉 지국장은 조금 머뭇거리며 덧붙였다. "남편은 아침에 신문을 배달하고 저녁에는 치킨을 배달합니다. 우리 둘이 각각 한겨레와 경향신문을 배달하지만 그것으로는 생계가 되지 않아요.

치킨집이 우리 집 생계입니다. 많이 찾아주세요."

옆에 서서 내내 아내를 지켜보던 남편의 눈길엔 민망스러움과 애틋함이 교차했다. 그랬다. 영남에서 〈한겨레〉와 〈경향신문〉 지국을 운영하는 걸로 생계가 되지 않는 게 현실이다. 그럼에도 불편한 몸으로 한 부 한 부 배달하는 그이의 마음이 읽혀졌다. 내가 〈한겨레〉에 몸담고 있던 시절, 과연 내가 저 지국장 부부보다 치열했을까 되짚어보았다.

물론 〈한겨레〉와 〈경향신문〉 본사의 경영도 어려운 게 현실이다. 반면에 언론이라 부르기도 민망스런 부자신문들은 이명박 정권과 손잡고 무장 살쪄가며 방송까지 손아귀에 넣고 있다. 저들의 판매지국에 넘치는 본사 지원과 광고전단은 강력한 판매망에 물적 기초가 되고 있다.

경상북도 점촌의 〈경향신문〉과 〈한겨레〉 지국장 부부의 생계 수단이 치킨이라는 현실은 우울하다. 자본의 논리가 신문시장을 지배하는 그 어두운 현실을 직시해야 옳다. 다만 두 신문을 하루도 빠짐없이 애면글면 배달하는 저 경상북도의 50대 부부를 떠올려보라.

대학에 들어가 온전히 "머리를 열 수 있게" 딸을 진보적 교수들이 있는 성공회대학교에 보내겠다고 다짐하는 부부, 성탄 연휴에도 찬 겨울바람 맞으며 아침신문 돌릴 50대 부부의 당당하고 올곧은 삶은 그것만으로 이미 우리의 희망 아닌가. (2009. 12. 24)

이명박의 길, 허세욱의 길

허세욱. 3주기를 맞았다. 2007년 4월 15일 고인은 분신의 고통 속에

숨을 거뒀다. 쉰넷. 열정과 헌신으로 살아온 삶이었다. 고인은 4월 1일, 한·미 FTA 협상이 벌어지던 호텔 앞에서 "한·미 FTA즉각 중단하라" 며 스스로 몸을 불살랐다. 구급차에 실려가면서도 마지막 온 힘을 다해 한·미 FTA 중단을 절규했다. 하지만 노무현 정부는 바로 그날 밤 '타결'했다.

옹근 3년이 지난 오늘 많은 변화가 있었다. 협상실무를 대표했던 김현종은 삼성전자 해외법무담당 사장으로 '변신'했다. 강행에 앞장섰던 노무현 대통령은 퇴임 뒤인 2008년 11월, 세계적 금융위기를 목격하면서 한·미 FTA 재협상이 필요하다고 완곡하게 밝혔다. 지금 문제는 이명박 대통령이다. 그는 고 허세욱 3주기를 추모하는 행사가 열리던 바로 그날 미국에서 "FTA법안은 시간 문제이지, 결국은 통과될 것으로 생각하고 있다"며 "미국 국익 전체를 보고 해야 한다"고 미 의회에 비준해달라고 보챘다. 어떤가. 꼭 2년 전인 2008년 4월에 한·미 FTA '연내처리'라는 조지 부시의 약속을 믿고, 미국산 쇠고기 전면 수입을 허용했던 어리석음에서 아무런 교훈을 얻지 못한 모습이다.

더구나 이 대통령에게 대한민국 국회의 비준은 전혀 '문제'가 없다. 비단 과반의석을 장악한 한나라당 때문만이 아니다. 민주노동당과 진보신당만 명확하게 반대하고 있을 따름이다. 고 노무현 전 대통령의 재협상 언급이 있었음에도 친노세력은 물론 민주당도 결기가 보이지 않는다.

그래서다. 허세욱의 삶과 죽음 앞에 새삼 부끄럽다. 빈농의 9남매 가운데 다섯째로 태어난 고인은 고등학교에 들어가지도 못했다. 하지만 그의 삶은 가방 끈 긴 그 누구보다 치열했다. 집회와 시위현장은 물론 주요 쟁점에 대한 토론회와 강연회를 빠짐없이 다녔다. 나 또한 서울시청 앞 광장 집회 때와 명동 향린교회에서 열린 강연회 때 겸손이 몸에 밴 고인을 만났다.

고인은 생업인 택시를 몰며 민주노총 노동자로서 당당하게 살아갔다. 참여연대와 민주노동당에도 가입했다. 월간 〈노동세상〉 최근호에 따르면, 고인이 택시로 하루 340여 킬로씩 한 달을 꼬박 몰아 손에 쥔 돈은 100만 원 남짓이었다. 고인은 그 돈으로 여러 시민사회단체 회비를 내고, 단체 활동가의 넉넉하지 못한 생활을 애면글면 챙겨주었다. 정작 자신은 끼니 거를 때가 많았다. 그 몸마저 결국 민중에 바쳤다.

무엇보다 주시할 대목은 일상에서 학습하고 토론했던 고인의 삶이다. 고인의 작은 단칸방에는 여러 강연 때 빼곡히 받아 적은 공책이 가득했다. 학습하는 민중의 전형이다. 향린교회에서 강연할 때 그냥 듣지만 않고 기록하던 고인의 모습을 지금도 잊을 수 없다. 거기서 그치지 않았다. 고인은 택시 손님들에게 유인물을 나눠주고 끊임없이 대화하며 토론했다. 일을 마치고 달동네인 봉천동 셋방으로 가는 새벽길까지 남은 유인물을 집집마다 넣었다.

새로운사회를여는연구원 내 책상에는 고인의 작은 사진이 놓여 있다. "학습하라, 토론하라, 조직하라"거나 "학습하는 당신이 희망이다" "민중의 슬기가 희망이다"라는 지난 칼럼들은 고인을 떠올리며 쓴 글이다. 고인의 3주기를 맞은 오늘, 옷깃을 여미며 향을 사른다.

(2010. 04. 15)

05

더는 거꾸로
가지 말아야 할 때

우리 4·19 피맺힌 하소연 듣고 있나?

해마다 4월이 오면 접동새 울음 속에 그들의 피맺힌 하소연이 들릴 것이요
해마다 4월이 오면 봄을 선구하는 진달래처럼
민족의 꽃들은 사람들의 가슴마다에 되살아 피어나리라.

4월 혁명 탑에 새겨진 글이다. 보수적인 이은상조차 혁명에 찬가를 부를 수밖에 없었다. 해마다 오는 4월 19일이지만 2010년은 더 뜻 깊다. 사월혁명 50돌을 맞아서만은 아니다. 한국의 민주주의가 무장 뒷걸음질치고 있어서다. 당장 이명박 정권이 강행하고 있는 '4대강 사업'을 톺아보라. 국민 다수가 반대하는데도 막무가내로 밀어붙인다.

국회에서 과반의석을 차지한 한나라당은 자신들의 의지가 곧 국민

다수의 뜻이라고 부른댄다. 그래서일까. 오만하고 거침없다. 조계종 총무원장을 만난 자리에서 한나라당 원내대표 안상수가 "강남 부자 절의 좌파 주지" 운운했다는 '증언'이나 문화방송 파업도 그 연장선이다. 전교조와 공무원노조를 겨냥한 탄압은 지금도 그칠 줄 모른다.

역설이지만 이명박 정권은 지난 2년 동안 대통령직선제가 곧 민주주의는 아님을 웅변으로 입증해주었다. 기실 우리 국민 대다수는 민주주의를 옳게 학습할 기회가 없었다. 특히 기성세대는 오랜 세월 독재정권에서 사회화 과정을 거쳤기에 민주주의 이해가 크게 부족하다. 민주주의에 대한 깊이 있는 정보를 얻을 기회가 적었던 게 엄연한 현실이다.

하지만 가정해보자. 고등학교는 물론 대학까지 입학금과 등록금도 전액 무료인 나라, 고등학교 졸업자와 대학 졸업자 사이의 임금 차별이 없는 나라, 대학의 '서열'이나 '학벌' 따위가 힘을 쓰지 못하는 나라가 있다면 어떨까. 자연스럽게 직업의 귀천이 없을 터다. 어떤 사람이 어느 대학을 나왔느냐가 평생 '꼬리표'처럼 따라다니며 일터를 비롯한 온갖 영역에서 차별을 주는 일도 없다.

대학 1년 등록금이 비정규직 노동자의 평균 연봉에 이를 만큼 비싼 한국의 민주주의 체제에선 상상조차 어려운 이야기다. 사랑과 결혼에서도 학력이 큰 변수가 되는 '이상한 나라'에서 살아가는 사람에겐 낯설 수밖에 없는 사회다. 자신이 일하던 기업이 불황으로 위기를 맞아 실업자가 되었을 때는 어떨까? 정부로부터 평균 임금 75퍼센트가량의 실업 급여를 꼬박꼬박 지급받는다. 전체 주택 가운데 공공주택이 절반 정도여서 임대료도 저렴하다.

'상상의 나라'가 결코 아니다. 엄연한 현실로 구현된 사회다. 스웨덴을 비롯해 북유럽 복지 국가들의 풍경이다. 그렇다. 스웨덴 민주주의에서 살아가는 삶은 대한민국 민주주의에서 살아가는 삶과 확연히 다를 수밖에 없다. 여기서 스웨덴을 비롯한 북유럽 국가를 막연히 선망하거나 이상향으로 소개할 뜻은 없다. 하지만 북유럽 민주주의와 한국 민주주의 가운데 어떤 사회가 더 바람직한가는 자명하다.

찬찬히 성찰해볼 일이다. 옹근 50년 전 이 나라의 국민 대다수가 민주주의를 외치며 거리로 나섰을 때 희망했던 사회가 오늘의 대한민국일까?

사월혁명 50돌을 맞은 오늘, 한번쯤은 우리 모두 스스로 물어보기를 간곡히 제안한다. 사월은 다시 왔는데 저 피맺힌 하소연을 우리 얼마나 듣고 있는가. 저 봄을 선구한 진달래는 우리 가슴에 얼마나 피어나고 있는가. (2010. 04. 19)

썩고 구린 공직자들 어찌해야 좋을까?

유명환. 외교통상부 장관인 그의 딸이 다름 아닌 외통부가 실시한 사무관 특별공채에서 유일하게 합격했다. FTA 경제통상의 '전문인력'이란다. 명토박아둔다. 우리는 지금 자연인 유명환의 유별난 '딸 사랑'이나 가족들의 사생활을 따지는 게 아니다. 사생활 존중을 받으려면 하지 말았어야 할 일을 유명환과 그의 딸은 무람없이 했다.

아버지가 장관인 곳에 필기시험도 치르지 않고 서류와 면접 절차만 거쳐 사무관으로 들어간다? 상식을 갖춘 부녀라면 감행할 수 있을까? 더구나 오직 한 명이다. 보도에 따르면 그의 딸은 1차 모집 때 유효기간이 지난 외국어 시험증명서를 제출했다가 탈락했다.

장관 유명환에게 잘라 묻는다. 공무원이 되고 싶은 수많은 젊은이들에게 무엇이라 말할 터인가. 굳이 정색을 하며 묻는 데는 이유가 있다. 조간신문에 그 사실이 보도된 뒤에도 유 장관은 제법 당당했다. 출근길에 기자들과 만났을 때 다음과 같이 말했다. "국민 정서에 맞지 않는 부분은 있다. (그러나) 1차 모집 당시에도 딸만 자격이 됐었지만, 오해가 있을 수 있어 2차 모집까지 진행했다. 장관의 딸이라 더 공정하게 심사했을 것이다."

상황 판단력이 전혀 보이지 않는 발언이다. 유 장관의 자세는 곧 바뀐다. 네티즌들의 비판여론이 빗발치고 청와대가 '관심'을 보이자 기자들을 찾아와 사과했다. "아버지가 수장으로 있는 조직에 채용되는 것이 특혜의혹을 야기할 수 있다는 점을 간과한 데 대해 송구스럽게 생각한다. 딸도 아버지와 함께 일하는 것이 적절치 않다고 생각해 공모·응시한 것을 취소하겠다고 한다."

어떤가. 그의 변명으로 문제는 더 커졌다. "아버지가 수장으로 있는 조직에 채용되는 것이 특혜의혹을 야기할 수 있다"는 상식을 장관은 사태가 불거지기 전까지 몰랐는가? 그런 판단력조차 정녕 없었던가?

무릇 외교는 가장 정교한 판단력이 생명이다. 딴은 장관 유명환이 그동안 20대를 겨냥해 쏟아놓은 막말을 톺아보면 그런 말조차 사치일지도 모르겠다. 하지만 상식적인 판단조차 없는 사람이 외교통상부의 '수장' 자리에 끝없이 눌러앉아도 좋은가? 전혀 아니다. 그가 마땅히 물러날 때를 아는 상식을 지니고 있지 못하기에 더 그렇다.

마침 2010년 8월 31일 촛불과 시민운동, 노동운동이 모여 발기인
대회를 연 복지국가와진보대통합을위한시민회의는 '썩고 구린 정치
인'이 아예 공직에 취임할 수 없도록 대대적인 서명운동과 입법운동
을 벌이자고 호소했다(http://cafe.daum.net/unijinbo). 네티즌들의 비판
여론이 구심점을 가질 때 변화의 결실을 맺을 수 있기 때문이다.

그렇다. 구린 사건이 일어날 때마다 '뒷북' 치는 일을 벗어날 때다.
썩고 구린 자들이 아예 공직에 앉지 못하도록 법제화가 필요하다. 생
각을 나누고 힘을 모을 때다. (2010. 09. 07)

김두관·안희정·이광재 대 이명박

민주시민교육을 한단다. 이명박 정권이 하겠단다. 교육과학기술부는
전국 초·중·고교 학생들에게 민주절차·준법·자유시장경제·나라사
랑·통일의 내용을 담아 범정부 차원으로 '시민교육'을 실시하겠다고
발표했다.

이명박 정권 들어 끝없이 진행되어온 말의 타락이 과연 어디까지 갈
지 궁금할 정도다. 이 정권 들어선 뒤 절차적 민주주의조차 후퇴해왔
다. 당장 4대강 토목사업만 보더라도 그곳에서 민주적 절차를 찾아보
기 어렵다. 더구나 이명박 정권은 노동권을 시민권으로 인정하지 않는
수구적 행태를 살천스레 보여왔다. 미디어법 날치기는 또 어떤가.

바로 그런 정권이 '민주시민교육'을 하겠다고 언구럭부린다. 문제

는 그 모든 게 단순한 언술 차원에 그치지 않는 데 있다. 이주호 교과부 장관이 밝힌 '방안'을 보라. 사뭇 치밀하다.

올해 안에 외교통상부·국가보훈처·법무부·국방부가 참여하는 '민주시민교육 범정부협의체'를 만든다. 각 부처가 개발한 교육방법과 프로그램을 교과과정으로 만들면, 일선 학교들은 그 프로그램에 근거해 학생들에게 민주시민교육을 실시한다. 각 부처는 교육을 담당할 전문 강사들을 학교에 파견한다.

어떤가. 저들이 언제나 입에 달고 사는 '선진국'에선 민주시민 교육이 어떻게 이뤄지고 있는가에 대해 조금도 들여다보지 않은 작태다. 정권 차원에서, 대통령이 임명한 장관들이 주도해 민주시민교육을 벌이겠다고 공언하는 데서, 자연스럽게 '유신체제'를 떠올릴 수밖에 없다. 당시에도 그 '교육'을 '한국적 민주주의'라고 불렀다.

물론 민주시민교육은 필요하다. 아니 절실하고 절박하다. 이미 적잖은 사람이 그 시대적 요청을 역설해왔다. 나 또한 평범한 시민을 염두에 두고 《민주주의 색깔을 묻는다》는 책을 펴냈다. 하지만 정부가할 일은 '주도'가 아니다. '지원'이다. 그 지원 또한 정치적 편향성에서 벗어나야 옳다.

명토박아 경고한다. 만일 교과부가 제 입맛에 맞는 '외부 인사'들을 구색 맞추기로 끼워 정부주도의 협의체를 구성한다면, 그것은 '민주시민교육'이 아니라 '한나라당 재집권 교육'이라는 비판을 받을 수밖에 없다.

이명박 정권과 견주면 2010년 6월 지자체선거에서 이긴 야당들은 한가해 보인다. 각각의 지자체가 야당의 정치적 편향성을 갖고 시민교육에 나서라는 뜻은 전혀 아니다. 다만, 묻고 싶다. 이명박 정권의 '치열성'에 견주면 손 놓고 있다는 생각은 들지 않는가.

언죽번죽 정권이 주도하며 일선학교에 '전문 강사'를 파견하겠다는 저들에 맞서 진정한 민주시민교육을 일궈갈 수 있는 주체로 지자체가 나서야 옳지 않을까?

이광재 강원도 도지사, 안희정 충청남도 도지사, 김두관 경상남도 도지사들이 호남의 도지사들과 더불어 자신의 정당이나 정파 차원을 떠나 참된 민주시민교육을 지자체 차원에서 벌여나갈 방안을 모색하고 실천할 때다. 서울과 인천에서 새로 선출된 구청장들도 마찬가지다. 더구나 민주시민교육을 적극 추진할 수 있는 교육감들도 자리 잡고 있지 않은가.

정권이 줄줄이 내려 보내는 '전문 강사' 또는 '뉴라이트'들에 맞서, 민주적 지자체와 교육청이 민주시민교육을 제대로 구상하고 제도화해나가길 간곡히 촉구한다. (2010. 10. 04)

06

세상 앞에
부끄럽지 않기를

조전혁의 길, 참스승의 길

스승의 날을 맞을 때마다 앙가슴으로 찬바람 불어오는 사람들이 많다. 떠오르는 참스승이 가물가물해서다. 대학에 자퇴서를 던진 김예슬의 선언도 기실 그 연장선이다.

대학교수로 한나라당 국회의원이 된 조전혁이 활개치는 살풍경은 스승의 날을 맞는 한국 교육의 현실을 압축해서 보여준다. 우리 모두 지켜보았듯이 조전혁은 전교조 '마녀사냥'에 앞장서왔다. 스스로 '헌법기관'을 '자부'하며 사법부의 결정조차 시들방귀로 여겼다. 법원의 결정을 묵살하고 전교조 교사 명단을 공개하면서 그는 학부모가 아이들 담임이 전교조 교사인지 알 권리가 있다고 부르댔다.

조전혁이 법원결정을 묵살하고 전교조 명단을 전격 공개하자 신문

권력들은 앞 다퉈 키워갔다. 사법질서를 내놓고 어긴 집권당 국회의원 조전혁을 더러는 노골적으로, 더러는 양비론의 외투 아래 엄호했다. 되레 '전교조 죽이기'는 강도가 높아갔다. 엄연한 언론기관인 자신들이 들이대는 법치주의의 이중잣대는 모르쇠한 채 전교조가 이중잣대를 지닌다며 되술래잡는 꼴은 가관이다. 비단 조전혁만이 아니다. 한나라당 의원들은 법원의 결정을 묵살한 조전혁을 줄줄이 고무하고 찬양했다. 대한민국의 보수를 자처하는 자들이 민주주의 상식조차 지니고 있지 못하다는 사실을 생생하게 보여준 셈이다. 정치에 나서기 전 대학교수 조전혁이 젊은이들을 어떻게 가르쳤을까도 새삼 궁금하다.

물론 그가 '마녀'로 사냥해온 전교조 교사들은 명단 공개에 전혀 흔들리지 않는다. 가령 전교조의 한 분회 창립기념일 행사에서 '참교육 실천사례'를 발표한 선생님을 소개하고 싶다. 올해로 교단에 선 지 14년째인 전수영. 그는 '종례신문'을 지며리 발간하고 있다.

종례신문은 말 그대로 종례 때 학생들에게 배포하는 신문이다. 제호는 〈삶 힘껏〉〈꿈 맘껏〉〈정 한껏〉으로 돌아가며 발행한다. 전수영 선생님은 종례신문을 통해 학급운영방침을 알리고 학생들에게 도움 될 자료를 날마다 내민다. 〈경향신문〉〈한겨레〉는 물론 〈동아일보〉〈중앙일보〉에서도 유익한 정보를 발췌한다.

기실 '종례신문'을 발행하는 교사는 전수영만이 아니다. '참여소통교육모임'이나 '즐거운 학교' 누리집에는 선생님들의 사랑이 듬뿍 담긴 종례신문 사례가 적지 않다. 학생들 반응은 뜨겁다. "종례신문을 통해 매일 새로운 소식을 접하고 담임선생님을 통해 인생에 대한 교훈을 매일 얻을 수 있는 것 같아 좋다. 고2 학생으로서 요즘 우리에게 공부 이외의 것을 말해주는 어른들은 별로 없기 때문"이라는 한 학생의 '소감 글' 마지막 문장에서 전수영은 "눈물이 날 정도로 가슴이 많이 아팠다"고 회고했다. 학년 말에 가서는 스스로 글을 써와서 종례신문에 실어달라는 학생들이 나온단다.

전수영은 적잖은 전교조 교사들이 그렇듯이 학기 초에 학부모들에게 편지를 써서 자신이 "전국교직원노동조합 소속 교사"라고 밝힌다. 지금까지 어떤 학부모로부터도 항의받지 않았다. 종례신문 때문에 좋아하거나 전교조라서 더 좋아하는 학부모들이 많다.

〈조선일보〉〈동아일보〉〈중앙일보〉가 틈날 때마다 마녀로 사냥해왔지만 실제 전교조를 바라보는 대다수 학부모들의 눈길에는 '색안경'이 없다. 전수영 선생님에게 '조전혁 소동'을 어떻게 생각하는지 묻자 "학교 현장은 조용하다"며 "교육에 관심 있는 국회의원이 지금할 일이 어떤 교사가 전교조냐 아니냐인가"라고 반문했다.

"하루에 5시간 자면서도 많이 자는 것 아니냐며 고민"하는 고등학생들과 지금 이 순간도 애면글면 종례신문을 만들며 소통하는 '전교조 교사' 전수영의 길, 그 길과 '대학교수 국회의원' 조전혁의 길은 과연 우리 시대에 '마녀'가 누구인가를, 참스승은 누구인가를 웅변으로 가르쳐준다. (2010. 05. 14)

'쥐사냥꾼'이 기륭전자에 간 까닭

싸울아비, 쥐사냥꾼, 백련강, 횃불……. 짐작했겠지만 촛불시민들이

312

다. 나 같은 먹물들이 글줄이나 쓰고 있을 때, 그들은 2008년 촛불항쟁 이후 지금까지 촛불을 끄지 않았다.

2010년 10월 17일, 그들이 기륭전자에 나타났다. 기륭전자 비정규직 노동자들이 단식농성하고 있는 터전을 밀어버리려는 저 '불도저' 앞에서 위기를 맞고 있어서다. '쥐사냥꾼'을 비롯한 촛불들이 곰비임비 모인 까닭이다. 서울 금천구에 자리한 기륭전자의 황량한 마당에선 비정규직 노동자들의 목숨을 건 투쟁이 지금 이 순간도 진행 중이다.

"사람으로 태어나서 어떻게 이렇게 짐승보다 못한 대접을 받아야 하는지 모르겠다."

단식 중인 한 여성 노동자의 울분이다. 그랬다. 2005년 7월, 노동조합을 결성하고 200여 명이 무더기 해고될 때부터 시작한 싸움은 옹근 5년을 넘어 6년째 접어들었다. 1800일 넘도록 짐승보다 못한 대접을 받았다는 저 굶주린 여성 노동자의 절규는 같은 시대를 살아가는 우리의 무딘 가슴을 날카롭게 파고든다.

하지만 아니다. 기륭전자 비정규직 노동자들의 1800여 일은 결코 짐승 같지 않았다. 보라. 저들은 단식은 물론 집단삭발과 고공농성을 줄기차게 벌여왔다. 그 빛나는 1800여 일 동안 짐승이 있었다면, 그들을 살천스레 외면한 기륭전자의 경영진이다. 그들을 비호한 정치권력이다. 그들을 터무니없이 왜곡 보도한 〈조선일보〉다.

기륭전자 비정규직 노동자들과 함께 싸워온 정치세력이 없지는 않다. 민주노동당 이정희 대표는 단식농성에 합류해 정치권의 관심을 눈물로 호소한 바 있다. 진보신당 조승수 대표는 취임 뒤 첫 행보를 기륭전자 비정규직 노동자들과 함께했다. 그럼에도 해결의 실마리가 보이지 않는 오늘은 왜 진보대통합이 절실한 과제인가를 웅변해준다.

시민회의도 성명을 발표하고 동참했다. 시민회의에 참여한 촛불들이 앞장섰다. 전국금속노조 기륭전자 분회(http://cafe.naver.com/kiryung)에는 촛불시민들의 격려문이 여울여울 타오르고 있다.

나도 이제 시간이 허락하는 한 자주 가야겠습니다. 여러분은 전설입니다. 내가 촛불시민이냐고 이제 묻지 마시길. _디아스포라

20여 년이 지난 지금도 우리 노동자의 현실은 별반 달라진 게 없다는 현실이 너무 맘 아프네요. 여전히 용역깡패가 판을 치고, 여전히 사측의 악랄함은 계속되고. 그러나 저들의 탄압이 거세질수록 우리 노동자들의 단결된 힘이 있기에 더 강해지는 게 아닐까 싶습니다. _루시아

어제 문화제 때 참 어설픈 노래로 찾아뵈었던 경인지역 대학 노래패 연합 대학생입니다. 모두들 느낀 바가 많았습니다. 작지만 마음을 모아서 함께 연대한다는 게 어떤 건지, 그 가족적인 모습이 참 가슴 따뜻해지고 좋았다고들 얘기하더라구요. 그리고 다음번엔 꼭 더 많은 친구들과 함께하자고 마음을 모으는 자리였습니다. _이힝

그래서가 아닐까. 1800일 동안 짐승보다 못한 대접을 받으면서도 애면글면 그들이 싸워온 까닭은. 단식 중인 그 여성 노동자의 다음 말이 천둥처럼 울린다.

"돈 없으면 사람으로 인정받지 못하는 사회, 바뀔 때까지 투쟁하겠다."

매운 결기 앞에 더없이 부끄러운 오늘이다. 새삼 촛불시민의 이름을 또박또박 옷깃을 여미며 쓰는 까닭이다. 싸울아비, 쥐사냥꾼, 백련강, 횃불…… (2010. 10. 18)

옹근 40년 '피딱지' 몸의 호소

1970~2010. 옹근 40년이다. 마흔한 살의 가난하고 평범한 여성은 여든 한 살이 되었다. 고혈압과 당뇨로 몸 움직이기도 불편하다. 바로 그 여성이 40년 동안 애면글면 이어온 호소가 있다. 2010년 11월 7일, 서울광장에 구름처럼 모여든 수만 명 앞에서도 그분은 어김없이 절규했다.

"우리는 항상 밀렸다. 뒷걸음질 그만하고, 하나 되어야 한다."

그랬다. 전태일의 어머니, 이소선 님이다. '아름다운 청년' 전태일 40주기를 맞아 열린 전국노동자대회에서 어머니는 노동자와 시민들에게 왜 하나가 되지 못하는가 캐물었다. "하나가 돼서 싸워야지 그렇게 안 되면 밀려나고, 인권이 언제 짓밟히지 모른다"고 거듭 강조했다.

기실 어머니는 아들이 불꽃이 되었던 그날 이후 줄기차게 단결을 호소해왔다. 하나가 되어야 한다는 그 절규는 여느 먹물들처럼 단순한 입발림이 아니었다.

전태일 어머니 몸에 훈장처럼 파여 있는 상처들이 그 증거다. 11월 8일자 〈경향신문〉 인터뷰에서도 어머니 발목에 여전히 피딱지가 붙어 있다는 사실을 확인할 수 있다. 40년 전, 아들을 앙가슴에 묻은 뒤 오늘에 이르기까지, 날아가는 새도 떨어트린다는 중앙정보부는 물론, 요즘 들어 더 포악해진 경찰의 구둣발에 살점이 떨어져나간 흔적들이다. 그동안 구치소를 네 번 다녀왔고 경찰서는 셀 수 없이 들락거렸다.

어떤가. 대한민국 민주주의를 위해 몸에 작은 살점 한 조각 떨어져나간 적 없는 사람이라면 적어도 어머니 앞에 겸손해야 옳지 않을까. 서울광장에서도 어머니는 상처투성이 몸으로 호소했다. 모두가 힘을 모으면 못할 것이 없음을, "여러분이 하나가 되지 못해서" 노동자들이 또 분신하고 있음을.

얼마 전 분신한 김준일 금속노조 구미지부장의 병실에 다녀온 어머니는 "너무 속상하다. 40년이 지났는데 아직도 분신하면 이 나라가 어떻게 되고 있는 거냐?"고 울먹였다. 물론, 어머니는 벼랑 끝에 몰려 싸움을 벌이는 노동현장을 찾아갈 때마다 "죽지 말고 죽을힘을 다해서, 비정규직과 하나가 돼서" 싸워달라고 간곡히 당부해왔다.

어머니에게 이명박 대통령은 어떻게 다가올까? "너무 지나쳐 말하고 싶지도 않은" 존재다. 어머니는 "현실을 공정한 사회로 만들어야 공정한 사회지, 말은 누가 못하냐? 실천을 해야" 옳다며 "임시방편으로 국민을 속이고 있다"고 꾸짖은 바 있다.

어머니는 아직도 서울 창신동의 전셋집에 살고 있다. 〈한겨레〉 기자와의 인터뷰에서 어머니는 40년 동안 호소해왔지만 현실로 구현되지 못해 "태일이를 다시 만나면 '못해서 미안하다' 그래야지"라고 토로했다.

여든한 살, 당신 말처럼 언제 어떻게 될지 모르는 어머니가 40년 전에 세상을 참혹하게 뜬 아들 앞에 죄책감을 느껴야 할 오늘은 우리에게 많은 것을 깨우쳐준다.

하나로 뭉쳐 싸우라는 '피딱지 호소'에 이제 우리가 답해야 할 때다. 전국노동자대회에서 '비정규직 없는 세상 만들기'에 나서자고 제안한 김영훈 민주노총은 그 책임을 다해야 옳다. 노동자대회에 참석한 민주노동당 이정희 대표와 진보신당 조승수 대표도 진보정당 통합 약속을 지켜야 옳다. '진보정치 하나로!'를 내걸고 발기인 대회를 연 시민회의도 자기소임을 다해야 옳다. 피딱지 몸으로 40년 동안 하나가 될 것을 외쳐온 어머니는 서울광장에서 거듭 호소했다.

"우리가 하나 되면 못할 게 없다." (2010. 11. 08)

07
부족한 2퍼센트 채울
100퍼센트 열정

매운 심판 그러나 '2퍼센트 부족'

매운 심판이다. 2010년 6월 2일, 대한민국 유권자들은 자신들이 시 퍼렇게 살아 있음을 입증해주었다. 더구나 천안함 사태가 일어났는데 도 그랬다. "다행히 천안함 사태가 바로 인천 앞바다"라며 언죽번죽 승리를 자신한 한나라당 국회부의장 이윤성 따위를 냉엄하게 심판했 다. 인천의 민주시민들은 송영길 후보를 시장으로, 민주노동당 후보 두 명을 구청장으로 선택했다.

　그뿐인가. 전교조 교사들을 대량학살하고 나선 이명박 정권의 만행 에 대해 대한민국 유권자들은 서울시교육감과 경기도 교육감에 진보 후보 당선으로 응답했다. 무엇보다 그 빛나는 승리는 〈조선일보〉를 비롯한 수구언론들의 노골적인 한나라당 편향보도와 전교조 죽이기

318

여론몰이 속에서 일어난 성과라는 사실에 주목할 필요가 있다.

그래서다. 새삼 민심이 천심임을 우리 모두 확인하고 있다. 오죽하면 유들유들한 오세훈 후보마저 '무서운 민심'을 들먹였겠는가? 하지만 어떤가. 매서운 심판임은 분명하지만 현실을 직시할 때다. 서울시장과 경기도지사를 놓쳤기 때문이다. 특히 서울시장은 특정지역의 몰표에 힘입어 오세훈이 가까스로 당선되었다. 이명박 정권에 대한 심판을 미완으로 보는 이유다.

유시민 후보도 말했듯이 "2퍼센트가 부족"했다. 유시민은 "충남의 안희정, 강원의 이광재, 경남의 김두관 후보"의 승리가 "제 일처럼 기쁘다"고 덧붙였다. 비단 유시민만이 아니다. 안희정 · 이광재 · 김두관 후보의 도지사 당선은 인천시장과 충북도지사 선거가 그렇듯이 이명박 정권에 대한 또렷한 심판이다.

문제의 핵심은 그 2퍼센트가 무엇인가다. 기실 경기 북부지역의 '안보 불안 심리'를 고려하면 유시민은 선전했다. 하지만 민주노동당은 물론 진보신당의 도움까지 받았기에 아쉬움은 클 수밖에 없다.

이명박 정권의 만용이 극에 달했음에도 서울시와 경기도에서 한나라당이 이긴 이유에는 천안함이나 강남3구 몰표, 독과점 신문의 여론몰이가 큰 몫을 했을 터다. 그 요인을 무시하지는 말자. 하지만 그것만으로 설명할 수는 없다. 서울시 교육감과 경기도 교육감은 곽노현 · 김상곤 진보 후보가 이겼기 때문이다.

그 2퍼센트가 무엇인가를 냉철하게 짚고 벅벅이 채워가는 일, 바로 그것이 2012년을 앞둔 민주-진보세력의 과제다. 지금 그것이 무엇인가에 대해 내 생각이나 새사연의 제안을 고집하며 쓰고 싶지 않다.

그 2퍼센트가 무엇인지 모두 마음을 열고 함께 찾아야 옳기 때문이다. 비단 한명숙과 유시민의 문제가 아니다.

당선된 송영길·안희정·이광재·김두관을 비롯해 호남과 충북의 민주당 도지사들이, 서울과 인천, 경기도의 민주당과 민주노동당 단체장들이 진지하게 머리를 맞대고 성찰할 문제임을 축하의 인사로 전하고 싶다. 우리에게는 더 큰 싸움, 2012년이 다가오고 있어서다. (2010. 06. 03)

박근혜에 맞설 '대항마' 있는가?

정정길 청와대 대통령실장. 지방선거 바로 다음 날 이명박 대통령에게 사의를 표명한 그가 〈중앙일보〉와의 인터뷰에서 입을 열었다.

2008년 촛불항쟁으로 청와대가 대폭 개편될 때 들어간 정 실장은 지방선거 패배에 대해 "2년 뒤 있을지 모를 불길한 일(대선 패배)이 없도록 여권 전체가 예방주사를 맞은 것"이라고 말했다(2010년 6월 23일자). 그는 이어 "어떤 의미에선 다행스러운 일"이라고 밝혔다. 지방선거 패배가 "어떤 의미에선 다행스러운 일"이라는 대통령실장 정정길의 말을 우린 어떻게 이해해야 옳을까.

먼저 민의 앞에 아무런 성찰도 없다는 비판이 가능하다. 실제로 이명박 대통령은 '4대강 삽질'을 밀어붙이고 있다. 조계종 문수 스님이 온몸을 불사르는 소신공양으로 4대강과 부익부 정책의 변화를 촉구했지만 쇠귀에 경 읽기다.

그래서다. 이명박 정권에게 달아오르는 월드컵 열기는 '다행'일 수 있다. 실제로 스님의 소신공양도, 시간강사의 한 맺힌 자살도 시나브로 잊혀가고 있다. 오죽하면 정치경제학을 연구하는 한 교수가 한국과 나이지리아전을 앞두고 16강에서 탈락했으면 좋겠다는 전자우편을 지인들에게 보냈을까.

나는 그 교수만큼 용기를 갖고 있지 않다. 다만 월드컵 앞에 다시 폭발하고 있는 '붉은 악마'의 젊은 열정을 온새미로 담아내지 못하는 진보―민주세력의 둔감을 자성하고 있을 따름이다.

문제는 월드컵이 아니라 지방선거 패배가 비록 '어떤 의미에선'이라는 단서를 달았지만 '다행'이라는 대통령 최측근의 공언이다.

나는 그의 발언에서 이명박 정권을 비판하고 싶지 않다. 오히려 정반대다. 야권을 비판하고 싶다. "2년 뒤 있을지 모를 불길한 일(대선 패배)이 없도록 예방주사를 맞은 것"이라는 말은 기실 야권에서 나와야 옳지 않은가. 서울시장과 경기도지사 선거에서 야권은 패배하지 않았던가. 더구나 경기도지사 선거는 진보신당까지 가세했는데도 그랬다.

실제로 2010년 6월 23일 현재 가장 유력한 대선후보는 박근혜다. 민주당과 국민참여당에서 그에 맞설 만한 대항마는 아직 보이지 않는다. 두 진보정당 내부에서도 여러 논의가 오가고 있지만 핵심은 간명하다. 민주노동당과 진보신당은 야권연대에서도, 독자적 후보전략에서도 분열로 온전히 제 힘을 내지 못했다.

과연 진보―민주세력은 2012년 총선과 대선을 어떻게 맞을까. 그나마 진보대연합의 절실성과 절박성이 민주노동당의 특별결의문은 물론 진보신당 내부와 진보적 지식인 사이에서 쟁점화하고 있는 모습은 고무적이다. '실현가능한 비전과 정책'을 중심으로 진보대연합을 이루는 과제는 서둘러 될 일은 아니지만, 그렇다고 미뤄둘 일은 더욱 아니다. 누군가 온몸을 던져 나서야 할 때다. (2010. 06. 24)

이명박-박근혜 희희낙락의 야합?

이명박 대통령과 박근혜 의원이 청와대에서 만났다. 신문과 방송은 두 사람의 만남을 크게 부각해 보도했다. 이해할 수 있다. 이명박-박근혜 갈등이 마치 한국정치를 좌우하는 듯 보도해온 게 대다수 언론사 정치부가 생산해온 정치기사들이었기 때문이다.

'효과'를 극대화하려는 노림수일까. 두 사람은 주말에 '비밀회동'을 했고, 그 사실을 찔끔 흘린 뒤에도 만나서 나눈 이야기를 '비밀'로 하고 있다. 다만, 이명박-박근혜 두 사람이 희희낙락한 표정으로 서로 손 맞잡은 채 정면을 바라보고 있는 사진은 공개됐다. 찔끔찔끔 발표된 내용을 보면 왜 두 사람이 희희낙락했는지 짐작할 수는 있다.

두 사람은 '이명박 정부의 성공'과 '한나라당 정권재창출'에 합의했단다. 새삼 말할 나위 없이 앞의 합의는 이명박의 '희망'이고 뒤의 합의는 박근혜의 '소망'이다.

어떤가. 가관 아닌가. 물론 두 사람이 만나 '성공'과 '정권재창출'을 합의하는 것은 자유다. 문제는 내용이다. 대체 이명박 정부의 성공이란 무엇을 뜻하는가? 박근혜의 '대변인' 이정현은 두 사람이 "남북한 및 한반도 주변 정세와 경제문제를 포함한 국내 문제에 대해 의견을 나눴다"며 "한나라당이 국민의 신임을 잘 얻어 이명박 정부의 성공과 정권 재창출을 해야 하고, 그것을 위해 같이 노력해야 한다는 대화가 있었다"고 밝혔다.

과연 우리가 민주주의 사회에 살고 있는지 혼란마저 드는 작태다. 대체 이명박−박근혜 두 사람은 국민을 무엇으로 아는가? 한 사람은 현직 대통령이고, 또 한 사람은 차기 대통령 여론조사에서 부동의 1위로 나오는 정치인이다. 두 사람이 이명박 정부의 성공과 정권재창출에 합의했다면 적어도 어떤 정책에 '뜻'을 모았는지 공개해야 옳지 않은가.

4대강 삽질을 살천스레 강행하고, 위장전입의 범법을 무람없이 저지른 자들을 대거 고위공직자에 앉히고, 불거져 나오는 의혹들로 이미 '작은 이명박' 질타를 받고 있는 '느끼한 젊은 총리'를 청문회에서 '지원'해주고, 남북 관계를 무장 파탄시키는 일이 과연 이명박 정부의 '성공'인가?

비밀회동에서 이 대통령은 "박 전 대표가 하고자 하는 일(대권)에 내가 방해가 되는 일은 없을 것"이라고 밝혔단다. 그래서다. 정치인 박근혜에게 정면으로 묻는다. 정권재창출에 방해받지 않는다면, 이명박 정부가 하는 일에 모두 찬성할 셈인가? 두 사람의 희희낙락을 보고 내가 야합을 떠올릴 수밖에 없는 이유가 여기 있다. 야합이 지나친 비판이라면, 이명박−박근혜 비밀회동에 오간 이야기를 낱낱이 공개할 일이다.

저들의 희희낙락 앞에 〈조선일보〉 사설(2010년 8월 23일자)은 두 사람의 '정치운명'이 "화해와 협력"에 걸려 있다고 강조한다. 같은 날 〈중앙일보〉 사설은 더 노골적이다. "정권 재창출을 위해서는 한나라당이 분열되어선 안 된다"고 서슴없이 '훈수'한다.

대한민국 정치-언론판의 자칭 '보수세력'이 2012년 대통령선거를 어떻게 바라보며 준비하고 있는가를 엿볼 수 있다. 야합으로 '단결'해서 정권재창출을 이루겠다는 저들의 희희낙락 앞에 어떤가, 진보-민주세력의 분열은. 부익부빈익빈의 신자유주의 체제로 고통받는 민중 앞에 죄악이 아닐까. (2010. 08. 23)

08
오만과 편견 대신
겸손과 참눈을

묻지마 MB심판론에 물은 심판

2010년 6월 2일 지방선거 다음 날이다. 나는 대한민국 국민이 시퍼렇게 살아 있음을 증언했다고 썼다. 오만한 이명박 정권에 대한 심판이라고 분석했다. 바로 그 국민은 두 달도 되지 않아 7월 28일 심판의 대상을 바꿨다. 오만한 민주당을 심판했다.

민주당은 최대 승부처로 꼽힌 서울 은평을과 충북 충주에서의 패배를 두고 야권단일화가 늦었기 때문이라고 진단했다. 당이 최선을 다했지만 단일화가 좀 늦은 것이 원인이었다며 결과를 겸허히 수용하겠다고 밝혔다. 인천 계양을과 충남 천안에서의 패배는 투표율이 낮아 한나라당의 조직동원이 가능했다고 진단했다.

과연 그러한가. 단언하거니와 민주당은 아직도 정신을 차리지 못했다. 절망스러울 정도다. 단일화가 늦어 패했다? 투표율이 낮아 한나라당이 이겼다? 원인을 모두 외부로 돌리는 작태다. 하지만 외부요인보다 내부요인이 크다. 아니, 결정적이다. 민주당이 이명박 정권 심판론을 들고나온 서울 은평을이 상징적 보기다. 민주당이 장상을 공천했을 때, 대다수 민주시민은 도무지 어이가 없었다. 장상으로 이재오를 이기겠다는 오만은 대체 어디서 비롯하는 걸까?

6월 지방선거 결과는 민주당이 잘해서가 아니라 이명박 정권의 실정에 대한 반사이익이라는 분석을 민주당 지도부는 시들방귀로 여겼다. 지방선거 뒤 축제 분위기에 젖어 있던 민주당은 기실 얼마나 꼴불견이었던가. 지방선거 바로 다음 날 나는 서울시장 선거에서 한명숙이, 경기도지사 선거에서 유시민이 패배한 사실 앞에 겸손해야 하며 그렇지 않는 한 정작 2012년 대선에서 패배할 수 있다고 경고했다.

하지만 민주당은 비판적 지식인들의 경고를 모르쇠했다. 장상 공천은 그 필연적 귀결이다. 장상이 누구인가. 김대중 정부 시절 국무총리서리로 임명되었을 때 이미 여론의 심판을 받고 물러난 사람이다. 바로 그 장상을 결정적 시기에 한나라당 이재오의 맞수로 공천한 민주당의 정권 심판론은 말살에 쇠살이다.

그렇다. 7월 재보선은 묻지마 정권 심판론에 대한 매서운 심판이다. 심판을 받고도 단일화가 늦었다거나 투표율이 낮았다고 강변하는 민주당의 오늘은 무조건 야권연대란 승산도 없고 바람직하지도 않다는 진실을 증언해준다.

희망은 있다. 민주당이 강원도에서 선전했기 때문이 아니다. 광주에서 민주당이 이겼기 때문은 더더욱 아니다. 광주에서 민주노동당 후보가 2만 표를 넘으며 민주당 후보에게 다가갔기 때문이다. 광주 지역 민주당 국회의원들이 줄줄이 서서 민주노동당을 조준해 한나라 당 2중대나 반미 정당 따위의 색깔공세를 폈는데도 민주노동당 후보에 광주시민들이 2만 표를 준 사실이야말로 희망이다.

물론 실체 이상으로 희망을 부풀릴 생각은 없다. 만일 광주 시민들이 민주노동당 후보를 당선시켰다면, 민주당이 장상을 공천하며 민주노동당에 색깔공세를 펴는 따위의 오만에서 근본적으로 벗어날 수 있었을 터다.

그렇다. 지금의 민주당으로선 결코 2012년 총선과 대선에서 이명박을 심판할 수 없다. 바로 그 교훈을 민주당이 진심으로 받아들인다면 2010년 7월 재보선의 패배는 예방주사가 될 터다. 하지만 민주당에 과연 그런 능력이 또는 겸손이 있을까. (2010. 07. 29)

사형수가 뿌린 씨앗 52년 만에 새싹

씨. 흔히 뿌리는 사람이 거두는 게 순리라고 말한다. 옳다. 하지만 현실은 사뭇 다르다. 뿌리는 사람과 거두는 사람이 다를 때가 더 많다. 역사를 톺아보면 확연히 드러난다. 누군가 몸을 던져 씨를 뿌리면, 다른 누군가가 그 열매를 거둬간다. 어떤 사람이 더 행복할까. 사람마다 다를 터다.

일본 제국주의에 맞서 독립운동을 벌이다가 10년 넘게 옥고 치른 '투사'를 소개하고 싶다. 그는 한국전쟁의 포성이 멎은 지 겨우 3년 만에 당당하게 '진보'를 내걸고 대통령 후보로 나섰다. 216만 표를 얻었다. 그로부터 반세기 뒤에 출마한 민주노동당 권영길 후보가 100만 표를 채 넘지 못했다는 사실을 떠올리면, 유권자가 지금의 절반이었던 그 시기에 얼마나 많은 표였는가를 짐작할 수 있다.

기실 바로 그래서였다. 이승만은 그를 체포하고 사법부 판결에 개입해 사형으로 몰아갔다. 4월 혁명이 일어나기 아홉 달 전에 끝내 '사법 살인' 당했다.

1959년 7월 31일 사형당하기 직전에 그가 남긴 유언은 심금을 울린다.

"결국엔 어느 땐가 평화통일을 할 날이 올 것이고 바라고 바라던 밝은 정치와 온 국민이 고루 잘살 수 있는 날이 올 것이네. 씨를 뿌린 자가 거둔다고 생각하면 안 되지. 나는 씨를 뿌려놓고 가는 것으로 생각하고 있네."

죽산 조봉암. 그는 그렇게 이 땅 대한민국을 떠났다. 하지만 52년이 흐른 2011년 1월 20일, 대법원은 재심에서 조봉암에게 무죄를 선고했다. 너무 늦었지만 사필귀정이다.

그런데 생게망게한 일이다. 아무 '죄'도 없는 대선 후보에게 사형을 선고해 집행까지 한 세력 가운데 반성의 모습을 찾아볼 수 없다. 사법부는 재심에서 무죄를 선고한 것으로 자기 할 일을 다했다는 듯이 우쭐대기도 한다. 과연 우리가 이렇게 넘어가도 좋을까?

심지어 언론은 조봉암의 무죄 선고 앞에서 진보세력을 훈계하고 나섰다. 〈중앙일보〉의 기자칼럼은 "이번 판결로 진보도 피해의식을 버리고 책임감을 가질 때가 됐다"고 쓴다(2011년 1월 22일자). 뜬금없다

못해 적반하장이다. 조봉암에게 사형을 집행할 때 법무부장관이 바로 삼성 이병철과 함께 〈중앙일보〉를 창간한 홍진기다. 지금 홍석현 회장의 아버지이기도 하다.

그 신문이 조봉암의 사법살인에 대해 보수세력 아니라 진보세력을 언죽번죽 꾸짖는 작태는 가관이다. 물론 좋게 해석해볼 수도 있다. 칼럼 가운데 진보세력의 분열을 질타하는 대목도 있어서다. 하지만 그 또한 납득할 수 없기는 마찬가지다.

대법원이 조봉암의 무죄를 선고한 2011년 1월 20일 바로 그날, 진보정치 세력은 진보대통합을 이루기로 합의하고 연석회의의 첫발을 힘차게 내디뎠다. 기존의 진보정당인 민주노동당, 진보신당, 사회당에 더하여 민주노총과 시민회의, 진보교수 · 연구자 모임, 농민단체가 모여 '새로운 진보정당' 창당을 다짐했다.

어떤가? 조봉암이 복권된 그날, 진보대통합 연석회의가 열린 것은 단순한 우연일까. 무슨 운명론을 들먹일 뜻은 전혀 없다. 다만 커다란 시대적 흐름이 만나고 있는 것은 아닐까, 짚을 필요는 있다. 문제는 정작 그 진보통합 움직임에 〈중앙일보〉는 물론 〈조선일보〉〈동아일보〉는 모르쇠다. 그래놓고 '분열'을 훈계하는 '용기'는 대체 어디서 나오는 걸까?

그래서다. 죽산 조봉암이 뿌린 씨가 새싹을 틔웠다는 소식을 새삼 독자들과 나누고 싶다. 한국 정치가 절망으로 다가오는 오늘, 그 새싹으로 움튼 소식이 오늘을 절망하고 있는 민중의 가슴에 작은 희망의 새싹으로 커가길 감히 기대한다. (2011. 01. 24)

말보다 행동이
내일을 일군다

저 도도한 탁류 누가 막을까

정치비평에 어떤 의미가 있을까? 최근 들어 문득문득 밀려오는 의문이다. 신문기자로 20여 년 살아갈 때, 언론노동운동에 몰입할 때, 언론학을 공부하고 가르칠 때, 시사칼럼을 쓸 때 지녔던 믿음이 있다. 진실은 언젠가 이긴다는 믿음, 언론이 바로 서야 나라가 바로 선다는 믿음이 그것이다.

하지만 요즘 들어 글을 쓰는 데 회의감이 부쩍 많이 든다. 언론개혁을 부르대온 지난 시간을 후회하는 것은 전혀 아니다. 정반대다. 칼럼을 쓰는 데 회의감이 밀려오는 바로 그만큼, 이 땅의 언론개혁운동이 전선을 재정비해서 다시 불붙어야 할 때라는 판단도 짙어가고 있다.

문제는 저 도도한 탁류에 있다. 속절없이 세월이 흘러 나이가 들어가서일까. 과연 저 탁류에 맞서 진실이 이길 수 있을까라는 물음이 스멀스멀 고개를 내밀 때가 많다.

보라. 위장전입은 저들에게 '불감증'이 되었다. 엄연한 범법행위를 저질러놓고 아무런 부끄럼이 없다. 이명박 대통령부터 위장전입을 되풀이한 전력 때문일까. 위장전입자들이 버젓이 국무총리, 대법관, 법무장관, 검찰총장 자리를 지켜서일까.

인사청문회를 앞둔 '고위공직자'들은 위장전입의 범법을 '사과' 한 마디로 슬그머니 넘길 깜냥이다. 언론도 비판의 '통과의례'로만 여기는 눈치다. 그들이 고위 공직자가 되어서는 안 된다는 치열한 문제의식이 진보언론에도 잘 보이지 않는다.

심지어 은근히 정당화하는 신문들이 있다. 가령 김대중-노무현 정권 때 위장전입에 시퍼런 칼을 들이대던 〈조선일보〉는 "위장전입병 언제까지 앓기만 할 건가" 제하의 사설(2010년 8월 19일자)에서 "불법을 적발해야 하는 책임자, 불법을 판단하는 대법관, 법을 만드는 의원 모두 위장전입 사태가 불러오는 '법치주의의 대혼란'에 무감각해져버렸다"고 개탄하면서도 '물타기'를 서슴지 않는다. 지난해 위장전입 등의 주민등록 허위신고 사례가 10만 7093건에 11만 5335명으로 조사됐지만 27건만 고발됐다거나 검찰이 "위장전입 하나만 처벌하는 경우는 거의 없고, 법원 역시 기소된 사람 중 극히 일부에 대해서만 수십만 원 정도의 벌금형을 내리고 있는 실정"이라고 쓴다. 결국 "정부와 국회가 함께 '위장전입 열병'을 끝낼 사회적 합의 도출을 위해 고민하고 행동에 나설 때도 됐다"고 주장한다.

어떤가. 명토박아두거니와 이 글을 읽는 대다수 독자들은, 아니 민주시민들은 결코 위장전입을 하지 않았다. 어쩔 수 없이 위장전입을 허용한다면, 그것은 부와 권세를 누리는 자들과 그들 자녀들에게 특혜를 줄 따름이다.

청문회를 앞두고 위장전입에 날을 세우는 민주당도 두고 볼 일이지만 진정성이 다가오지 않는다. 위장전입 문제로 심판받았던 인사를 무람없이 재보선에 공천한 게, 그래서 이명박 정권의 치기를 한껏 부추겨준 당사자가 바로 민주당 아니던가. 실제 정치의 도도한 탁류 앞에서 정치를 비평하는 시사칼럼을 쓴다는 게 과연 어떤 의미가 있을까 짙은 회의가 무장 몰려오는 이유가 여기 있다.

말이 아니라 실천, 글이 아니라 행동이 더 절실하지 않을까. 2010년대를 살아가는 우리가 저 거친 흙탕물을 막아내지 못한다면, 다음 세대들 또한 탁류에 휩쓸리지 않겠는가. 과연 저 탁류가 글을 쓴다고, 글로 생각을 나눈다고 멈출 수 있겠는가. 정치비평의 한계를 절감하는 까닭이다. (2010. 08. 20)

줄사퇴가 한국 정치에 준 교훈

자진사퇴. 이명박 대통령이 '임명'한 공직자들의 줄사퇴를 두고 하는 말이다. 먼저 김태호 총리 후보가 사퇴했다. '비리 백화점'으로 질타받던 신재민 문화관광부 장관 후보도, '쪽방촌'에 투기했던 이재훈 지식경제부 장관 후보도 곧이어 물러났다.

빗발치는 여론을 무시할 수 없어서다. 기실 〈조선일보〉〈동아일보〉

〈중앙일보〉도 청문회를 보며 슬그머니 태도를 바꾸지 않았던가. 그래서다. 더러는 한국 정치가 한 걸음 전진했다고 진단한다. 이명박 대통령의 '공정한 사회'론이 진정성 있다는 분석도 나온다.

하지만 냉철하게 바라볼 일이다. 청와대와 수구신문의 '진정성'을 있는 그대로 파악해야 옳다. 새삼 말할 나위 없이 김태호-신재민-이재훈은 이명박 대통령이 '발탁'했다. 청문회 초기에 의혹이 불거질 때마다 청와대는 이미 알고 있는 문제라고 제법 당당했다. 비단 청와대만 뻣뻣하지 않았다. 어느 후보는 의혹이 불거지자 이미 청와대 검증팀에 스스로 알렸다고 가소롭다는 듯이 언죽번죽 밝혔다. 이 대통령이 불거진 의혹을 대부분 알고도 내정했다는 '증거'들이다.

물론 대통령은 8월 3일에 앞으로 공직 인선 기준을 더 엄격하게 만들라고 지시했다. 하지만 그것은 비판 여론의 소나기를 피해가려는 꼼수에 지나지 않았다. 비단 청와대만이 아니다. 한나라당은 어떤가. 한나라당 대표 안상수는 청문회를 보며 "과거를 추적하는 과거 지향적 청문회"라고 눈 흘긴 뒤 "앞으로는 능력, 비전 등을 알아보는 생산적 청문회가 되길 바란다"고 강 건너 불구경하듯 말했다. 김무성 원내대표는 "정책 검증을 제대로 못하고 의혹을 늘어놓고 있다"고 '개탄'했다. 그랬다. 적어도 이명박 대통령, 안상수 한나라당 대표, 김무성 원내대표는 줄사퇴한 저들을 내내 감싸고 있었다.

그렇다면 신문은 어떨까. 언제나 한나라당을 두남두던 신문들의 변화에는 이유가 있다. 〈동아일보〉 사설이 그들의 의중을 확연히 드러내준다. 청문회가 진행되던 8월 5일 이 신문은 "문제는 이런 실망감이 현 정권에 대한 평가로 끝나지 않는다는 데 있다. 국민의 뇌리에

'보수정권=부도덕'이라는 인상을 깊게 할 우려가 높다. 그렇게 되면 정권 재창출에도 걸림돌이 될 수밖에 없다"고 우려했다. 정권재창출이 위험해진다는 위기의식은 다른 신문에도 곰비임비 나타났다.

요컨대 문제의 핵심은 분명하다. 저들은 결코 '자진사퇴'한 게 아니다. 비판 여론이 거세게 일자 수구신문이 위험 신호를 보냈고 대통령부터 한나라당 대표—원내대표까지 슬금슬금 바뀌었을 뿐이다.

그 과정을 톺아보면 저들의 목표는 결코 깨끗한 정치가 아니다. 정권재창출이다. 경찰청장 후보 조현오가 끝까지 버티는 이유도 같은 맥락이다. 그래서다. 나는 청문회를 통해 일어난 줄사퇴를 자진사퇴라고 읽지 않는다. 다만 한국정치의 지각변동, 그 가능성을 진단할 수는 있다. 저 부라퀴들조차 여론을 모르쇠할 수 없다는 진실을 우리 모두 확인할 수 있었기 때문이다.

그렇다면 무엇을 할 것인가. 자명하다. 여론의 뿌리인 민주시민들이 더는 정치의 객체로 머물 게 아니라 정치의 주체로 나서야 옳다. 힘을 모아 아래로부터 한국 정치를 바꿔간다면, 저 두꺼운 정치판의 지각도 쪼개질 게 틀림없다. 줄사퇴에서 우리가 얻을 슬기다. (2010. 08. 30)

못살겠다, 갈아보자?

"못살겠다, 갈아보자."

옹근 55년 묵은 정치 구호다. 인터넷 시대에 반세기 전의 낡은 구호라면, 누군가 만지기만 해도 먼지로 폴폴 흩날릴 만하다. 하지만 전혀 아니다. 1956년, 이승만의 독재를 겨냥했던 그 구호가 이명박 대통령 취임 3주년을 맞아 생생하게 살아나고 있다. 낡은 구호에 붉은 생기를 돌게 한 이는 이 대통령 자신이다. 그는 청와대에 들어간 3주년 기념으로 출입기자들과 가진 뒷산 산행에서 "나는 대통령 해먹기 힘들다는 생각이 없다"고 언죽번죽 말했다. 재임 시절의 노무현 전 대통령을 조준한 발언이다. 전임 대통령의 비극적 자살에 정치적 책임을 느껴야 마땅한 현직 대통령이 기자들 앞에서 고인을 욕보이는 언행도 문제이지만 접어두자.

더 남세스러운 일이 있다. 대통령은 곧바로 자신은 "대한민국 대통령이라는 것을 자랑스럽게 생각한다"고 당당하게 밝혔다. 하지만 그 순간이다, '못살겠다, 갈아보자'는 낡은 구호가 흉흉한 민심에 절절하게 다가온 것은. 무엇보다 이 대통령 지지자들에게 찬찬히 톺아보길 제안한다. 자랑스럽다? 과연 그게 지금 대통령이 할 소리인가? 날마다 가파르게 치솟는 물가를 보라. 뛸 만큼 뛴 전셋값은 또 어떤가. 서민들의 삶은 바닥 모를 심연으로 가라앉고 있다. 청년 자살이 곰비임비 불거지는 까닭도 그 맥락이다.

그렇다. 330여만 마리, 비명에 간 저 가여운 가축만이 아니다. 대한민국 곳곳에서 서민이 피눈물 흘리고 있다. 그럼에도 자랑스럽다는 말이 나오는가. 7퍼센트 경제성장과 국민소득 4만 달러, 세계 7대 강국을 내걸며 '국민 성공시대'를 열겠다고 흰소리 떠벌린 정치인이 바로 이명박 아니던가. 상식을 갖춘 정치인이라면 적어도 국민 앞에 옷깃 여미며 언행을 조심할 때 아닌가.

여기서 이명박 집권 3년의 실정을 새삼 나열할 뜻은 없다. 독자의 품격 때문이다. 민생 경제의 파탄은 물론, 한·미 FTA의 굴욕적 재협상, 국민 불법 사찰과 은폐, 정권의 시녀로 다시 전락한 검찰 따위를 굳이 적시하지 않더라도 독자라면 이미 개탄하고 있을 성싶다. 다만, 'MB-한나라당 심판 정당, 시민사회 연석회의'가 이명박 취임 3년을 맞는 2월 25일, 서울광장에서 범국민대회를 예고하며 내건 구호가 '못살겠다 MB 3년'임을, 이어 "찾아오자 민생예산, 철폐하라 비정규직, 중단하라 4대강, 취소하라 조·중·동 방송, 해결하라 구제역, 잡아라 생활물가"를 호소하고 있음을 독자와 있는 그대로 나누고 싶다.

그래서다. 이명박 정권 3년을 맞아 민주시민들이 더 깊이 성찰할 대목은 '못살겠다'가 아니다. '갈아보자'다. 칼럼 제목에 물음표를 붙인 까닭은 과연 그것이 가능한지 의문이 들어서다. 기실 민주당이 그 구호를 내건 선거에서 자유당은 재집권했다. 신익희 후보의 갑작스러운 죽음 때문만은 아니다. 진보당 조봉암 후보로 자연스럽게 '단일화'를 이룰 수 있었고, 진보당 부통령 후보가 자진 사퇴했는데도 민주당은 외면했다. 신익희가 유세할 때 야권 단일화를 부르대던 민주당은 정작 그가 죽어 후보가 없으면서도 조봉암을 지지하지 않는다고 공언하는 작태를 서슴지 않았다. 진보당은 "이것저것 다 보았다. 혁신밖에 살길 없다"고 외쳤지만, 결국 "갈아봤자 더 못산다"며 언구럭 부리던 이승만이 재집권했다.

55년이 흐른 오늘, 그렇다면 무엇을 할 것인가. 박근혜가 가장 유력한 대선후보로 한나라당 재집권 가능성이 높은 현실에서 과연 누가 '못살겠다, 갈아보자'를 구현할 수 있을까. 지금 이 땅에서 애면글면 벌어지고 있는 시민정치운동에 민주시민들이 다사로운 눈길을 보내야 할 이유가 여기 있다. 진보대통합이든, 민주대통합이든 새로운 시대를 벅벅이 열어가려는 움직임을 가능한 한 많은 국민이 소통하며 공유할 때, 비로소 우리는 물음표 빼고 진솔하게 말할 수 있지 않을까.

"못살겠다, 갈아보자." (2011. 02. 23)

2010년대
시대정신을 묻다

청문회법 개정 '정치주권의 신호탄'

"총리 예비 후보자들에게 검증 질문서를 보냈는데, 몇몇 인사는 그만
두겠다는 의사를 밝혀왔다." 청와대 김명식 인사비서관의 말이다. 그
는 덧붙였다. "과거 살아온 것만 문제 삼으면 쓸 수 있는 인재풀이 너
무 적어 안타깝다."

충분히 이해할 수 있다. 총리 물망에 오른 자들이 왜 "그만두겠다"고
했는지 짐작 못할 사람은 아무도 없다. 헛웃음이 나올 따름이다. 국무
총리라는 벼슬을 마다할 만큼 썩거나 구린 데가 많아서 아니겠는가.

아무튼 인사청문회를 통해 대한민국 정치권의 썩고 구린 알몸이 민
망하게 드러나면서 우리 정치가 한 단계 나아갈 조짐이 보이고 있다.
블로그와 트위터를 비롯한 '소셜 미디어'를 기반으로 자유롭게 소통

하는 민주시민들의 여론을 저들도 더는 무시할 수 없다는 사실이 생생하게 입증된 보기다.

보라. 청와대를 비롯해 여야 의원들이 앞을 다투며 인사청문회법 개정안 발의에 나섰다. 단순한 우연의 일치일까. 시민회의는 2010년 8월 31일 발기인대회를 열고 '정치개혁 입법운동'의 첫 사업을 다음과 같이 제안했다.

우리 다함께 저 어둡고 음습한 곳에 촛불을 듭시다. 썩고 구린 정치인들이 아예 공직을 넘볼 수 없도록 입법운동에 분연히 나섭시다. 그것이 가능한가 의문을 던질 때가 아닙니다. 가령 구체적 보기를 들어볼까요? '국회청문회나 공개강연에서 거짓말을 한 후보자는 공직에 취임할 수 없다'는 법 조항은 얼마든지 가능합니다. 시민회의는 첫 정치개혁 사업으로 썩고 구린 정치인(썩구정치인)의 공직취임 금지법을 제안하고 네티즌을 비롯해 민주시민과 더불어 입법운동을 힘차게 벌이겠습니다. 어느 정당이든 좋습니다. 손잡고 국회에서 입법될 때까지 함께 만들어가겠습니다 (http://cafe.daum.net/unijinbo).

2010년 9월 13일 현재 국회 운영위에 인사청문회법 개정안 여덟 건이 계류돼 있다는 보도는 반가운 일이다. 공직 후보자의 거짓말을 처벌한다는 내용이 거의 모든 개정안에 들어 있는 사실은 더 그렇다. '거짓 진술을 한 후보자에게 위증죄를 적용해 1년 이상 10년 이하의 징역에 처한다'는 조항도 담겨 있다.

좋은 일이다. 다만, 거짓말만 추가할 일은 아니다. 재산형성 과정을 똑똑히 설명할 수 없는 자도 마땅히 들어가야 옳다. 위장전입도 예외로 할 일이 아니다. 그것이 너무 가혹하다면(나로선 전혀 동의할 수 없지만) 적어도 과거에 공직 후보자가 청문회를 통해 처음 물러났던 시점을 기준으로 그 뒤에도 위장전입을 한 자로 좁힐 수 있다.

행여 오해 없기 바란다. 제논에 물대기 식으로 모든 게 시민회의 때문이라고 해석할 뜻은 전혀 없다. 시민회의의 서명운동은 물론, 시민회의 구성 자체가 청문회를 보며 허탈 또는 울분에 휩싸인 국민이 있었기에, 그 분노를 여러 사람과 나눈 민주시민들이 있었기에 가능했다.

앞으로 청문회법이 어느 정도 선까지 개정될지도 벅벅이 민주시민의 힘에 달려 있다. 정치인들이 청문회법 개정에 나선 상황에서 우리가 해야 할 일은 그저 지켜보는 게 아니다. 썩고 구린 정치인들이 감히 공직을 넘볼 수 없도록 법제화될 때까지 민주시민의 맑은 뜻을 싸목싸목 모아가야 옳다.

그렇다. 정치인들의 청문회법 개정 움직임, 그것은 국민이 정치 주권을 찾는 신호탄이다. 주권자가 직접 나서서 정치를 바꾸는 시민정치운동이 2010년대의 시대정신임을 웅변으로 일러주는 '사건'이다. (2010. 09. 13)

민란의 길, 통합의 길

"진보세력 통합에 나선 사람들도 분열됐다." 한 정당의 고위인사가 통합 움직임에 불쑥 던진 말이다. 그럴 수 있다고 생각한다. 실제로 한 신문이 '분열'이라는 표현을 쓰기도 했다.

아마도 2010년 8월 31일 시민회의와 역동적복지국가를위한시민정치포럼(이후 '시민정치포럼')이 같은 시각에 출범했기에 그런 '오해'를 받을 수도 있을 터다. 더구나 열정이 넘치는 문성근 씨를 중심으로 유쾌한 백만 민란 프로젝트-국민의명령(이후 '국민의명령')이 비슷한 시기에 국민운동을 시작했다. 어떤가. 세 흐름이 하나가 되어 출발하면 더 좋았다고 생각할 수 있지만, 그러기엔 결이 조금씩 다르다.

가령 시민정치포럼은 "시민사회의 복지국가 담론의 광범위한 확산과 수용"을 강조하고, 시민회의는 "진보정치 하나로"에 무게중심을 둔다. 시민정치포럼의 이상이 대표가 "분열이라는 말에 동의하지 않는다. 사실 하나의 조직을 만들어 출범시킨 적도 없다"고 밝힌 이유가 여기 있다. 그래서다. 나는 이상이 대표가 "머지않은 장래에 서로의 성과물을 가지고 (시민회의와 시민정치포럼이) 시너지를 낼 방법을 얼마든지 논의할 수도 있는 것"이라는 말에 전적으로 동의한다.

더러는 시민회의가 기존의 두 진보정당 중심의 통합을 강조한다고 분석한다. 하지만 시민회의는 촛불을 든 시민사회를 세력화하자는 뜻에서 오히려 국민의명령과 닮았다. 다만 국민의명령과 시민회의가 민주당을 바라보는 시각이 조금 다를 뿐이다. 국민의명령은 백만 서명운동을 통해 민주당을 포함한 단일 야당을 강조했고, 시민회의는 "진보정치 하나로"를 내세웠다. 시민사회와 진보정당이 하나로 뭉칠 때 민주당의 변화도 가능하다고 판단했기 때문이다.

그래서다. 나는 시민회의와 국민의명령 또한 이상이 대표의 표현을 빌리면 "머지않은 장래에 서로의 성과물을 가지고 시너지를 낼 방법을 얼마든지 논의"할 수 있다고 생각한다. 더구나 시민회의는 발기인 대회를 열었을 뿐 아직 공식 창립대회를 열지 않은 준비위 단계다. 창립대회까지 모든 걸 열어두고 있다.

국민의명령이 벌이는 서명운동과 시민회의가 벌이는 "진보정치 하나로" 서명운동은 서로 배척하는 관계가 아니다. 얼마든지 두 곳 모두에 서명할 수 있다.

그래서다. 통합세력이 분열했다는 비판은 옳지 않다. 더구나 시민회의나 국민의명령, 시민정치포럼은 모두 독자적인 정당을 만들겠다고 주장하지 않는다. '시민정치운동'이라는 새로운 시민운동 영역을 각각 개척해가고 있을 따름이다.

진보통합론이 마치 원칙도 없다는 듯이 비판한 〈한겨레〉 홍세화 기획위원의 주장도 옳지 못하다(사실 나는 이 글을 쓰며 홍세화 앞에 〈한겨레〉를 쓰는 게 옳은지 판단이 서지 않았다. 과연 진보통합에 반대하는 게 〈한겨레〉의 편집방침인지 확신이 서지 않았기 때문이다. 하지만 그가 기획위원 직책으로 민주노동당의 분열 때부터 줄곧 같은 논리를 전개해왔기에 일단 그렇게 표기한다). 시민회의의 공동대표를 맡고 있는 이학영 대표와 이수호 대표는 각각 군부독재 시절부터 이 땅에서 오랜 세월 또렷한 원칙을 갖고 시민운동과 노동운동의 한 길을 걸어왔다. '원칙 없는 진보통합'을 비난하기 전에 홍세화 기획위원이 조금은 겸손할 필요가 있다.

시민정치운동이 세 갈래로 움직인다고 해서 분열이라고 비난하는 것도 물론 자유다. 다만 각각 강조점이 다른 세 흐름을 깊이 있게 살펴보길 권하고 싶다.

세 흐름은 한국 정치를 이대로 둘 수는 없다는 절박감, 시민정치운동이 '시대정신'이라는 절실함을 공유하고 있다. 세 곳 모두 민주시민의 동참이 절박하고 절실한 상황이다.

민란의 길과 통합의 길, 과연 그 길이 다를까. 아니다. 이어져 있다.
(2010. 09. 17)

촛불 송년회의 주제넘은 격려사

2010년 촛불송년회. 12월 26일 저녁 7시에 격려사를 해달라는 요청을 받았을 때 난감했다. 이유는 분명했다. 아무리 짚어봐도 격려사를 할 자격이 없었기 때문이다. 거리에서 쉼 없이 어둠을 밝혀온 시민들 앞에 서서 '격려'를 하는 풍경은 상상만 해도 주제넘은 짓이었다.

그럼에도 갔다. 격려사하는 사람이 여러 명이라는 말에 그나마 마음이 놓였다. 하지만 서울 시청 지하철역에서 송년회가 열리는 곳까지 길바닥 곳곳에 붙어 있는 안내문을 보며 발걸음은 다시 무거워왔다. 촛불시민들의 열정과 정성이 흠뻑 묻어났기 때문이다.

송년회 가는 길은 만감이 교차했다. 2008년 5월의 시청광장과 청계천, 을지로를 함께 걸었던 맑은 분들이 떠올랐다. 〈오마이뉴스〉에 블로그를 열며 촛불을 넣었던 이유도, 촛불항쟁 시기에 '주권혁명(우리가 직접 정치하고 직접 경영하는 즐거운 혁명)'을 제안했던 설렘도 스쳐갔다.

사회를 보는 촛불시민의 소개를 받고 나섰을 때, 가식없이 속내를 밝혔다. 촛불항쟁 당시에 우리가 믿을 수 있는 정당이 없었다면, 지금 이 순간 나의 열정을 다해 헌신할 정당이 없다면, 그 정당을 직접 만

들어갈 때라고 제안했다. 기실 그 제안은 시민회의(http://cafe.daum.net /unijinbo)에 참여한 사람들의 공통된 뜻이다. 시민회의에는 줄기차게 촛불을 들었던 시민들이 이미 함께하고 있다.

짧은 인사말을 겨우 마치고 자리로 돌아오자 시민회의에서 함께 일하는 '촛불'이 다가왔다. 촛불이 시나브로 꺼져가던 2008년 9월에 이제는 각각 자신의 지역으로 돌아가 사람들과 더불어 '학습 모임'을 꾸려가야 옳다고 강연한 내게 이명박 정권의 퇴진운동을 더 강조했던 분이다. 그는 내게 전단지를 30여 장 내놓았다. 12월 29일 저녁 6시 서울 명동의 YWCA대강당에서 열리는 시민회의 창립대회 안내문이다. 그는 내게 송년회 자리를 돌아다니며 안내문을 돌리라고 주문했다. 시민회의에서 가두선전전을 책임진 또 다른 '촛불'은 송년회 자리에서 앞치마 두르고 안주와 술을 나르면 시민회의에 더 많은 촛불이 참여할 것이라며 권했다.

고백하거니와 두 분의 간곡한 뜻을 받지 못했다. 그렇게 하기 싫어서가 결코 아니었다. 촛불시민들과 함께 일해오지 못했으면서 송년회에 찾아와 시민회의 일을 적극 홍보한다는 게 남세스러웠다. 어쭙잖은 '격려사'를 통해 촛불시민들이 주체로 일궈가는 새로운 진보대통합 정당을 제안한 것만으로도 이미 마음이 '불편'했기에 더 그랬다.

송년회장 곳곳에는 현역 국회의원과 정당인들이 자리 잡고 있었다. 그 가운데는 학생운동 시절 참 아꼈던 후배도 있었다. 그들이 촛불시민들과 함께하는 모습에서 새삼 희망을 실감했다.

기실 오래전부터 민주당의 왼쪽에서 '지하 조직'까지 모든 진보세력이 하나로 뭉쳐 집권 가능한 진보적 국민정당을 만들어야 한다고 주장해왔다. 내가 할 수 있는 일은 그 정당이 만들어질 때까지 뭉툭한 필력이나마 보태는 데 있다. 정치 일선에 나서는 일은 '먹물'인 내 몫이 아님을 송년회장에서 두 '촛불 동지'의 제안을 받지 못한 내 모습을 보며 다시 확인했다.

다행히 시민사회에서 한국 정치를 바꾸는 시민정치운동이 절실하다는 공감대는 조금씩 넓어지고 있다. 더러는 순진하다고 꼬집지만, 진보대통합을 위한 시민운동은 이명박 정권을 심판하기 위해 더 이상 미룰 수 없는 시대적 과제다. 촛불시민들이 모인 송년회 자리에서 진정 우리가 헌신할 수 있는 새로운 진보대통합 정당을 함께 만들어보자고 감히 제안한 이유다. 그 뜨거운 나날에 작은 촛불을 들었던 한 시민으로서 주제넘은 제안을 칼럼으로 쓰고 있는 이유다. (2010. 12. 28)

11
아래로부터 솟구칠
새로운 사회

어느 진보대통합론자의 회한

진보대동단결론자. 응근 10년 동안 내게 쏘아진 조소의 '화살'이다. 그럴 만도 하다. 진보세력이 2000년 민주노동당을 창당할 때부터 대동단결을 부르댔기 때문이다. 당시 나는 〈한겨레〉에 기명칼럼을 쓰고 있었다. 한줌도 안 되는 진보세력이 갈라져 있다며 대동단결을 강조했다. 민주노동당과 사회당이 2000년 총선에서 갈라져 출마한 모습을 지켜만 볼 수 없었다.

지금도 꿋꿋하게 진보의 길을 걷고 있는 김규항은 당시 어느 대학의 토론회에서 내게 "그렇게 밖에서만 말하지 말고 직접 뛰어들어 진보통합을 이뤄보라"고 권한 적이 있었다. 하지만 언론인이 나의 '천직'임을 확신하고 있었기에 그럴 수 없었다.

그 뒤에도 진보의 대동단결을 촉구하는 칼럼을 곰비임비 써갔다. 현실은 대동단결은커녕 되레 더 분열했다. 2008년 총선을 앞두고는 민주노동당마저 쪼개졌다. 분당을 막아보려고 〈오마이뉴스〉에 연일 칼럼을 썼다. 대다수 진보지식인들은 〈한겨레〉를 비롯해 신문지면과 방송화면에서 분당론을 부추기거나 지지했다.

그때도 밝혔지만, 흔히 진보세력을 나누는 정파 어디에도 나는 소속되어 있지 않다. 언론노동운동은 물론 언론개혁운동 진영에는 '정파'가 없었고 지금도 없는 걸로 알고 있다. 수구언론이라는 뚜렷한 상대가 있기 때문이라고 분석할 수도 있다. 하지만 어떤가. 수구언론은 수구세력의 대변자일 뿐이다. 진보운동이 수구세력과 싸워 이 땅의 민주주의와 민족통일을 한 단계 더 숙성해가야 한다면, 정파의 틀에서 벅벅이 벗어나야 옳다.

2010년 6월 지방선거를 지켜보며 글과 말로 진보대통합을 주장하는 게 더는 의미가 없다고 판단했다. 싱크탱크 새사연의 책임자로서 연구 활동에 전념해야 옳다는 사실을 알면서도, 새사연 발기인대회에 동참하며 진보대통합 실천운동에 나선 이유다. 시민회의는 시민운동과 노동운동을 대표해 이학영 YMCA전국연맹 총무와 이수호 전 민주노총 위원장이 앞장서고 있다(http://unijinbo.kr).

기실 나의 반성은 바로 여기서 출발한다. 진보대통합의 실천운동이 얼마나 어려운 길인가를 절감해서다. 무엇보다 거리 선전전에 나서는 데 나는 익숙하지 못했다. 시민회의에 참여한 '촛불시민'들이 줄기차게 거리로 나서고, 기륭전자 비정규직 투쟁을 비롯해 민중현장마다 동참하는 열정 앞에선 자괴감을 느낄 수밖에 없었다. 촛불시민들의 헌신적 투쟁이 단 한 줄도, 단 한 장면도 신문과 방송에 소개되지 않는 모습을 보며 더욱 그랬다. 내가 얼마나 쉽게, 아니 편하게 진보대통합을 주장해왔던가를 뼈저리게 반성하는 까닭이다. 아울러 내가 정치운동에 전혀 적합한 사람이 아니라는 진실도 확인하고 있다.

시민회의는 2010년 12월 6일 국회에서 기자회견을 열어 "새로운 진보정당, 국민적 진보정당을 건설하기 위한 연석회의를 구성하자"고 진보정당들과 시민사회에 제안했다. 시민회의의 공식 기자회견 뒤에도 이상현 공동운영위원장은 기자들을 찾아 왜 지금 진보대통합이 절박한가를, 왜 시민사회단체가 나서 연석회의를 제안하는 게 절실한가를 애면글면 설명했다. 기실 저 굴욕적인 한·미 FTA 재협상과 전쟁 위기로 치닫는 남북 관계를 비롯해 이 땅에는 캄캄한 먹장구름이 몰려오고 있지 않은가.

그래서다. 진지하게 묻지 않을 수 없다. 저들에 맞서 과연 진보정당과 촛불시민들이 하나로 거듭날 수 있을까?

십시일반으로 꾸려가는 시민회의의 기자회견은 몇몇 인터넷신문을 제외한 거의 모든 언론에 외면당했다. 진보대통합의 바람도 아직은 불어오고 있지 않다. 그 바람을 불러오는 데 나의 문필은 너무 뭉툭하고 행동은 더 굼뜨다. '진보대동단결론자'라는 조소의 화살이 다시 앙가슴 깊숙이 박혀오는 까닭이다. 회한에 잠겨 이 나라의 내일을 성찰하는 까닭이다. (2010. 12. 07)

아주 작은 대혁명

썩었다. 구리다.

대한민국 총리를, 장관을 하겠다며 사뭇 당당했던 자들의 실체다. 다행히 저들의 탐욕은 꺾였다. 거짓말 총리와 투기꾼 장관은 '자진사퇴'했다. 하지만 정말 스스로 물러난 걸까? 전혀 아니다. 국회 인사청문회가 없었다면, 청문회의 야당의원들에게 저들의 썩은 곳과 구린 곳을 곰비임비 귀띔한 민주시민들이 없었다면, 지금 저들은 국민 혈세를 챙기는 '높은 자리'에 군림하고 있을 터다. 인터넷이 열어놓은 새로운 소통에 눈길이 쏠리는 까닭도 여기에 있다.

블로그, 트위터, 페이스북. 흔히 소셜미디어로 불리는 그 새로운 무기로 민주시민들은 '국민청문회'를 열었다. 국민검증 시대, 더 나아가 시민주권 시대라는 진단은 날카롭고 적실하다.

미국에서 블로그 활동을 왕성하게 벌이는 크리스 브로건은 평범한 시민이 자기 목소리를 내며 변화의 물결을 이뤄가는 현상을 '아주 작은 혁명'이라고 불렀다. 기실 그가 아니어도 인터넷이 열어놓은 쌍방향 소통을 '작은 혁명'으로 규정한 사람은 적지 않다. 국회 인사청문회에서 직접 검증에 나선 민주시민들의 눈부신 활동은 아주 작은 혁명의 전형적 보기다. 그런데 어떤가. 지나친 낙관은 비관 못지않게 위험하다. 인터넷 활동으로 세상이 바뀔 만큼 현실의 정치구조는 허술하지 않다.

다시 인사청문회를 톺아보자. 김태호·신재민·이재훈은 지금 성찰하고 있을까? 혹 억울하다며 울뚝밸을 삭이고 있진 않을까. 보라. 물러나 마땅한 다른 자들은 건재하지 않은가. 경찰 간부들을 모아놓고 언죽번죽 거짓말로 '훈시'한 경찰청장 조현오가 대표적 보기다. 위장 전입의 범법자가 경찰 총수자리에 앉아도 좋은가? 더구나 그는 생존 권을 애면글면 지키려는 국민에게 '법 질서'를 내세워 잔혹하게 폭력 을 휘두르지 않았던가.

아니, 더 솔직히 말하자. 과연 정치인 이명박이 청문회에 섰다면 어 떻게 되었을까? 김태호·신재민·이재훈을 쫓아냈지만 위장전입을 비 롯한 '범법의 달인'들은 오래전부터 청와대와 내각, 입법부, 사법부 에서 활개치고 있다.

인터넷의 작은 혁명에 우리가 흔쾌히 동의만 할 수 없는 이유가 여 기에 있다. 인터넷 문화를 깊이 연구한 학자들은 온라인으로 세상을 바꾸는 데는 한계가 뚜렷하다고 입을 모은다. 인터넷으로 뜻을 모은 사람들이 실제 행동에 들어갈 때 비로소 변화를 이룰 수 있다는 분석 이다.

물론 인터넷의 작은 혁명이 활발할수록 변화의 물결은 무장 거셀 터다. 이미 2008년 촛불항쟁은 인터넷과 현실이 만났을 때의 가능성 을 생생하게 보여주었다. 다만, 수백만 명이 100일 내내 수도 한복판 에서 집회를 열고 시위를 벌였는데도 정치가 달라지지 않은 현실은 소중한 교훈을 준다. 그래서다. 대한민국 헌법이 제1조로 선언한 '모 든 권력이 국민으로부터 나오는 민주공화국'을 구현하려면, 주권자 인 국민이 정치의 객체에서 주체로 나서야 옳다.

마침 시민정치운동, 정치주권운동을 내건 움직임이 한국 사회에 싹 트고 있다. 가령 며칠 전 발기인대회를 연 시민회의는 '썩고 구린 정치인'이 아예 공직에 취임할 수 없도록 입법운동을 벌이자고 호소했다. 기실 국회의원들의 의지만 있다면 입법은 충분히 가능하다. 공직자윤리법이나 인사청문회법을 개정해도 좋다.

문제는 과연 국회가 그 법을 만들까에 있다. '썩고 구린 정치판'을 갈아엎으려면, 입법운동이 열매를 맺으려면, 블로그·트위터·페이스북 활동과 더불어 작은 실천, 작은 행동이 절실하다. 인터넷과 실제 생활에서 개개인이 주권자로서 슬기를 모을 때 '아주 작은 혁명'은 큰 혁명을 일궈낼 수 있다.

어둡고 음습한 정치에 촛불을 벅벅이 밝힐 때, 국민이 주권자의 권리를 지며리 찾아갈 때, 그 혁명은 인류 역사에 새로운 지평을 열지 않을까. 21세기 대한민국에서 일어난 촛불항쟁은 그 가능성을 우리에게 웅변해주었다. 그 혁명은 '아주 작은 대혁명'이다. (2010. 09. 07)

행복바이러스 진원지─학습하는 당신

이명박 정권 들어서서 전교조는 험한 길을 걷고 있다. 싸워야 할 과제, 풀어야 할 문제가 곰비임비 불거져서다. 교원평가를 둘러싼 저들의 공세도 무장 살천스럽다. 그래서다. 현장을 살리자는 말이 조금은 한가하게 다가올 수도 있다. 당면한 투쟁이 발등의 불이기 때문이다. 하지만 바로 그렇기에 현장 살리기는 당면 투쟁 못지않게 중요하다. 어쩌면 더 원천적인 과제일 수 있다.

더러는 현장 살리기나 죽어가는 현장이라는 말에 동의하지 않을 수 있다. 하지만 현장이 죽어간다는 진단은 근거 없는 주장이 아니다. 가령 전교조 서울 강동송파지회(이후 '강송지회')의 분석을 보자. 강송지회는 "거대하게 커진 대중조직에서 조합원은 주인으로서의 지위와 역할을 갖지만 사실은 대상화되는 경우가 많다"면서 이에 따라 서서히 탄력성을 잃어가는 모습을 보게 된다고 대중조직의 보편적 문제점을 지적했다.

강송지회는 이어 "작년 촛불을 경과하면서 제 구실을 하지 못하는 진보단체와 대중조직의 모습을 보면서, 또한 현장이 죽어가고 있다는 소리를 들으면서 어떻게 이를 뚫고 나갈 것인지 많이 고민하게 되었다"고 토로했다.

그랬다. 전교조의 문제만은 아니다. 진보운동 전반의 현장이 죽어가고 있다는 진단은 결코 기우가 아니다. 현실을 정확히 인식할 때 대책을 세울 수 있다. 강송지회가 고민의 결과로 낸 결론은 우리의 눈귀를 모으기에 충분하다. 구성원들을 스스로 각성시키고 일깨우는 학습모임이 그것이다.

서울 공립중등성북지회(이후 '성북지회')도 학습모임을 지며리 꾸려가고 있다. 지회장을 맡은 30대 교사는 "MB정부에 대한 비판은 누구든지 할 수 있는데 그다음에 우리가 뭘 할 것인가를 고민하고 있다"고 말했다. 교육 현장 안팎의 풀어가야 할 문제들 앞에서 자칫 소모적 논쟁에 빠지기 일쑤인 '정파적 사고'를 넘어서기 위해서라도 학습모임이 중요하다고 역설하는 그의 맑은 눈빛에서 전교조가 왜 아름다운가를 새삼 확인할 수 있었다.

학습소모임은 결코 어려운 게 아니다. 학습모임이 왕성한 강송지회도 2006년 지회집행부가 나서서 독서 모임을 꾸리며 시작했다. 강송지회는 '새로운 것을 알려는 기본적 요구'에 학습모임의 뿌리를 둔다. 서로의 생활과 교육 경험을 나누며 토론과 합의의 과정을 배우는 민주주의의 학습장으로, 더불어 살아가는 공동체적 삶의 단위로 학습소모임을 일궈가고 있다. 조합원들 정서에 맞는 선전홍보물을 만들고 학습모임에 중요한 학습목록도 조합원 설문조사를 통해 작성했다. 조합원 명단을 보고 지회 집행위원들이 직접 찾아나섰다. 초기에는 서로 낯설기도 하고 서먹서먹했지만 모임의 활동 계획과 진행 과정을 지회 홈페이지 공부모임으로 모아나가면서 가속도가 붙었다고 한다. 모임의 인적 구조 또한 선배교사, 중견교사, 후배교사를 망라함으로써 경험과 능력을 최대한 살릴 수 있게 했다.

결국 "행복바이러스의 진원지가 되었다"는 학습모임은 비단 강송지회만의 경험으로 그칠 일이 아니다. 성북지회 지회장도 "분회가 살아서 모여 토론하고 교무회의에서도 발언하는 것이 중요하다"고 역설했다. 전교조를 사회운동의 보루로서 '밑바닥부터 다시!' 하겠다는 다짐이 골골샅샅에서 힘차게 들려온다면, 바로 그때 비로소 대한민국의 교육이 바뀔 수 있을 터다.

학습소모임으로 아래로부터 새로운 사회를 열어가겠다는 전망, 그것은 전교조를 넘어 우리 모두가 나누어야 할 희망 아닐까. (2009. 11. 06)

12
실사구시 정신으로
진보대통합을

촛불 꺼지던 그곳서 불 밝히다

촛불, 그 아름다운 항쟁이 막을 내린 지 옹근 2년을 맞았다. 2008년 오월에 불붙은 촛불은 여울여울 타올라 8월 말까지 대한민국 곳곳에 불을 밝혔다. 수백만 명이 100일 넘도록 거리로 나와 "대한민국은 민주공화국이다"를 불렀던 그 나날의 즐거움은, 무람없이 '촛불혁명'으로 불리던 그 나날의 감동은 어느새 빛바랜 추억처럼 다가온다.

8월을 고비로 촛불이 시나브로 꺼진 데는 여러 이유가 있을 터다. 더러는 패배주의에 잠겨 '냄비근성'까지 들먹였다. 지금도 틈날 때마다 촛불을 마녀사냥하는 수구언론의 모습은 또 어떤가. 당시 나는 꺼져가는 촛불을 보며 블로그를 열었다. 첫 글 "촛불혁명 끝이 아니라 시작이다"(2008년 9월)를 블로그에 올리며 나는 다음과 같이 썼다.

"지금은 절망을 노래할 때가 아니다. 국민 대다수인 민중의 힘은 또렷하게 드러났다. 2008년 5·6·7·8월을 달군 촛불의 강은 한국 민주주의의 새로운 가능성을 콧잔등이 시큰한 감동으로 보여주었다. 다만 일사불란한 국가권력 기구에 더해 대규모 언론 조직망을 지닌 저들 앞에 아무런 조직 없는 사람들이 밀릴 수밖에 없는 것은 시간 문제였다. 그 시간이 지금 왔을 뿐이다. …… 절망을 토로하기보다 머리를 맞대고 힘을 모아 새로운 조직을 구상할 때다. 기존의 정당구조와 시민운동-노동운동을 넘어선 새로운 틀을 모색해야 옳다."

세월은 속절없이 흘렀다. 이명박 정권은 그 뒤에도 미디어법을 개악하고 남북 관계를 파탄시켰다. 부익부빈익빈은 무장 커져가고 있다.

2010년 9월 1일 새벽 2시. '열혈 촛불'들은 서울 청계광장 뒤편의 술집에서 밤을 새며 모였다. 지난 2년 동안 이 정권의 탄압에 맞서 쉴 없이 촛불을 들었던 민주시민들이다. 강인한 얼굴의 한 촛불시민이 내게 들려준 '촛불의 정의'는 지금까지 가슴 시리다. 그는 촛불의 고갱이가 무엇인가에 대해 간명하게 풀이했다.

"촛불의 정신은 희생입니다."

그랬다. 말 그대로 "사랑도 명예도 이름도 남김없이" 걸어온 평범한 생활인들이다. 그들은 기존의 시민운동-노동운동 사람들과 더불어 새로운 일을 '착수'했다. 2010년 8월 31일 촛불시민과 150여 개 시민사회운동 단체에서 활동해왔던 사람들 200여 명이 한자리에 모여 연 '시민회의 발기인대회가 그것이다.

공식명칭은 복지국가와진보대통합을위한시민회의(http://cafe. daum.net/unijinbo). 2년 전 촛불이 꺼져가던 바로 그곳에서 다시 '촛

불'을 든 시민회의는 한국정치를 바꾸려는 '시민 정치운동'의 첫걸음을 내디뎠다

물론 시민회의가 모든 촛불을 망라했다고 과장할 뜻은 전혀 없다. '진보대통합'을 바라는 모든 사람을 아울렀다고 장담할 뜻도 없다. 촛불의 정신을 온새미로 살렸다고 자부할 뜻은 더욱 없다. 하지만 모든 게 완벽할 때를 기다릴 수는 없는 일이다. 부족한 게 많아도, 아쉬운 대목이 보여도 그 상태 그대로 슬기와 힘을 모아야 할 때다. 이명박 정권이 '정권재창출' 욕심을 노골적으로 드러내고 있지 않은가. 80퍼센트의 국민이 지금 이 순간도 절망과 체념 속에 살고 있지 않은가.

'진보대통합'은 썩고 구린 정치판을 바꾸려는 민주시민의 일차적 과제다. 비록 신문과 방송의 조명을 받지는 못했지만, 그들의 '조명'보다 더 귀한 빛은 우리 가슴에서 조용히 타오르는 촛불 아닐까. 촛불, 저 아름다운 항쟁의 막을 새로 올릴 때다. (2010. 09. 02)

이정희, 조승수, 77세 촛불

한가위 연휴의 끝자락인 2010년 9월 25일 토요일 오후, 서울 대학로 마로니에 공원. 시민회의가 거리 선전전에 한창이었다. "진보정치 하나로!"와 "썩고 구린 정치인 공직취임 금지 법안"에 시민들이 곰비임비 서명했다.

국회 인사청문회에서 드러난 썩고 구린 공직 후보자들의 '추억'이 김황식 총리 후보자의 청문회를 앞두고 되살아나서일까. 선뜻 서명에

동참하는 시민들이 많았다. 물론 지나가던 시민들이 서명대 앞으로 가기까지에는 친절하고 정중하게 동참을 권하는 촛불시민들의 눈부신 활동이 있었다. 흰 수염 휘날리며 내내 큰 목소리로 "30초면 애국자 된다"고 부르짖은 '촛불시민'도 그 가운데 한 사람이었다.

얼굴 가득한 주름, 소박한 검은 옷차림에 운동화, 열정적으로 서명 동참을 권하던 그분이 잠시 쉬고 있을 때 다가갔다. 예의를 갖춰 춘추를 여쭸다. 1934년생이란다. 우리 나이로 올해 77세. 놀라운 정열이다. 한가위 연휴 전날에는 6시간 내내 거리선전전을 폈단다. 그때는 KBS 수신료 인상에 반대하는 서명을 받았다. 2008년 촛불항쟁 때부터 거리에 나서 그 뒤 줄기차게 민주주의를 일궈가는 데 동참해왔다. 77세 촛불시민의 깊은 주름살이 촛불의 상징인 10대 여학생 못지않게 싱그럽다.

마침 한 50대 후반의 시민이 총총 다가와 팻말에 적힌 "진보정치 하나로!"의 뜻을 물었다. 두 시민 사이에 오간 '거리의 대화'를 소개한다.

"2012년에 한나라당이 다시 집권하는 걸 막으려면 진보세력이 하나로 뭉쳐야 한다는 겁니다."

서명대 앞까지 온 시민의 물음에 '77세 촛불'은 성의를 다해 설명했다. 50대 후반은 실소를 머금고 응수했다. "그게 여기서 서명운동 한다고 되겠어요? 하나였던 민주노동당도 갈라졌는데……. 에이, 어떻게 진보세력이 모두 하나로 뭉쳐요?"

"아, 그래서 서명운동 하는 거 아닙니까?"

"진보가 뭉치려면 진보 정치인들이 마음부터 비워야 해요! 그 사람들이 마음을 비우지 않으면……. 쯧쯧.”

“그 사람들이 마음을 비우게 하려면 우리가 압박해야지! 우리가 주권자이잖아요! 자, 여기 서명하쇼!”

서명을 권하며 ‘77세 촛불’은 강조했다. “30초면 애국자 됩니다.”

30초, 서명에 걸리는 ‘최장 시간’이다.

하지만 그 50대는 서명을 외면하고 다시 되물었다.

“글쎄, 그게 서명한다고 됩니까?”

옆에서 ‘진보정치 하나로!’ 전단지를 나눠주던 내가 슬그머니 거들었다.

“선생님은 그럼 어떻게 하면 좋겠어요? 진보통합을 이루려면 이런 일도 시작해야 옳지 않겠습니까?”

그 물음에 아무 말도 없던 50대는 머뭇머뭇거리다가 끝내 서명하지 않고 종종걸음으로 사라졌다. 그가 망설이던 시간은 ‘30초’보다 훨씬 길었다. 지금 나는 그 50대 후반을 비난하려는 게 아니다. 기실 진보정치가 대통합을 이루려면 정치인들이 마음을 비워야 한다는 말은 어쩌면 핵심을 찌르는 지적일 수도 있다.

그런데 어떤가. 민주노동당의 ‘이정희 체제’도 진보신당의 ‘조승수 체제’도 진보대통합 또는 진보대연합을 공언하고 있지 않은가. 더구나 시민회의가 제안하는 진보대통합의 대상이자 주체는 두 진보정당만이 아니다. 신자유주의 체제와 분단 체제를 넘어서려는 모든 정치세력이다. 특히 기존의 정당들이 담아내지 못했던 민주시민들이다. ‘진보정치 하나로!’ 서명과 거리 선전전이 절실한 이유다. 전단지조차 받기를 거부하며 바삐 가는 젊은이보다 그것을 건네는 77세 촛불시민이 한결 더 젊어 보인 이유도 거기 있다.

그날은 과연 언제쯤일까. 이정희 체제의 민주노동당과 조승수 체제의 진보신당을 비롯해 모든 진보정치 세력이 촛불시민들과 하나가 되는 그날은. 모처럼 길었던 한가위 연휴, '77세 촛불'을 만나 참 행복했다. (2010. 09. 28)

'진보대통합'이 섬길 대상은 민중이다

간단하다. 평생을 진보운동에 바친 진보연대 정광훈 대표가 즐겨 쓴 말이다. 권력이 전교조를 '빨갱이'로 살천스레 몰아세울 때다. 전교조가 빨간 수박을 먹고 씨를 뱉으면 '참교육'이 열린다고 응수했다. 민중의 삶이 어려운 까닭도 간단했다. 전기가 양에서 음으로 흐르듯이, 권력이 민중에서 나와 정치로 흘러야 하는데 그게 고장이 났다고 풀이했다.

아스팔트 농사에 열정을 쏟은 '우리 시대의 농민' 정광훈은 진보정당 선거운동 자리에서 삶을 마쳤다. 투사다운 최후다. 정광훈은 해남 동향인 '전사 시인' 김남주와 오월의 투사들이 묻힌 빛고을 땅에 몸을 섞었다. 여느 윤똑똑이 먹물보다 간명하게 현실을 꿰뚫었던 '늙은 투사'의 희망은 무엇이었을까. 나는 감히 진보대통합이라고 판단한다. 미더운 농민들 앞에서 진보대통합에 방점을 찍고 연단에서 내려오던 내게 건넨 당신의 다사로운 눈길을 잊을 수 없다.

그래서다. 다시 향을 피우고 애잔하게 타오르는 향연 아래 이 글을 쓴다. 마침 진보대통합이 익어가고 있어서다. 다만 마지막 고비가 강파르다. 왜 지금 진보대통합인가부터 새삼 짚고 싶은 까닭이다. 진보대통합은 특정 정파의 이념을 위해서가 아니다. 특정 정파의 패권을 위해서도 아니다. 진보세력 개개인의 '자리'를 위해서는 더욱 아니다. 진보대통합이 절실하고 절박한 이유는 국민 대다수인 민중의 고통이 무장 커져가는데도 도통 희망이 없어서다. 시장 만능의 신자유주의가 15년째 민중의 삶을 꼭뒤 누르고 있다. 이명박 정권이 들어서서 부자 감세에 더해 남북 갈등의 증폭으로 신자유주의와 분단체제의 폐해는 더 전면화하고 있다.

그렇다면 해법은 간단하다. 신자유주의와 분단체제를 넘어서자는 데 동의하는 모든 사람이 그 최소강령으로 뭉쳐야 옳다. 문제는 그것을 넘어 특정 정파의 논리를 고집하는 데 있다. 더러는 자본주의 폐절을 선언하지 않는다고 진보대통합 논의를 폄훼하지만, 통합의 참뜻을 놓친 무책임한 선동이다. 더러는 신자유주의를 엘리트적 개념이라며 부르대지만, 대학 진학률이 80퍼센트가 넘은 나라에서 국민이 그것을 이해하기 어렵다는 예단이야말로 엘리트적 발상이다. 우리가 신자유주의에 또렷하게 선을 긋지 못할 때, 김대중·노무현 정부처럼 비정규직 확산이나 한·미 FTA를 정당화한다.

더 큰 갈등은 대북문제에서 불거지고 있다. 분단체제를 넘어서자는 최소강령에 만족하지 않기 때문이다. 이해할 수 있다. 하지만 이른바 '종북논쟁'으로 당이 쪼개진 경험을 진보세력은 공유하고 있다. 따라서 통합의 자리에선 조심스러운 접근이 필요하다. 자신이 '종북'으로 시험받고 있다거나, 딴 살림 차릴 명분만 찾는 '종파'로 경멸받고 있다는 판단이 든다면 통합은 어렵다. 남과 북의 신자유주의와 국가사회주의 체제의 한계를 넘어선 새로운 사회를 당면목표로 삼고 두 체제의 잘잘못을 따져가자는 데까지 합의한 상황에서 대북문제로 진보대통합이 파국을 맞는다면, 우스개가 될 수 있다.

더구나 남쪽 진보세력에게 선결과제는 민중의 고통이다. 신자유주의를 넘어서자는 데 합의한 '동지'들이 대북문제로 통합을 이루지 못한다면 그 자체가 분단체제의 굴레다. 신자유주의와 분단체제를 넘어서자는 최소강령, 아니 최적강령으로 진보대통합을 이룬 뒤 어떤 경제정책, 어떤 통일정책을 펼 것인가를 실사구시의 자세로 섬세하게 만들고 국민 앞에 내놓는 게 집권을 꿈꾸는 대안 정당이 걸어갈 길이다.

눈 돌려 브라질 노동당을 보라. 3기째 집권하며 빈부차를 줄여가고 있다. 그 간단한 사실만으로도 한국 진보세력은 고통받는 민중 앞에 석고대죄해야 옳지 않을까. 진보대통합이 최우선으로 섬길 대상은 민중이다. 민중의 거울로 자신을 비춰보면 통합은 어렵지 않다. 반신자유주의, 분단체제 극복, 국정대안 제시, 3항 열여덟 자다. 진보대통합의 실사구시 철학, 간명하다. (2011. 05. 24)

골리앗과 맞설 새로운 바보들을 위하여

대한민국. 모든 권력이 국민으로부터 나오는 나라임을 헌법으로 명문화하고 있음에도 현실은 전혀 그렇지 않다. 이 책을 여기까지 읽은 독자들은 이제 그 까닭을 정확히 파악했을 터다.

서울 시청 앞 광장을 비롯해 모든 국민이 열광하며 목 놓아 부른 대한민국, 그 아름다운 〈헌법 제1조〉 뒤 어두컴컴한 곳에는 민주공화국을 식탁 위에 놓고 즐기는 3각동맹이 똬리틀고 있다. 한재언 동맹이 앞으로 2012년 대선을 어떻게 '준비'하고 '대처'하는지 감시하고 주시해야 할 책임은 다름 아닌 주권자에게 있다.

지금까지 책에서 살펴본 3각동맹의 물적 토대이자 중심은 재벌이다. 삼성으로 대표되는 한국의 재벌은 황제식 경영구조를 갖추고 있다. 저들은 헌법에 보장된 노동 3권마저 부정하는 경영 방침을 버젓이 내걸고 조세포탈도 서슴지 않는다. 술집에서 20대 아들이 시비 끝에 맞았다는 이유로 재벌총수가 조폭을 동원해 잔혹한 '응징'에 나선다. 생존권 투쟁에 애면글면 나선 노동자를 불러내 야구방망이로 흠씬 두들겨 패고는 매 맞은 값이라며 돈뭉치를 툭 던진다. 과연 그 추악한 야만들이 그들이 '모델'로 삼고 있는 미국 사회에서 허용될까? 전혀 아니다. 만일 이건희·이재용 부자가 미국에서 기업 활동을 했다면 어떻게 되었을까? 두 부자는 지금 감옥에 있을 가능성이 가장 높다.

그래서다. 보수나 진보를 넘어, 친미나 반미를 넘어 대한민국의 미래를 조금이라도 생각하는 사람이라면 3각동맹의 실체에 대해 머리를 맞대고 성찰할 필요가 있다. 두루 알다시피 미국은 적어도 조세포탈범을 용납하지 않는다. 여북하면 미국 언론이 머리기사로 한국의 재벌들은 법 위에 군림한다고 개탄했겠는가. 노동조합이나 노동운동을 바라보는 재벌의 살천스런 눈매는 그들의 의식 구조가 얼마나 반민주적인가를 '증언'해준다.

한나라당은 바로 그 재벌을 적극 비호하는 정당이다. 삼성의 '총수' 이건희에게 1인 사면을 단행한 이명박 대통령의 '용기'가 대표적보기다. 그 특혜를 베풀고도 이건희로부터 '낙제점' 운운하는 평가를 받은 대통령의 뺨엔 민망스러울 정도로 재벌의 손자국이 선연하게 남아 있다. 종합일간지 시장을 독과점한 〈조선일보〉〈동아일보〉〈중앙일보〉는 재벌과 한나라당의 말살에 쇠살인 논리를 세련되게 포장해 여론화해왔다. 정치권력이 재벌을 비호하는 정책을 감시하긴커녕 정반대다. 대학에 삼성학과를 만들어야 한다고 목 놓아 부르댄다.

3각동맹을 이어주는 끈끈한 연대의 정체는 무엇일까? 잇속이다. 한나라당은 주무를 정치권력을, 재벌은 땅 짚고 헤엄치기를, 언론권력은 종합편성채널과 광고 특혜를 각각 3각동맹 구조에서 챙긴다.

잇속에 눈이 침침해져서일까? 저들은 민주주의를 짓밟으며 민중을 탄압한 독재자들을 노골적으로 찬양하는 일도 망설이지 않는다. 이승만 예찬은 물론 박정희의 쿠데타까지 칭송한다. 언론의 본령은 진실에 있다는 사실조차 꺼내기 쑥스럽다. 지금 이 순간의 진실만 가리는 게 아니다. 엄연한 역사적 진실조차 망각의 늪으로 밀어 넣는다. 대체 어느 나라 초대 대통령이 민주주의를 요구하는 국민에게 쫓겨났는가. 박정희가 왜 비명에 횡사했는가도 그들은 잊은 지 오래다. 부마항쟁에 나선 영남지역 시민들을 탱크로 깔아 학살하려던 '총통체제'를 마지막 날까지 두남둔 것도 모자라 영원히 찬가를 읊어대는 '언론'의 모습은 참담하다. 그 결과다. 영남의 민주시민들을 학살하려던 자의 딸이 영남지역 주민들에게 환호받는 '황당 사건'이 우리 모두에게 당연하게 받아들여질 만큼 3각동맹의 힘은 무소불위다.

바로 그렇기에 3각동맹의 골리앗과 맞서 싸우는 사람은 바보처럼 보이기 십상이다. 막강한 한재언 동맹과 싸우겠다는 사람들 또한 자기 이해관계에 매몰되어 제대로 힘을 모으지 못하고 있기에 더욱 그렇다. 더러는 본인도 모르게 3각동맹의 자장에 끌려들어가는 모습도 보인다. 이미 우리는 노무현 정부의 실패를 경험했다.

그렇다. 우리 앞에 골리앗으로 서 있는 저 3각동맹은 단순히 정파 차원이나 보수나 진보 차원, 친미나 반미 차원으로 다가설 문제가 아니다. 그것을 어떻게 넘어갈 것인가는 대한민국 국민 대다수가 직면한 절박한 생존 과제이자 민주주의 문제다. 우리 사회의 내일을 어떻게 그리는가의 문제와도 직결되어 있다.

역설처럼 들릴 수도 있겠지만 더없이 견고해 보이는 3각동맹은 이 책에서 살펴보았듯이 상식조차 부정하고 있기에 오히려 단숨에 무너져내릴 수 있다. 거대한 장벽을 거짓과 위선의 벽돌로 쌓아올렸기 때문이다. 우리가 진실을 학습하고 그 진실을 이웃과 적극 나눠간다면, 우리 개개인이 장벽을 꿰뚫은 '아주 작은 구멍'은 소통하는 만큼 커져갈 게 틀림없다. 독자가 낸 아주 작은 구멍, 그 구멍이 선거혁명을 불러올 수 있다는 말이다.

대한민국의 새로운 시대를 열 새로운 바보는 아주 작은 구멍을 아주 작은 대혁명, 주권혁명으로 일궈갈 사람이다. 새로운 바보들이 절실하고 절박한 이유가 여기 있다. 2012년이 희망인가, 절망인가는 여론조사에서 1, 2위를 다투는 정치인이나 명망가에 달려 있지 않고, 국민 대다수인 우리가 얼마나 진실을 학습하고 소통하느냐에 달려 있다.

2012년은 아래로부터 정치 참여바람이 불어온 지 옹근 10년을 맞는 해다. 그 10년의 성공과 실패를 제대로 읽어 새로운 바람, 더 성숙하고 더 뜨거운 바람을 일궈내야 옳다. 2012년 12월의 선거혁명을 새로운 바보들과 더불어 꿈꾸고 싶다.

새로운 바보를 기다리며
손석춘

KI신서 3556

새로운 바보를 기다리며

1판 1쇄 인쇄 2011년 9월 23일
1판 1쇄 발행 2011년 9월 30일

지은이 손석춘 **펴낸이** 김영곤 **펴낸곳** (주)북이십일 21세기북스
출판콘텐츠사업부문장 정성진 **출판개발본부장** 김성수 **외서개발팀장** 심지혜
책임편집 이주희 **해외기획** 김준수 조민정 **표지디자인** 씨디자인 **본문디자인** 박현정
마케팅·영업본부장 최창규 **영업** 이경희 박민형 정병철 **마케팅** 김현유 강서영
출판등록 2000년 5월 6일 제10-1965호
주소 (우413-756) 경기도 파주시 문발동 파주출판단지 518-3
대표전화 031-955-2100 **팩스** 031-955-2151 **이메일** book21@book21.co.kr
홈페이지 www.book21.com **트위터** @21cbook **블로그** b.book21.com

ⓒ 손석춘, 2011

ISBN 978-89-509-3312-8 03300